国家社科基金
后期资助项目
GUOJIA SHEKE JIAN HOUQI ZIZHU XIANGMU

儿童青少年体力活动促进

挑战与应对

Physical Activity Promotion among Children and Adolescents

Challenges and Solutions

胡　亮　著

ZHEJIANG UNIVERSITY PRESS
浙江大学出版社
·杭州·

图书在版编目(CIP)数据

儿童青少年体力活动促进:挑战与应对/胡亮著
. —杭州:浙江大学出版社,2022.12
ISBN 978-7-308-22290-7

Ⅰ.①儿… Ⅱ.①胡… Ⅲ.①儿童—体育锻炼
②青少年—体育锻炼 Ⅳ.①G806

中国版本图书馆 CIP 数据核字(2022)第 010667 号

儿童青少年体力活动促进:挑战与应对

胡 亮 著

责任编辑	吴伟伟　陈逸行
责任校对	马一萍
封面设计	周　灵
出版发行	浙江大学出版社
	(杭州市天目山路 148 号　邮政编码 310007)
	(网址:http://www.zjupress.com)
排　　版	杭州星云光电图文制作有限公司
印　　刷	杭州钱江彩色印务有限公司
开　　本	710mm×1000mm　1/16
印　　张	14
字　　数	275 千
版 印 次	2022 年 12 月第 1 版　2022 年 12 月第 1 次印刷
书　　号	ISBN 978-7-308-22290-7
定　　价	68.00 元

国家社科基金后期资助项目
出版说明

后期资助项目是国家社科基金设立的一类重要项目,旨在鼓励广大社科研究者潜心治学,支持基础研究多出优秀成果。它是经过严格评审,从接近完成的科研成果中遴选立项的。为扩大后期资助项目的影响,更好地推动学术发展,促进成果转化,全国哲学社会科学工作办公室按照"统一设计、统一标识、统一版式、形成系列"的总体要求,组织出版国家社科基金后期资助项目成果。

全国哲学社会科学工作办公室

目　录

第一章　绪　论 …………………………………………………（1）

　　第一节　儿童青少年体力活动的研究背景 ……………………（1）

　　第二节　体力活动研究中主要概念的界定 ……………………（3）

　　第三节　儿童青少年体力活动水平现状与变化趋势 …………（9）

　　第四节　对儿童青少年体力活动不足问题的思考 ……………（12）

第二章　儿童青少年体力活动研究的测量和评价 ………………（19）

　　第一节　体力活动的测量与评价的研究问题 …………………（19）

　　第二节　学生体质测试和评定标准的思考 ……………………（41）

　　第三节　体力活动与体质促进政策实施效果的评价问题 ……（46）

理论探索篇

第三章　儿童青少年体力活动行为理论研究的必要性与基础 …（53）

　　第一节　行为理论研究的必要性 ………………………………（55）

　　第二节　基于理论的行为干预评价 ……………………………（61）

第四章　儿童青少年体力活动行为理论的构建、整合、应用与检验 ……（70）

　　第一节　体力活动行为理论的研究应用概述 …………………（70）

　　第二节　计划行为理论 …………………………………………（78）

　　第三节　阶段理论模型 …………………………………………（81）

　　第四节　社会认知理论 …………………………………………（95）

　　第五节　社会生态模型 …………………………………………（104）

　　第六节　体力活动行为理论的总结与框架整合 ………………（111）

实证检验篇

第五章　导　言 ·· (121)

第六章　儿童青少年体力活动行为影响因素研究

　　　　——基于社会生态模型和社会认知理论的共同视角 ·········· (126)

　　第一节　体力活动行为影响因素的质性访谈研究 ··············· (127)

　　第二节　体力活动行为影响因素的定量研究检验 ··············· (136)

　　第三节　体力活动行为影响因素的总结讨论 ··················· (142)

第七章　自我效能干预对儿童青少年体力活动影响因素的影响

　　　　——基于社会认知理论的探索 ··························· (149)

　　第一节　体力活动自我效能干预的可行性论证 ················· (150)

　　第二节　体力活动自我效能干预实验的设计与实施 ············· (158)

第八章　儿童青少年体力活动行为干预研究

　　　　——社会生态模型和社会认知理论的共同应用 ············· (172)

　　第一节　儿童青少年体力活动行为干预研究的总体设计 ········· (173)

　　第二节　儿童青少年体力活动行为干预的研究结果 ············· (180)

　　第三节　儿童青少年体力活动行为干预研究的总体讨论 ········· (184)

参考文献 ·· (195)

第一章 绪 论

第一节 儿童青少年体力活动的研究背景

儿童青少年时期的体质与健康水平对于一个人的终身健康发展起着至关重要的作用,也决定着一个国家国民的整体体质健康水平。研究发现,儿童时期的体力活动水平会在很大程度上影响一个人青少年时期的体力活动参与和体质水平(Janz,Dawson,Mahoney,2000),进而影响一个人成年时期的体力活动和体质水平(Sallis,Prochaska,Taylor,2000;Sallis et al.,1992)。因此,对于儿童青少年时期的体力活动给予足够的关注,并积极寻求有效的促进策略,会对儿童青少年的未来发展产生重大影响,体现了一个国家对于未来发展的重视。

从 1985 年起,我国每 5 年进行一次全国范围的中小学生体质健康调查。体质监测数据表明,尽管儿童青少年的营养保障不断加强,身体形态指标有所改善,但我国中小学生有不少体能素质指标在过去数十年间却持续退化,表现为肥胖学生比例的迅速上升,力量、肺活量等素质持续下降等问题(中华人民共和国教育部,国家体育总局,2007)。我国儿童青少年体质持续下降的问题得到了社会各界的广泛关注。人们迫切希望通过系统、科学、规范的理论研究和实践工作寻找原因,并寻找有效的解决措施,提出有信服力和可行性的应对策略。

近些年来,由国务院、教育部和国家体育总局牵头,我国先后出台和修订了多项和青少年体质健康促进有关的公共政策文件,包括《全民健身计划》《国家学生体质健康标准》《中共中央 国务院关于加强青少年体育增强青少年体质的意见》等,以及由这些政策衍生的相关的条例和规定,如《切实保证中小学生每天一小时校园体育活动的规定》等,提出了"广泛开展全国亿万学生阳光体育运动"(简称阳光体育)的口号和实施计划。这些政策法规和条例大多数在近 20 年(尤其是近 10 年)中发布,在一定程度上对我国青少年体质健康促进工作产生了积极的影响。表现为中小学生在学校参加体育活动的时间逐步得到有效保证,开展的运动项目也越来越丰富。这也促使中小学生的身体素质状况开始向好的方向发展。

根据教育部、国家体育总局联合国家六部委共同发布的《2010 年全国学生体质与健康调研结果》（中华人民共和国教育部，国家体育总局，2012），总体而言，儿童青少年学生的体质与健康状况有所改善。其中有部分指标是从 1985 年在全国范围进行每 5 年一次的学生体质与健康调研以来，第一次停止下降趋势，分别是肺活量和中小学生的爆发力、柔韧性、耐力等身体素质。另外，形态发育水平继续提高，营养状况继续改善。

但在看到进步的同时，我们应当意识到，一些显著的问题依然存在，中小学生超重和肥胖比例在城乡都持续上升；在所有年龄层，近视的比例都在上升。总体来说，全国中小学生体质健康的状况仍旧不容乐观，对处于儿童青少年时期的学生进行体质健康促进工作依然迫在眉睫、任重道远。

积极有规律地参与体力活动的意义，在于增强体质，提高抵御疾病的能力。Caspersen、Powell 和 Christenson（1985）在对体质的定义中强调了，体质的一个重要特征是人们的身体能力足够强大，从而具备应对突发情况的能力。在我国的传统哲学中，这一思想也有体现，《老子》所提倡的"为之于未有，治之于未乱"就是这个道理。当前，儿童青少年体力活动水平的下降已经是世界范围内的公共卫生难题，一系列与之相关的生理问题（如肥胖、糖尿病、高血压等慢性疾病）和心理问题（如抑郁、焦虑、孤独症等）的发生率在不断上升（Hallal et al.，2012）。世界卫生组织（WHO）和各国政府都关注着这一问题，并提出了相对应的体力活动指南，积极寻找应对的方法。

根据世界卫生组织 2010 年的推荐，5—17 岁的儿童和青少年每天需要累计完成至少 60 分钟的中等至高强度的体力活动（moderate to vigorous physical activity，MVPA）才能保持健康，而在世界范围内，达到这一推荐标准的比例普遍不高。由于儿童青少年时期的体力活动习惯可以影响乃至决定一个人成年时期的体力活动水平，以及体质和健康水平，因此如果这一问题得不到解决，随着人口老龄化，各国政府将必然长期面临体质健康下降导致的生产力下降和慢性医疗负担增加等问题所带来的严峻考验。而要解决这一问题，需要体育科学、心理学、流行病学、神经科学等多学科的研究者们共同合作，开展对儿童青少年体力活动行为的系统研究，调查其流行现状和变化趋势，确立其行为相关因素，构建和检验可以对体力活动进行有效解释、预测和干预的行为理论，并将其应用于体力活动促进的实践。对于我国学者而言，则需要在学习国际先进的研究经验和成熟的研究范式的同时，也看到我国儿童青少年教育和体育工作中独特的问题。考虑我国文化、社会结构、政策等多方面的特点，一方面应关注学校内的体力活动，另一方面也应寻找多种渠道，建立学校、家庭、社区共同协作的全面的儿童青少年体力活动促进体系。

第二节 体力活动研究中主要概念的界定

在本书的开端,有必要对本书涉及的概念进行界定。笔者认为,体育科学研究最重要的目的在于理解参与体育运动如何帮助人们从身体和心理上提高健康水平,完善自我。而这一目标实现的基础在于对研究中涉及的各个概念和变量进行准确测评。如果概念不加以明确,定义出现混淆,则必然导致研究问题无法明确,测量出现偏差,也势必影响研究结果的准确性,甚至出现结果与目标南辕北辙、谬以千里的情况。因此,对重要概念进行正确的界定以及准确的测量,一直是体育科学研究中的关键。

长期以来,在体育运动领域的中文文献中存在一个现象,即一些名词容易被混淆使用。这一点在与行为相关的研究领域更是如此,体力活动、锻炼、体育锻炼、健身和运动……各个与体育行为相关的名词经常被交替使用。造成这一现象的主要原因在于我国学者对于体育科学领域概念的理解有所不同,而且一些概念由西方引入,不同学者对同一个名词概念的翻译方式不同。在实际操作中,如果不对研究的对象进行明确的操作性定义,则选取的测量手段稍有偏差,就会产生定义混淆的情况。最为常见的例子是,部分关于锻炼干预的研究中,在应用"锻炼水平"测量工具时,将非锻炼性质的活动(如日常的家务活动)也纳入测量范围,这显然扩大了概念的外延。当然,这一点在英文文献中也多少存在,尤其是 exercise(锻炼)和 physical activity(体力活动)也在一定程度上被交替使用。因此,笔者认为,在这里有必要首先梳理一下本书中应用到的和体力活动相关的关键概念。表 1.1 对这些概念的具体定义进行了汇总,并在此基础上对其概念进行讨论。

表 1.1 体力活动、锻炼、体质以及相关重要概念的界定(附中英文对照)

中文概念	英文名词	定义(中英文对照)	参考文献
能量消耗	energy expenditure	为了完成某项特定的生理活动需要消耗的能量。通常用来量化表示在一个特定时间范围内完成的体力活动的量。 The amount of energy required to accomplish an activity can be measured in kilojoules(kJ) or kilocalories(kcal).	Ravussin et al., 1986

续表

中文概念	英文名词	定义（中英文对照）	参考文献
体力活动	physical activity	任何由骨骼肌收缩导致（高于安静水平）能量消耗的身体运动。 Any bodily movement produced by skeletal muscles that results in energy expenditure. The energy expenditure can be measured in kilocalories.	Caspersen，Powell，Christenson，1985
锻炼/体育锻炼[a]	exercise/physical exercise	锻炼是体力活动的一个类别,指的是有最终和阶段目标的、有计划的、有组织的、重复的体力活动。其中一个目的是保持或提高体质。 A subcategory of physical activity, that is planned, structured, repetitive, and purposive in the sense that improvement or maintenance of one or more components of physical fitness is an objective.	Caspersen，Powell，Christenson，1985
久坐行为	sedentary behavior	任何清醒时处于坐姿或者躺姿状态下,能量消耗少于或等于1.5梅脱[b]的行为。 Any waking behaviour characterized by an energy expenditure≤1.5 METs while in a sitting or reclining posture.	Ainsworth et al.，2000
体力活动缺乏/体力活动不足	physical inactivity	完成中高强度体力活动水平不足的情况,也就是说没有达到WHO推荐的体力活动标准。 Performing insufficient amounts of MVPA (i.e.，not meeting specified physical activity guidelines).	Ainsworth et al.，2000
体质/身体素质/体适能[c]	physical fitness	人体所具备或者达成的一组能力,使人有充足的精力从事日常工作（学习）而不感疲劳,同时有余力享受休闲活动的乐趣,能够适应突发状况。 A set of attributes that people have or achieve. Being physically fit has been defined as the ability to carry out daily tasks with vigor and alertness，without undue fatigue and with ample energy to enjoy leisure-time pursuits and to meet unforeseen emergencies.	Caspersen，Powell，Christenson，1985
频率	frequency	在指定的时间内体力活动的次数。 Times of physical activity within a given period.	Caspersen，Powell，Christenson，1985
持续时间	duration	一次体力活动的时间。 Amount of time spent on one bout of physical activity.	Caspersen，Powell，Christenson，1985

续表

中文概念	英文名词	定义（中英文对照）	参考文献
强度	intensity	参加体力活动的生理努力程度。 The degree of physical exertion devoted to a physical activity.	Caspersen，Powell，Christenson，1985

注:a:从当前的研究来看,"锻炼"与"体育锻炼"二者的提法虽然不同,但定义一致,都对应英文文献中的"exercise"。

b:梅脱(MET)是通过能量消耗表示活动强度的单位,1梅脱表示的是一个人在安静状态下的能量消耗水平,大约对应3.5毫升/(分钟＊公斤体重)的摄氧量。

c:"体质""身体素质"和"体适能"的提法在中文文献中都存在,从研究内容来看,其内涵都相同,都对应英文文献中的"physical fitness"。

一、体力活动和身体活动

本书所关注的核心概念是"physical activity",Caspersen、Powell和Christenson(1985)将其清晰定义为"任何由骨骼肌收缩引起的导致能量消耗的身体运动",这一界定被广泛沿用至今,并不存在分歧。而在中文文献中对于"physical activity"普遍存在两种翻译方式,分别是"身体活动"和"体力活动",使用两种名词的研究都普遍存在,但对其研究进行研读不难发现,研究所指向的都是Caspersen、Powell和Christenson(1985)所给出的定义,其原文为:"Physical activity is defined as any bodily movement produced by skeletal muscles that results in energy expenditure, the energy expenditure can be measured in kilocalories."

由此可见,这两个定义都有一定的道理。"身体活动"对应原文中提及的"bodily movement",强调的是身体发生的活动;然而"体力活动"一词也具有其优势,强调了"results in energy expenditure",也就是活动中产生了超出久坐行为状态下的能量消耗水平,这涉及体力的消耗,而单纯"身体活动"并未能突出其中体力消耗的内涵。因此,在本书中,我们倾向使用"体力活动"一词。

按照目前较为通行的划分方式,我们认为体力活动包括工作(occupational)、日常家务(household)、交通(transportation),以及闲暇时间(leisure time physical activity,LTPA),这也是《国际体力活动问卷》(International Physical Activity Questionnaire,IPAQ)(Craig et al.,2003)对体力活动水平进行测量的基础。

体力活动的内容常用频率(frequency)、强度(intensity)、时间(time)和活动类型(type)来描述,缩写为"FITT"。其中,"F"代表每周活动的次数;"I"指强度,也即单位时间内活动的能量消耗与安静状态下能量消耗的比值,用代谢当量(MET,梅脱)表示;"time"指参与体力活动的时间;"type"指的是体力活动的形式,一般用体力活动量表、日志、访谈等主观测量手段,或者计步器(pedometer)、加速度传感器(accelerometer)、运动手环、心率计(heart rate monitor)、热流量计(direct calorimetry)、双标记水(doubly labeled water)、同位素标记(isotope labeled bicarbonate)等客观测试手段进行测量。

在目前的国际体育和健康领域的研究中,以体力活动为对象进行研究的文献已经占据极大的比例。例如,2012 年 7 月 21 日,在国际医学界具有重要影响力的权威期刊《柳叶刀》(Lancet)杂志出版的第 380 卷中,连续刊登了 10 余篇由世界各国学者撰写的对体力活动的研究和讨论,研究内容涵盖了体力活动在世界范围内的趋势、如何通过政策的调整促进体力活动以及残疾人的体力活动等问题。而且在笔者所搜集的干预研究文献中,体力活动干预(physical activity intervention)的提法逐渐占据了主流。基于中文学术期刊数据库进行的搜索可以看到,在相对早期的研究文献中,"身体活动"的提法较多,而随着研究的深入,中文文献中使用"体力活动"这一称谓的研究越来越多,甚至出现超过"身体活动"的提法的趋势。

学术界对于体力活动概念的日益重视并不意外。体力活动概念所涵盖的范围更广,既包括锻炼,也囊括了并非以提高体质为特定的目的进行的体力活动。这对于儿童青少年是有着重要意义的。因为这些体力活动虽然并不一定如同体育锻炼一样,以提高体质为目标,但只要从事这些体力活动,只要强度(intensity)和量(volume)达到一定程度,依然可以产生提高体质和健康水平的作用。

二、体力活动和锻炼

Caspersen、Powell 和 Christenson(1985)对体力活动、锻炼和体质这几个体育运动研究领域重要的相互关联的概念进行了定义,这些定义被广为接受并沿用至今。其在所著的经典论文中,不仅对这些定义进行了清晰的界定,还对体力活动和锻炼的区别进行了专门说明(见表 1.2)。

表 1.2　体力活动和锻炼各自包括的核心要素

体力活动	锻炼
1.通过骨骼肌的收缩完成的身体活动 2.产生了能量消耗 3.能量消耗(千卡)从低到高存在连续性的差异 4.与体质存在正相关	1.通过骨骼肌的收缩完成的身体活动 2.产生了能量消耗 3.能量消耗(千卡)从低到高存在连续性的差异 4.与体质存在高度正相关 5.有计划的、有组织的、重复的体力活动 6.有一个目的是保持和/或提高体质

从生理学的角度而言,体力活动的本质是产生能量消耗。根据 Caspersen、Powell 和 Christenson(1985)的定义,锻炼指的是"有最终和阶段目标的、有计

划的、有组织的、重复的,以保持和/或提高体质为目的的体力活动",因此,锻炼是体力活动的一个类别,但却是其中极为重要的一个组成成分,也是与我们关注的儿童青少年的体质水平相关最高的部分。

首先,Bull 等(2020)所推荐的标准为儿童青少年每天累计完成 60 分钟以上的中等强度体力活动,而对于中小学生而言,要实现这一目标,主要通过体育课上和课下的有组织的、有计划的体力活动完成,也就是锻炼。但达成这一目标的方式并非只有"锻炼"这一项,实际上有一些活动并不归属于传统意义上的、有目的的锻炼,但依然可以归为体力活动,只要强度超过 3 梅脱,即可纳入中高强度体力活动的考量范围。例如当前国际上体力活动领域研究的一个热点之一,积极通勤(active transportation),便是通过走路、骑自行车等消耗体力的方式完成上学放学、上班下班等通勤任务,当体力消耗的程度足够高,便可算作中高强度体力活动,是有效的利用通勤这种必须完成的活动来增加体力活动、提高体质健康水平的渠道。

锻炼和体质之间的相关关系较高,要实现提升儿童青少年的体质水平的目标,需要对体力活动行为进行干预和促进,而有组织、有计划地进行锻炼行为的干预是其中的重点。一方面,锻炼往往可以保证活动的强度达到中等强度以上;另一方面,人们的锻炼水平可以通过预留一段时间进行合理控制,相对易于量化,而体力活动所含种类较多,相对较为琐碎(例如,走路办事 15 分钟),在客观测量手段未能全面应用的情况下,人们往往依赖量表、日记等主观测量手段进行测量,但也容易产生偏差。

由于锻炼干预研究的大量存在,本书在就相关问题进行讨论时也会引证一些以锻炼为主题进行的研究。实际上,由于中英文文献中锻炼和体力活动两者交替使用的情况较为普遍,一些学者在对一些具体的研究问题进行梳理时也会将两者的研究兼收并蓄,例如,司琦在《阶段变化模型在身体活动领域应用研究的综述:1998 年至 2012 年》一文中明确指出,由于当前研究中,锻炼行为和体力活动行为的理论探索存在相当大程度的重合,作者将体育锻炼(exercise)、身体活动(physical activity)和锻炼行为等专业词汇统称为"身体活动",不加区别地互换使用。这一方式在综述和元分析的研究中是较为常见的(董文博,毛志雄,2014;李京诚,1999;毛荣建,晏宁,毛志雄,2003;杨剑等,2014)。

因此,本书将"体力活动"作为关注的重点。但在讨论一些特定研究问题,例如健康行为理论在本研究领域的应用时,由于"锻炼行为"的名称被经常使用,因此从尊重原作的角度出发,涉及此类研究时,以原作中的名称为准。

三、体质和体适能

就"fitness"一词而言,虽然近些年来,"体适能"一词得到较为广泛的使用,但在我国进行的很多研究中,使用"体质"和"身体素质"的名称较多,例如,围绕我国长期以来持续进行的每5年一次的青少年体质健康调研工作开展的研究大量使用"体质"这一概念。鉴于"体质"一词在研究和应用领域均具有更为广泛的影响力,为了保持统一,提及"fitness"的研究时,在本书中将统一使用"体质"一词。

体质由健康相关体质(health-related fitness)和技能相关体质(skill-related fitness)组成(见图1.1)。健康相关体质是与健康有密切关系的能力,包括了心肺耐力、肌肉耐力、肌肉力量、体成分和柔韧性5个基本组成部分。技能相关体质是体质的一种,它是指与运动竞技有关的体质,包括的要素有:灵敏性、平衡性、协调性、爆发力、反应速度(Casperson,Powell,Christenson,1985)。值得注意的是,Caspersen、Powell和Christenson(1985)指出了健康相关体质的5个基本组成部分主要和大众的健康水平相关,而与人的运动竞技能力之间的相关性不高。因此,他建议在大众健康的研究领域,应当更多关注健康相关体质,而非技能相关体质。

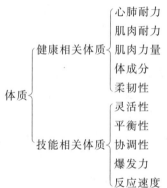

图1.1　体质的分类

资料来源:王健和何玉秀(2008)。

在此后的研究中,尽管研究者们对于健康相关体质的基本组成成分存在一定的微小分歧,但多数人认可Caspersen、Powell和Christenson(1985)的这一观点,也即健康相关体质对于人们针对体力活动和健康问题进行深入研究更为重要。

这一点对于青少年的体质与健康研究也至关重要。在我国,从1985年开始每5年进行一次全国范围的中小学生体质测试工作,而体质测试的标准经过数次调整,总体上并没有太大变化。但不少研究者质疑这一测试标准的科学性和合理性。其中一个主要的质疑在于该标准并不能体现与健康的相关。我们知道,对大多数儿童青少年而言,进行体力活动和锻炼的最主要目的在于提高体质,进而提高抵御疾病的能力,降低患病风险,尤其是成年期慢性非传染性疾病(non-communicable chronic disease)的患病风险,也就是提升健康水平。而我国现行的中小学生体质测试标准依然较为偏向运动能力的测试。

诚然,在全国范围开展全面的中小学生测试,需要考虑成本、人员培训、人力物力的可行性,进行全面的变革需要有论证、试行、检验的过程,该过程需要较长周期和科学规划,绝非易事。但值得注意的是,与我国的体质测试工作相比,以美国为代表的一些西方国家早在 20 世纪 70 年代就已经逐渐在体质测试标准上从运动能力导向转为健康导向,在测试指标选取和测试方法上出现了多元化的特点,并在不断持续的探索之中。这一趋势值得我国的学者进行关注和借鉴,对于体质测试标准问题的讨论将在本书的后续章节中具体展开。

第三节 儿童青少年体力活动水平现状与变化趋势

进行体力活动行为的干预,首先需要了解体力活动的现状水平和变化趋势,这可以提高人们对于儿童青少年体力活动下降这一问题的重视,并可以作为基础,进一步分析儿童青少年的体力活动情况的规律和相关因素,从而为进一步的干预促进工作打下良好的基础。另外,对儿童青少年的体力活动现状和趋势调查通常基于流行病学方法,这一方法的一个优势在于:研究者们可以通过大范围的人口学调查,同时收集儿童青少年的体力活动、体质、健康指标,从而寻找体力活动的变化与他们各项体质和健康指标的关系,这是重要的公共卫生研究问题。

表 1.3 中列举了一些国家进行的代表性的青少年体力活动调查研究,这些研究中的调查多数是通过问卷和访谈的主观测量方式进行的,部分国家的研究中采用了计步器和加速度传感器等客观测量手段,对青少年的体力活动水平进行抽样调查。根据世界卫生组织的推荐标准,儿童青少年需要每天进行累计 60 分钟以上的中高强度体力活动(MVPA),因此这里选取了达到这一标准的儿童青少年比例作为最具有代表性的指标来衡量。这一比例在全球的数值为 19.7%,这也意味着在全球范围里超过五分之四的儿童青少年并未达到获得健康收益所需的体力活动量。显然,这远远低于我们对于儿童青少年活动水平的要求,这也在很大程度上可以解释为什么儿童青少年的肥胖、糖尿病等慢性疾病正日益增加,以及体质持续下降,这些问题都成为世界范围内的公共卫生问题。这些问题的延续也势必给未来世界各国的医疗体系带来沉重负担,并降低人们的生活质量。

值得注意的是,儿童青少年的体力活动趋势在不停地变化。表 1.3 为我们收集的近期研究结果,然而,很多研究使用的都是近 5 年乃至近 10 年之前的数据。在我国,由于幅员辽阔,地区差异大,社会的经济水平和人们的生活方式也处于不断动态变化的过程中,因此每5年进行一次重新的调研是有必要的。

表 1.3　各个国家青少年完成 WHO 推荐标准
(每天进行累计 60 分钟以上的中高强度体力活动)的达标比例

作者	国别	研究/调查机构名称	调查方法	达标的比例
Eaton et al., 2012	美国	Youth Risk Behavior Surveillance System(YRBSS), 由 CDC 主导完成 样本量:7521	问卷, 访谈	12—17 岁青少年:19%~38%
Colley et al., 2011	加拿大	Canadian Health Measures Survey 样本量:1608	问卷, 加速度传感器	总体为 7%,其中男孩 9%, 女孩 4%
Townsend et al., 2012	英国	Physical activity statistics 2012 样本量:15425	问卷, 访谈	9—15 岁青少年:15%~33%
Martin et al., 2008	澳大利亚	Child and Adolescent Physical Activity and Nutrition Survey(CAPANS) 样本量:1827	问卷, 计步器	量表数据显示:27%和41%的小学男生和女生,以及10%和37%的中学男生和女生;计步器数据显示:44%和32%的小学男生和女生,以及38%和42%的中学男生和女生
Saltó, 2009	欧洲其他部分国家	World Health Organization Europe	问卷	37%(俄罗斯)到80%(爱尔兰)的男孩;23%(葡萄牙)到70%(芬兰)的女孩
Rodriguez, Colley, Jimenez, 2012	墨西哥	Canada and Mexico Battling Childhood Obesity	问卷	58.5%的青少年
Reddy et al., 2010	南非	South African Medical Research Council	问卷	35.2%的青少年
Wachira et al., 2014	肯尼亚	Healthy Active Kids Kenya	问卷	72%的青少年
Gonzalez et al., 2014	哥伦比亚	Epidemiology Group at Universidad de Los Andes	问卷	12 岁以上的青少年占26%,其中男孩为27.6%,女孩为24.2%

在我国,2010 年全国学生体质与健康调研数据显示(中华人民共和国教育部,国家体育总局,2012),有 77.3% 的 9—18 岁儿童青少年每天体力活动不足 1 小时,其中男生为 74.6%、女生为 79.9%。其中 9—18 岁学生每天体育锻炼时间达到 1 小时的比例仅有 22.7%,这一数据也在世界卫生组织(见表 1.4)的报告中得以显示,我国未达到推荐标准的男生和女生分别落入 80.0%～89.9% 和 70.0%～79.9% 的比例区间。

在我国的体育科学领域,对儿童青少年的体力活动水平进行调研的研究近些年来大量涌现。很多研究均以省市等地区为抽样范围,调查中小学生的体力活动水平,结果存在一定差异,但总的来说,应用主观问卷的调研结果与 2010 年的学生体质与健康调研数据较为一致。

值得注意的是,人们往往发现,应用客观测量手段获得的体力活动数据与主观测量的数据存在差异。王超(2013)通过加速度传感器测量了我国六大行政区域 11 个城市的 2163 名儿童和青少年(男 1086 人,女 1077 人),其中仅有 5.6% 的研究对象能够达到世界卫生组织提出的针对儿童青少年的体力活动推荐量,也即每天至少 60 分钟中高强度体力活动(MVPA)水平。研究发现,只有 9.4% 的男生和 1.9% 的女生达到了该标准,这一数据显然低于全国中小学生体质普查研究以问卷和访谈为主要途径得到的数据。

造成这一现象的原因主要在于:首先,主观测量问卷容易受到受访对象理解能力和回忆误差的影响,这一点在低龄的小学生中更为常见;其次,儿童青少年在填写问卷时容易存在社会期许效应,也就是说,他们倾向于高估自己的体力活动水平,从而符合"积极锻炼"的社会预期。从这一点而言,客观测量手段具有客观性的优势。当然,客观测量手段也存在一定的问题,例如难以分辨人们活动的种类、基于电子设备(计步器、加速度计等)的测量手段不能测量游泳等水中活动等。我们在这里将我国进行的研究中涉及儿童青少年体力活动水平的调查进行梳理,展示主观和客观测量手段存在的差异。我们选取了样本量较大的一些具有代表性的研究。可以看到,尽管主客观测量手段获得的体力活动数据之间往往存在显著相关性,但这种相关的系数往往不高,通常在 0.2～0.4,并非强相关,而且这些数据是存在一定差异的,加速度计测量的体力活动水平普遍低于量表测量的体力活动水平。这一现象在其他国家的数据报道中也是存在的。例如,2007—2009 年加拿大健康测量调研(Canadian Health Measures Survey)(Colley et al.,2011)的数据显示,加拿大的儿童青少年达到体力活动推荐标准的比例总体为 7%,其中男孩和女孩的达标比例分别为 9% 和 4%;而如果使用问卷进行测量,获得的数值则高于这一水平。对于这种测量手段产生的差异,研究者们在进行大规模调研时需要加以考虑。

表 1.4　对我国儿童青少年体力活动水平进行调研的代表性研究

研究者	样本	测量工具	主要结果
中华人民共和国教育部,国家体育总局,2012	全国学生体质与健康普查样本,10万名以上 9—18岁学生	问卷	77.3%的 9—18 岁儿童青少年每天体力活动不足 1 小时,其中男生为 74.6%、女生为 79.9%
李松骏,2013	江苏南通市 286名中学生,年龄在 11.7—17.8 岁	Actigraph GT3X加速度传感器	MVPA 达标比例占 15%;MVPA 为 38.4±19.0 分钟/天
王超,2013;Wang,Chen,Zhuang,2013	全国 11 座城市2163 名小学四年级到高中二年级的学生	Actigraph GT3X加速度传感器	MVPA 达标比例为 9.4%(男生)、1.9%(女生);MVPA 为 28.26±17.66 分钟/天;久坐行为为 521.50±110.02分钟/天
朱琳,陈佩杰,2013	广州,18 名男性健康高中生	ActiGraPh Grl3x—Plus三轴加速度传感器	学生从事中等强度及其以上活动时间仅占全天总时间的10%左右;四成以上时间以久坐活动状态为主

第四节　对儿童青少年体力活动不足问题的思考

尽管体力活动对于青少年的身心健康的促进作用早已被大量研究证实,并已被大众广泛接受,但体力活动不足的问题在我国依然普遍存在,体育锻炼无论是在数量上还是质量上都得不到保证(Huang,Wong,Salmon,2013;Li et al.,2007;Sun,Chen,Song,2001;Tudor-Locke et al.,2003a)。究其原因,学者们大致将其归纳为以下三点。

第一,学校体育课作用有限。在我国优质教育资源有限、学校教育以升学率为导向的大背景下,文化课教学占据大部分在校时间,中小学校中随意更改教学计划、大量挤占体育课时间的现象普遍存在,我国中小学生的课业负担过重,甚至留给学生们睡眠的时间都严重不足。在我国政府的教育和体育主管部门的三令五申之下,我国中小学校中对"每天锻炼一小时"的规定的执行力度有所改善。然而,体育锻炼并非简单在时间上得以保证即可,一些学校体育课程教学的进度和计划缺乏计划性和新颖性,存在形式单一和教法枯燥的问题,致使学生产生厌学情绪,学生即使参加活动也是出工不出力,存在"教者发令、学者强应、身顺而心违"的被动状态(赖小玉,刘海金,刘尚礼,2007)。被动的学习和低落的情绪有违体育所体现的积极健康的精神,直接影响学生的锻炼积极性,体育课完全失去其应有的意义和价值。

第二,久坐行为增加。由于沉重的升学压力和课业负担的影响,我国的儿童青少年在课外用在文化学习上的时间普遍较多,高于西方国家的平均水平。另外,由于电子产品和网络的迅速大量普及,电子游戏等活动在儿童青少年日常生活中所占的比例增加,而以上这些活动都是久坐行为,体力消耗较低。与此同时,体力活动的水平,尤其是中等强度以上的体力活动的比例持续下降(Hallal et al.,2012),这与我国青少年学生的身体素质多年以来持续下降的趋势是相对应的。此外,在中国城镇化的进程中,城市居民大量集中于密集型的居民小区中,加之独生子女政策的实行,多数家庭只有一个孩子。如果将时间倒推,前几代的中小学生回到家中,几乎每天都与小伙伴们进行踢毽子、跳皮筋、扔沙包、捉迷藏、跳房子等包含丰富体力活动的传统游戏。而在今天,这一现象正在减少,甚至在步入学业负担沉重的小学高年级阶段之后逐步消失,这一点在城市中尤为明显。我国中小学生的课余生活过度被作业、电脑和网络游戏等久坐性活动所占据,这一趋势值得关注(Health Services,2008;Tudor-Locke et al.,2003a)。当然,儿童青少年的体育锻炼水平不足的情况并非我国独有。同样由于课业的压力,研究发现在校期间的体育课时间被压缩这一现象在美国也存在(Slater et al.,2012)。只是相对而言,多数西方国家儿童青少年面临的升学压力较小,课外的时间可以比较容易从学业负担中得到释放而更多从事体力活动,这一问题相对容易解决。

第三,课外体力活动不足。家长对于中小学生的体育锻炼存在认知上的误区。一些家长认为孩子只要学习成绩好,是否进行体育锻炼无所谓。还有一些家长担心孩子在外玩耍不安全,或怕孩子外出玩耍耽误学业。而实际上,很多家长未能意识到,体育锻炼是提高学生的认知功能和学业成绩的重要手段(Ploughman,2008)。当然,从某个角度而言,也有家长担心过多体力活动会妨碍学习,这一担忧并非完全多余。实际上,体力活动会带来唤醒水平的提高和神经兴奋性的提高,而从生物体的生理特性来看,兴奋之后难免出现抑制。而且从唤醒理论的视角来看,唤醒水平过高也会使得个体的认知表现下降。也正是这样的原因,家长在认可体育锻炼对儿童身心健康产生积极影响的同时,也担心体育锻炼带来学习效率的下降,在升学竞争趋于白热化的今天,这一担忧也阻碍了家长对儿童青少年参与锻炼的支持。

家长对于子女的体育锻炼是有着重要影响的(Sallis,Prochaska,Taylor,

2000)，这一影响一般是通过家长对儿童青少年的行为的示范作用以及支持行为（胡亮等，2013）而产生。大量系统、严谨的实证研究对这一问题进行验证和探索，多数研究发现，家长对于子女的影响可以通过直接的方式产生，如自身勤加锻炼、率先垂范，抑或提供言语、装备、物质支持，甚至亲自带领子女投身体育锻炼等。此外，家长对子女的锻炼行为的影响也可以是潜移默化的。例如，一项设计精巧的研究（Corder et al.，2010）发现，那些锻炼不足的儿童的家长，多数错误地认为他们的子女的锻炼水平是足够的。如果这些儿童的体形偏瘦，他们的家长则容易想当然地认为他们的孩子锻炼足够多，而事实上并非完全如此。这说明家长对于子女实际的锻炼水平和体形的判断很多时候并不正确，而这些都可能是儿童青少年缺乏锻炼的重要原因。

基于以上分析，笔者认为，要改变我国儿童青少年体力活动不足，以及体质状况堪忧的状况，归根结底在于促使政府、社会、家庭和学校各个层面的各界人士开展高质量的体力活动研究，确立我国儿童青少年体力活动的相关因素，尤其是那些可以调节的社会学和心理学因素，基于合理的行为理论开展体力活动干预，并关注学校外的时间，使儿童青少年在教师和家长的引导干预下，更多参与体力活动，减少久坐行为。

而要做好这些工作，基础是对我国儿童青少年的现状和变化趋势有准确的把握。在这一方面，从我国当前的研究来看，还有一些问题有待研究者们深入探索。

第一，针对我国儿童青少年制定体力活动评价体系和发布体力活动指南。世界上很多国家根据不同人群制定了相应的体力活动指导手册，其中包括儿童青少年的专门性的体力活动推荐指南。例如，加拿大早在 2005 年就发布了首份儿童青少年的体力活动报告和推荐指南（张加林，唐炎，胡月英，2015），而我国直到 2011 年才出版首部针对中国成年人的体力活动指南。在全民健身计划中也缺乏对儿童青少年提出有针对性、具体的体力活动建议。例如我国的全民健身计划中，仅仅对青少年群体提出"学校应当保证学生在校期间每天参加 1 小时的体育活动"，并未对我国儿童青少年的体力活动强度进行规定。而相比之下，包括世界卫生组织、美国 ACSM 等在内的多个政府和学术机构都在青少年体力活动的推荐标准中强调了需要对体力活动和锻炼的要素进行明确，例如世界卫生组织推荐，儿童青少年应当进行每天 60 分钟中高强度体力活动，一些国家的学术组织对体力活动的强度、时间、频率和类型有着详细的推荐，并且可以看出，这些标准一直处于变化和完善中。表 1.5 对此进行了汇总，以供参考。

表 1.5 世界主要国家和组织针对儿童、青少年的体力活动指南

国家/组织	年份	年龄段	体力活动推荐量
美国运动医学会	1988	儿童/青少年	每天 20～30 分钟的剧烈体力活动
青少年体力活动指南国际共识大会	1994	11—21 岁	每周参加 3 次以上，每次 20 分钟以上的中等强度以上的体力活动，并鼓励将体力活动融入日常生活当中
美国国家卫生研究所	1995	全部	最好每天进行 30 分钟中等强度体力活动
美国卫生与公众服务部	1996	≥2 岁	最好每天进行 30 分钟中等强度体力活动
英国健康教育委员会	1998	儿童/青少年	每天至少进行 1 小时中等强度体力活动；每周进行 2 次以上维持、增强躯干和上肢力量的体力活动；应该通过参与适当的促进发育的活动来满足上述两项体力活动要求
美国癌症学会	2002	儿童/青少年	每周至少 5 天，每天至少 60 分钟的中等强度以上体力活动
加拿大卫生部/加拿大运动生理学会	2002	6—14 岁	将现有的体力活动时间延长到每天 30 分钟，然后逐渐增加到每天 90 分钟以上；单次体力活动时间 5～10 分钟；90 分钟的体力活动时间必须包括 60 分钟的中等强度体力活动和 30 分钟的高强度体力活动；减少久坐行为时间（看电视、上网、打电脑游戏等时间）到每天 90 分钟
美国运动与体育教育协会	2003	5—12 岁	每天进行少至 60 分钟、多至几个小时的适合该年龄段的体力活动；所进行的体力活动必须包括中等强度和高强度的体力活动
美国农业部	2005	儿童/青少年	每天至少 60 分钟中等强度以上的体力活动；每天电子视听娱乐时间（看电视、上网、打电脑游戏等时间）小于 2 小时
澳大利亚健康与老龄化部	2005	5—18 岁	每天 60 分钟以上的中等强度以上的体力活动；每天电子视听娱乐时间（看电视、上网、打电脑游戏等时间）小于 2 小时
美国疾病预防与监控中心	2005	6—18 岁	每天至少 60 分钟的中等强度以上体力活动；体力活动应该适合生长发育需要、充满乐趣，并且包含不同种类的活动
美国儿科学会	2006	儿童/青少年	每天参加至少 60 分钟的体力活动

续表

国家/组织	年份	年龄段	体力活动推荐量
中国国务院	2007	青少年	确保青少年每天锻炼1小时
美国卫生与公众服务部	2008	儿童/青少年	每天至少60分钟体力活动;60分钟的体力活动中必须包含中-高强度有氧体力活动;每周至少有3天进行高强度的体力活动;每周中至少有3天的60分钟体力活动必须包含加强肌肉和骨骼的体力活动
美国卫生与公众服务部	2013	6—17岁	每天中高强度体力活动至少达到1小时;作为其组成部分,高强度体力活动、强壮肌肉的体力活动以及强壮骨骼的体力活动要达到至少3天/周
世界卫生组织	2013	5—17岁	每天中高强度体力活动至少达到1小时;强壮肌肉的体力活动及强壮骨骼的体力活动要达到至少3次/周
英国卫生部	2013	5—18岁	每天中高强度体力活动1小时到数小时;强壮肌肉的体力活动及强壮骨骼的体力活动要达到至少3次/周;尽可能减少长时间静坐
澳大利亚	2013	5—18岁	每天中高强度体力活动至少达到1小时;每天的屏幕时间(如玩电脑游戏、看电视、上网)不应超过2小时
爱尔兰国家儿童卫生部(DHC)	2009	儿童/青少年	儿童和青少年应该参加每天至少60分钟中高强度的身体活动
加拿大运动生理学协会	2016	儿童/青少年	青少年每天至少参加60分钟中高强度的体力活动

在这方面,我国需要向一些欧美国家学习。以加拿大为例,在近些年来该国同样存在儿童青少年体力活动不足和体质下降的问题,由于政府和社会的重视,由加拿大活力健康儿童(Active Health Kids Canada,AHKC)这一社会组织主导,加拿大构建了全面的学生体力活动评价指标体系,该评价体系以儿童青少年为对象,以体力活动促进为主线,纳入了影响儿童青少年体力活动的诸多因素,最终形成了包含宏观、中观和微观三个层次的评价指标体系(张加林,唐炎,胡月英,2015),全面包含了总体体力活动水平、有组织的体育参与、自主性玩耍、交通方式、久坐行为的微观行为指标,以及家庭和同伴的支持、学校和社区及周边建筑环境这些中观层次的环境指标,以及政府政策和非政府组织这些宏观层次指标。这一评价体系得到了国际社会的认可和关注,也值得我们学习和借鉴。

我国儿童青少年推荐标准相对滞后的一个重要原因是,对于儿童青少年体力活动的现状调查不够细致,缺乏客观技术手段的支持,未投入足够的人力、物力。近期,国内学者开展的一些研究对此问题上的空白有所弥补。王超(2013)

通过对我国 2163 名儿童青少年进行了基于加速度计完成的体力活动水平调查,并在此基础上提出建议,建议我国儿童、青少年每天进行不少于 257 分钟的低强度体力活动、不少于 35 分钟的中高强度体力活动,以获得健康的心肺体适能。当然,这一研究结果还需要更多大范围的全国性调研工作的验证,另外,该研究是横断面研究,而且没有系统纳入一些重要的体质和健康评价指标作为衡量该标准是否科学的校标,这都是今后研究需要关注和加强的方面。

完成这一工作需要从国家层面给予足够的重视,投入相应的人力、物力,基于我国现有的全国学生体质健康调研工作完成。虽然我国目前的全国学生体质健康调研工作中的问卷调查部分对体力活动和久坐行为(如看电视等)有所涉及,但由于题量的限制,问题较为简单,并未完全覆盖体力活动测量的频率、强度、时长和类型等行为要素。在这一点上,可以学习部分国家成熟的人口学调研和访谈方法,并考虑引入加速度计、运动手环等更为客观的测量手段,这将为准确测评体力活动水平,以及合理制定体力活动推荐标准提供有效的依据。

第二,提高体力活动调研的质量,增加研究结果的客观性和可比性。对我国儿童青少年的体力活动现状进行的调查研究,曾在相当长的一段时间里在我国不同地区、不同年龄、不同民族的儿童青少年中开展。然而,一个显著的问题是,部分研究的质量不佳,产生低水平的重复工作,而浪费有限的研究资源。研究者们应当借鉴经过充分信效度检验的体力活动的测量工具,以及国际研究中大范围抽样和调研方法等方面积累的经验,使用准确、具有良好的信效度、相对统一的测量工具进行大范围调研,对体力活动水平的测评使用相对统一的单位(如能量消耗单位,千卡),使得研究结果具有良好的准确度和可比性。

第三,加强对体力活动变化趋势的准确测量。目前我国儿童青少年体力活动水平的调研多数均为横断面研究,纵向的追踪较少。我国目前仅有的已发表的追踪研究的结果来自《中国健康和营养调查》,结果显示,我国儿童的体力活动水平有上升趋势但仍处于较低水平,在 2000 年到 2004 年的追踪样本中,报告达到 60 分钟中高强度体力活动推荐量的学生比例由 2000 年的 9.2% 上升到 2004 年的 20.9%;在 2004 年到 2006 年的另一追踪样本中也出现类似趋势(从 2004 年的 11.6% 上升到 2006 年的 18.2%),可惜的是,该追踪调查样本量十分有限,具有较大的局限性。对于儿童青少年的体力活动水平和变化趋势,需要开展覆盖范围更广、更为系统和持续的人口学研究。

第四,建立和开放体力活动调研数据共享平台。实际上,以上所涉及的很多问题都可以充分利用我国现有的学生体质和健康调查网络进行解决。我国政府对这一工作充分重视,投入大量人力物力保障。在过去 30 年间,每 5 年进行一次全国范围的学生体质与健康调查工作,其投入大、覆盖面广、各级政府和学校组织有力。考虑到我国人口众多、地区差异大,这些工作量及组织工作的系统性和复杂性是世界范围内绝无仅有的。然而,殊为可惜的是,这些数据并未得以公开,这固然有数据保密等方面的考虑,但换个思路来看,西方一些国家早已开始建立体力活动数据共享平台,如美国疾病控制和预防中心(CDC)主导完成全国健康和营养调查研究(National Health and Nutrition Examination Survey,NHANES),其中包括了全国青少年体质调研(National Youth Fitness Survey)。这一调研包含的样本量高达百万人次,获得的大量数据被上传至CDC 的官方网站上供研究者们下载和分析。这一举措的意义在于可以真正吸引相关领域的学者共同探索研究体力活动促进工作中的诸多理论和实践问题。如果从政府行为无法实现调研数据的共享,研究者们或可考虑建立学术组织所主导的调研数据共享平台,集思广益,真正促进学科的交叉和融合,从而促进该研究领域的繁荣发展。

第二章 儿童青少年体力活动研究的测量和评价

第一节 体力活动的测量与评价的研究问题

对儿童青少年的体力活动、体质,以及与体力活动相关的指标进行现状调查,是我国体育科学研究领域中得到了大量关注的基础性工作,研究文献也较为丰富,其中很多研究以不同地区和不同年龄的儿童青少年为对象(袁得国等,2012),调查体力活动的现状及其与心肺功能(张海平等,2016)、心血管疾病危险因子(邹志春,庄洁,陈佩杰,2010)、代谢综合征、体成分等健康指标之间的关系。然而当前研究中一个有趣的现象是,不少研究报道的体力活动达标比例和体力活动不足的比例大相径庭,即使调研的地区和年龄群体相似,结果却差距颇大。体力活动是一种包含多要素、受多重因素影响的健康行为,在不同年龄、不同地区甚至同一个地区的不同学校的儿童青少年之间是可能存在一定差异的。然而在大样本的研究中,如果存在巨大的差异,则研究者需要回顾这种差异是否来自因测量产生的误差,测量误差显然会极大影响研究结果的可信度。

不仅如此,在体力活动研究领域,人们既要探索影响体力活动的因素,也就是行为的前因(antecedents),也要检验体力活动对身心指标产生的影响,也即行为的后果(consequence),测量工具的选取以及实施都在很大程度上影响着研究的结果。实际上,对于体力活动行为、体质,以及体力活动行为相关因素的测量,一直是得到学界重点关注而且需要持续研究的基础问题,并对其他学术问题研究的可靠性和可重复性产生重要的影响。几乎每一个体力活动研究中热点问题的出现,例如社会生态环境对体力活动的影响、静态行为、积极通勤等,测量与评价的问题都对研究的开展起着至关重要的作用,因为在这些问题中有许多指标需要进行专门化的定义和测量,测量的准确性是研究问题得以明确和解决的前提。

对体力活动的测量手段的信效度检验工作需要在不同人群中开展,这也是确保研究准确性的重要条件,对于一些疾病人群而言尤其如此。例如一些学者对存在多发性硬化症(multiple sclerosis)(Motl et al.,2006)、抑郁(胡亮,

2011),以及认知损害症状的人群中体力活动问卷的信效度进行了专门化、有针对性的检验。之所以要进行专门化的测量,主要的原因是这些症状具有一个共同特点:研究对象的认知能力和记忆能力受到疾病症状的影响,而问卷调查需要基于特定的一段时间对人们的活动进行回顾,因此这些症状很有可能会对准确性产生显著影响。另外,由于疾病症状对于身体和精神状态的影响,受访对象的行为模式与普通人群会有所不同。例如,抑郁者的一个特征是丧失行动热情,表现为行为的懒散(lethargy),这使得其日常生活中静态不动的行为比例较大,以测量中高强度为主的锻炼问卷对于此类群体而言,测量的针对性不足,测量的准确性就可能打折扣。此外,如抑郁者精神状态不佳会使得受访对象的填写意愿不足。正是出于这些原因,不少针对疾病人群的体力活动测量工具的验证研究往往发现,对于认知和记忆能力可能受损的人群而言,问卷的题量需要减少,尽量使用较为简明的问卷,例如 Godin 闲暇锻炼问卷、国际体力活动问卷的简版。另外,尽可能应用加速度计(accelerometer)、计步器(pedometer)等客观测量工具进行测量。

对于青少年人群而言,在研究中有针对性地选择体力活动测量工具,甚至针对某些群体开展科学的信效度检验也非常重要。

首先,儿童青少年的行为模式与成年人存在显著不同,大部分时间以在课堂上进行学习为主。在我国,中小学生的课业负担较重(Tudor-Locke et al.,2003a),而且近些年以来,电脑、手机、平板电脑、电子游戏机等电子娱乐设备大量普及,对于儿童青少年具有极大吸引力。这些因素使得我国的儿童青少年的日常活动中,静态行为所占比例较大(关于静态行为的测量与评价问题,在本书的第六章中将重点进行阐述和介绍),这也使得儿童青少年的测量工具需要考虑该群体的行为模式的特点,做到有的放矢。

另外,基于成年人进行设计的一些量表,如国际体力活动问卷(IPAQ)(Craggs et al.,2011)中涉及的一些活动(如园艺、工作相关的体力活动)并不适用于儿童青少年。而该量表仍然在我国的一些对儿童青少年的研究中(王超,2013)得到应用。当然,在国外有研究将 IPAQ 改编后的简版应用于儿童青少年人群,并被认为信效度尚可(Ottevaere et al.,2011)。但其在我国儿童青少年中应用的合理性还需要实证研究的检验。此外,由于儿童青少年处于相对不成熟的发展阶段,与成年人相比,他们对问卷的语言理解能力以及研究的依从性也存在很大差异,这些也会对数据的准确性造成影响。

有鉴于此,在儿童青少年的体力活动研究中,对体力活动测量手段如何进行选取和信效度检验,始终是注重实证研究的准确性的研究者们需要了解、思考和探索的问题。

众所周知,体力活动的测量手段分为主观测量手段和客观测量手段两大类。主观体力活动测量手段包括体力活动量表、日志、访谈等。其优势在于费用低、操作简单、覆盖范围广、受访对象较易接纳和依从,尤其适用于大样本、跨度时间不长、对于测量精度要求不高的研究。但其存在的问题也较为突出,例如测量的准确性受到受访对象的回忆能力和意愿,以及理解能力的影响较大。

客观测量手段多采用计步器(pedometer)、加速度计(accelerometer)、心率计(heart rate monitor)、热流量计(direct Calorimetry)、过氧化氢标记(doubly labeled water)、同位素标记(isotope labeled bicarbonate)等客观技术手段进行测量。由于直接观察、双标水法和热流量计等方法应用成本过高,本章在对体力活动客观测量手段进行讨论时,仅考虑适用于大范围人群调查的测量手段,主要包括心率计、计步器和加速度计。

通常人们认为这些客观测量手段可以减少人们主观回忆体力活动时产生的人为误差,因而更为准确可信。在成本可以接受的前提下,研究者越来越多倾向于采用这些测量手段。尤其在美国和欧洲一些发达国家,一些大规模的人口学研究都已越来越广泛地使用便携式客观设备。在我国的体力活动研究中,使用计步器、加速度传感器等仪器设备对不同人群的体力活动进行测量的研究也越来越多(见表2.1)。饶是如此,当前国内的研究还较为缺乏对儿童青少年开展的体力活动与测量手段的信效度检验的重视。近些年来,这一问题正在逐步得到更多的关注和解决。

表 2.1　我国学者开展的具有代表性的儿童青少年体力活动问卷编制和检验研究

中文名称	英文名称	问卷特点	中文版检验研究
儿童休闲体力活动调查问卷	Children's Leisure Activities Study Survey (CLASS) (Telford et al.,2004)	测量儿童30项体力活动及14项静坐行为的频率及持续时间,以自我报告(10—12岁儿童)或家长报告(5—6岁儿童)方式填写	中文版具有良好的重测信度和结构效度(梁崎等,2010)
青少年危险行为调查	Youth Risk Behavior Survey Questionnaire (YRBS) (Brener et al.,1995)	美国疾控中心(CDC)用以调查儿童青少年的危害健康的行为。其中包含体力活动问题,由研究对象回顾过去1周或1年的体力活动状况	青少年危险行为问卷在地震后幸存的青少年中具有较好的信度与效度(陈颖等,2011)
国际体力活动问卷	International Physical Activity Questionnaire (IPAQ) (Craig, Goldberg, Dietz, 1996)	测量步行、中等强度体力活动、高强度体力活动及静坐;有研究将IPAQ修改为简版以测量青少年的日常体力活动	尚无报道
体力活动问卷儿童版及青少年版	Physical Activity Recall (PAQ-C;PAQ-A) (Trost et al.,1999)	9个题目,自我报告其在过去7天的中高强度体力活动;长度较短,易于施测	修订后的PAQ-A中文版具有可接受的信度和效度,可以用于大样本的中国青少年体力活动评估研究(李新,王艳,2015)

有一点值得注意的是,大量的信效度检验研究显示,客观和主观测量手段所获得的数据之间往往存在显著的相关性,然而这种相关的强度往往不高。举

例而言,早期的大量研究对加速度传感器和量表进行信效度检验,结果发现对同一样本施测,加速度传感器和量表数据在成年人群中的相关度普遍在0.3左右,在不同的疾病人群中也基本在这一区间,多数为0.2~0.4(Motl et al.,2006;胡亮,2011)。这显示主观和客观手段测量得出的体力活动水平之间其实存在较大的差异。我国的一些研究结果也大致如此(李松骏,2013;王超等,2012;王馨塘等,2011;向剑锋,李之俊,2015)。

对于主观和客观测量手段的选取需要在考虑这一情况的前提下,综合考虑成本、依从性、可操作性等多种因素。因此,本书试图对体力活动行为以及研究中涉及的相关因素进行梳理,回顾这一问题在国内外研究中较新的成果,提出当前还需要解决的问题以及策略。

一、主观测量手段的使用

在体力活动研究,尤其是对儿童青少年的体力活动进行大规模调查的人口学规模的研究中,出于成本的考虑和人力物力的限制,多数通过问卷、访谈等主观测量手段进行测评。目前一些关于青少年体力活动调查的经典问卷大多是在西方国家应用,而我国与西方国家在地理位置、气候和经济、文化教育背景上存在着显著差异,体力活动模式也有所不同,很多问卷不宜采用"拿来主义"直接应用。因此检验或者设计适用于我国青少年的体力活动问卷,以及客观准确、简便易于推广的体力活动方法是重要的基础性研究工作(李海燕,陈佩杰,庄洁,2011)。

上文提及,测量青少年的体力活动的测量手段,尤其是以问卷调查为代表的主观测量工具,需要和成年人群中所应用的测量手段有所不同。总体而言,需要考虑的原则是:首先,10岁以下的儿童由于认知能力的限制,并不适用体力活动问卷、日记等方式对体力活动进行测量,而应当采用加速度传感器、直接观察等方法测量其体力活动水平;其次,对于年龄稍大的儿童青少年,其理解能力和认知能力可以确保问卷测量手段的适用性,但需要注意的是,在成年人群中制定和检验过的问卷一般不能直接应用于儿童青少年,而应当根据该人群的体力活动特点制定问卷,并进行信效度检验。

在成年人群中,往往根据体力活动的强度进行分级,分为低强度、中等强度和高强度,或者根据活动的类别,例如工作、家务、交通、闲暇体力活动等进行分类,让受访对象回忆过去一周甚至一个月内完成这些活动的频率、持续时间等信息。而对于儿童青少年,回忆的时间应当相对较短(Lee,Trost,2005),回忆的时间单位以不超过一周为宜。例如常用的有Pate等(2003)应用的3天身体活动回顾问卷,他们选取了一周中具有代表性的两个工作日和一个周末日(一周中从周六到周四),以一个小时为间隔,给出数十项活动(上课、体育课、走路、午休)以供选择,让被试回顾这些时段内所从事的活动,从而根据每项活动所对应的能量消耗系数,计算总的能量消耗。

目前体力活动的自陈式问卷种类较多,针对儿童青少年的经过有效的信效度检验的也不在少数。Hidding 等(2018)在综述研究中找到了数十种适用于儿童青少年的体力活动调查问卷。这些问卷在所测量的体力活动类型、回顾时期、题量、填写方式、适用年龄等方面存在较大差异。例如 3 天体力活动回顾(3-day PA recall,3DPAR)、过往日期体力活动回顾(previous day PA recall,PDPAR)、7 天体力活动回顾(7-day PA recall)、体力活动问卷(PA question-naire,PAQ-A),以及日记。在我国,研究者们开展了一系列的对这些问卷的本土化和信效度检验研究,具体结果参见表 2.1。

总的来看,采用问卷测量体力活动的信效度问题依然是影响研究结果的一大挑战(王超等,2012)。Chinapaw 等(2010)的综述也证实,在其汇总的数十个儿童青少年体力活动问卷中,仅有 7 个报告了问卷与标准校标测量方法完全正相关的结果,其他的大多数问卷的效度较差,未发现信度效度俱佳的问卷。对中国儿童青少年编制或者检验具有较好信度及效度的体力活动问卷是我国研究者们需要共同解决的一大挑战。

二、客观测量手段的使用

一些学者认为,问卷是大样本调查体力活动中应用最为普遍,也是唯一可行的方法,而加速度计、能量代谢仪等客观仪器设备则由于成本问题很难用于大规模人口普查研究。实际上,这一观点失之偏颇,在美国、加拿大(Colley et al.,2011)、英国(Atkin et al.,2013)等国家以政府主导和实施完成的儿童青少年体力活动调研中,使用加速度计进行体力活动测量的样本量都在 2000 人以上,也使得这些研究有可能应用流行病学研究方法来分析儿童青少年的体力活动现状、变化趋势、相关因素,以及与慢性疾病危险因子之间的关系,甚至确定剂量—效应关系。

在我国针对成年人开展的体力活动研究中,已经有部分的研究开始采用客观的体力活动测量手段,例如加速度计(周志雄等,2015)。由于儿童在认知能力和答题的依从度方面存在一定限制,通过可靠的客观设备获取体力活动数据显得尤为重要,这一方式在儿童青少年人群中也有日益增加的趋势,只是多数研究的规模并不大,在近年也出现了应用加速度计样本量达到 2000 人以上的调研(王超等,2012)。表 2.2 总结了在过去 10 余年间,我国开展的应用加速度计、心率计、计步器等客观设备对儿童青少年的体力活动相关问题进行的研究。这些研究的目的主要在于:对我国儿童青少年的体力活动进行客观测量,寻找不同强度的体力活动与体质和健康指标的相互关系,对设备本身以及其他测量手段(如问卷)的信效度进行检验。从这些研究的结果来看,客观设备的应用具有较好的信效度,被研究者们广泛认可,在条件允许的情况下,可以被用来进行儿童青少年的体力活动测量。然而,对这些不同设备的选择,以及数据采集和分析整理,都有诸多问题值得讨论和斟酌,应当开展长期的更大规模的研究,应用更为系统和灵活的研究范式进行深入探索。

(一)心率计

在早期的研究中,心率计是最早被广泛应用在儿童青少年身上的客观测量体力活动的方法。需要指明的是,心率监测并不直接测量体力活动,其直接测量的是心率的变化,这一指标只是反映由体力活动引起的心血管系统反应,通过在一定范围内心率与能量消耗存在的线性关系来评价体力活动水平的高低(王超,2013)。在一些对儿童青少年群体开展的研究中,出于简便的需要,将心率大于 140 次/分钟界定为中等强度体力活动的临界值,而大于 160 次/分钟代表高强度体力活动(Chinapaw et al.,2010)。心率的数据收集和处理相对简单,且准确客观。但心率的测量也存在一定的问题。心率计往往价格较高,而且可能由于个体的脂肪、体毛等因素的干扰,出现心率读取困难的情况。而更为重要的是,一些可能影响心率的其他因素(如情绪、饮食、体质、湿度等)都可能会影响测量的准确性。此外,研究者认为,在研究对象的心率水平相对较低时,心率与能量消耗的线性关系相对较差,所以心率的监测主要用于对中高强度体力活动的测量,而不适于测量低强度体力活动(王超,2013)。

(二)计步器

计步器由于具有价格相对低廉和易于携带的特点,曾被大量应用于体力活动的测量工作中。计步器能感知一个人的活动步数,然后根据各人的步长来计算行走、跑步等活动的距离。在过去 10 年间,计步器的应用并不局限于对参与者的体力活动水平进行测量。在一些体力活动干预研究中,计步器不仅被用于提供给研究者们活动数据,还用于在往往长达数月的干预过程中给被试提供每日活动量的监测,使得他们可以与自己制定的运动目标和实施计划进行对比,发挥重要活动反馈功能。而监测、反馈也是一些健康行为干预理论中重要的一环。例如,在体力活动促进领域被大量应用的社会认知理论(Bandura,1997)就指出,对个体的自身行为进行监测,并据此反馈和调整锻炼行为,是锻炼自我效能的重要来源,而自我效能可以在很大程度上预测和决定一个人投入行为的决心、付出的努力,以及在遇到困难情境时坚持的程度(McAuley,Blissmer,2000)。因此,一些研究发现,应用计步器对长期久坐(Chan et al.,2002)、糖尿病(Van Dyck et al.,2013)、乳腺癌患者(Vallance et al.,2007)等人群进行体力活动干预都起到了提升体力活动水平的效果,并有助于体脂的降低和疾病症状的缓解。Bravata 等(2007)进行的元分析也肯定了计步器用于体力活动干预的积极效果。只有部分研究(Bjørgaas et al.,2008)认为,计步器并不一定能提高体力活动干预的实施效果。

表 2.2 我国近 15 年来使用客观测量手段的体力活动研究

作者	题目	发表渠道	使用工具	受试者	主要研究结果
张海平等，2016	12—14 岁中学生日常体力活动状况及健身跑对其心肺耐力影响的研究	《沈阳体育学院学报》	GT3X 加速度计	147 名 12—14 岁中学生（男 84 名，女 63 名）	• 日常体力活动按时间由多到少排列依次为静坐、轻体力活动、中等强度体力活动、高强度体力活动 • 学习日的佩戴总量、静坐时间和体力活动时间都较休息日数值更大 • 每天 60 分钟运动强度为 50%～70% 最大吸氧量的健身跑对中学生的心肺耐力有明显的促进作用
王超等，2012	客观测量的儿童青少年体力活动水平与心肺体适能的量效关系研究	第十届全国体育科学大会	GT3X 加速度计	1891 名 9—17 岁健康儿童青少年（男 969 名，女 922 名）	• 儿童青少年体力活动水平与心肺适能具有密切的正相关及显著的量效关系 • 随着体力活动水平提高，儿童青少年心肺适能不健康的风险降低
王思娅等，2015	加速度计测量不同佩戴部位儿童青少年静态活动的一致性研究	第十届全国体育科学大会	GT3X 加速度计	28 名 12 岁儿童（男 17 名，女 11 名）	• 采用加速度计监控儿童静态活动时应选择 VM 计数（即加速度计提供的综合指标） • 佩戴于手腕的加速度计更适于测量上肢活动，尤其是以手部活动为主的静态活动 • 在相同类型的静态活动中，三个部位（左，右手腕和右髂前上棘）的加速度计有较高的一致性，但佩戴于手腕的加速度计要优于佩戴于髂部的加速度计，利手之间不存在差异
李新等，2015	青少年体力活动问卷（PAQ-A）中文版的修订及信效度研究	《北京体育大学学报》	GT3X 加速度计	125 名 13—14 岁健康青少年（男 56 名，女 69 名）	• 问卷修订：删除午休期间活动 • 修订后的 PAQ-A 有可接受的信效度

续表

作者	题目	发表渠道	使用工具	受试者	主要研究结果
向剑锋、李之俊,2015	加速度计和体力活动日记监测日常体力活动的效度研究	《中国体育科技》	GT3X加速度计和Bouchard体力活动监测日记	20名在校大学生	· GT3X监测MVPA时间的效度高 · Bouchard体力活动日记监测PAL(体力活动水平)和PAEE4h(4h体力活动总能耗)的效度较高
黄玉鑫等,2015	基于加速度传感器技术的中学生日常身体活动的研究	《南京体育学院学报》(自然科学版)	GT3X加速度计	181名12—13岁初中生(男92名,女89名)	· 青少年的身体活动量严重不足,92名男生仅32人达标,女生无人达标 · 男生超重比例和肥胖比例远大于女生,轻体力活动、生活类活动与MVPA都显著高于男生,女生的静坐时间显著高于男生
戴剑松等,2015	基于加速度传感器测量技术的中欧学生身体活动初步比较研究——以发达地区部分学生与欧洲学生为比较对象	《天津体育学院学报》	GT3X加速度计	江苏省中学生286名(男138名,女148名)	· 我国中学生平均活动强度、中高强度体力活动时间和推荐标准达标情况远低于欧洲 · 中欧学生的静态活动时间占有效佩戴时间的绝大部分,且时间随年龄而增加;男性的平均活动强度、中高强度身体活动的时间均长于女生,静态活动时间远少于女生
邵苗等,2014	上海市青少年休闲体力活动调查分析——基于加速度器测量	《福建体育科技》	GT3X加速度计	共378名学生,205名学生的数据有效(男118名,女87名)	· 上海市青少年的休闲体力活动时间不足 · 男女之间存在显著性差异;小学生的休闲体力活动时间比中学生长;不同经济水平的学生没有显著差异
贾斯媛等,2014	沈阳市12—14岁中学生日常体力活动能量消耗调查	《沈阳体育学院学报》	GT3X加速度计	沈阳市4所中学7—9年级学生共1109人,12—14岁	· 周一到周五的体力活动水平显著高于周六、周日 · 体力活动不存在性别差异;肥胖学生在周末的体力活动水平显著低于其他组 · 体力活动水平随年龄增加而下降

续表

作者	题目	发表渠道	使用工具	受试者	主要研究结果
尤桂杰、王超、顾丽燕，2014	北京市初一学生日常体力活动特征研究	《2014年中国运动生理生化学术会议论文集》	GT3X加速度计	214名初一学生（男98名，女116名）	· 北京初一学生的体力活动水平不高，一半学生没有达到WHO的体力活动推荐量 · 女生的体力活动水平低，周末体力活动水平低于上学日的体力活动水平
朱荣、滕青，2014	不同BMI等级的儿童青少年身体发育、体力活动研究——以温州市为例	《2014年中国运动生理生化学术会议论文集》	GT3X加速度计	温州市小学生、初中生、高中生（10—17岁）共218名（男104名，女114名）	· 随着BMI等级的提高，工作日、周末日以及一周的步数均下降，即超重、肥胖学生的体力活动显著减少
杨珂，2014	赣南苏区儿童青少年体力活动现状及干预策略研究——以兴国县中小学为例	华东交通大学硕士学位论文	GT3X加速度计	小学四年级到高二共296人（男149名，女147名）	· 学生在工作日和休息日的体力活动均以静态活动为主 · 周末女生的体力活动水平较男生更高，且有显著差异 · 工作日小学生的体力活动水平高于初中和高中生，但是周末无显著差异
陈斌，2014	苏州地区初中生体力活动与体质现状及其影响因素分析——以芦墟中学为例	南京体育学院硕士学位论文	Yamax Digiwalker701型计步器	657名初中生参加体质和问卷测试，其中280名佩戴计步器	· 初二和初三男生与女生在周末的体力活动水平有显著差异 · 初中生周末步行数与体质成绩显著相关 · 初中生步行数过少，周末体力活动时间不足、睡眠时间过多
王超等，2014	我国不同城市儿童青少年体力活动水平的比较研究	《第三届全民健身科学大会论文集》	ActiGraph GT3X加速度计	2163名9—17岁被试（男1086名，女1077名）	· 仅有5.6%的被试达到体力活动的推荐量，其中男生9.4%，女生1.9% · 不同城市的研究对象之间的体力活动水平有显著差异

续表

作者	题目	发表渠道	使用工具	受试者	主要研究结果
朱琳、陈佩杰，2014	三轴运动加速度计（GT3X）F 测量青春期青春期（11—14 岁）身体活动能耗预测方程的建立和检验	《中国体育科技》	Cosmed K4b² 便携式气体代谢分析仪和 GT3X 加速度计	80 名 11—14 岁初中生（每岁 20 人，男女各半）	• 以年龄、性别、身高、体重等为自变量建立回归方程 • 所建方程：$Y(kcal/min)=-1.471+0.1044×VM_1+6.15209E-4×VM_3$ (counts/min) 有效，可以检测青春期少年不同活动类型的能耗 注：VM3 是三轴向量嘱值，是 GT3X 的指标，可直接从软件中提取
李新等，2014	不同方法用于少年体力活动评估的比较研究	《中国运动医学杂志》	GT3X＋型加速度计、Polar RX800CX 心率表和 SOFIT 量表	50 名 11—15 岁少年	• 对于 MVPA 和 VPA 时间而言，加速度计与 SOFIT 观察之间有较好的一致性 • GT3X＋型加速度计适用于青少年 MVPA 的测量，准确性优于心率表
汤强等，2014	小学儿童体力活动特征 3 年跟踪研究	《中国运动医学杂志》	GT3X 加速度计	96 名 1—3 年级儿童（男 56 名、女 40 名）	• 静坐时间存在性别差异，且随年龄增加而增加 • MVPA 在学习日不存在性别差异，但周末男生 MVPA 更多 • 超重和肥胖儿童静坐时间更多，MVPA 更少、周末更明显
谢亮亮等，2014	温州市青春期发育学生身体形态、体力活动的调查与分析	《浙江体育科学》	GT3X 加速度计	温州市小学、初中、高中共 218 名学生（男 104 名、女 114 名）	• 儿童少年学习日体力活动水平均值高于周末，男生体力活动水平高于女生，且青春期晚，后期多于青春前、早、中期
全明辉，2014	上海市儿童青少年步行活动水平——基于加速度传感器的调查研究	《体育科学》	GT3X 加速度计	上海市 369 名 9—17 岁儿童青少年（男 189 名、女 180 名）	• 步行活动量由大到小的顺序是周五、周四、周一、周二、周三、周六和周日。平时日的步行数显著多于周末日；男生日常步行数显著多于女生。日常步行数显著低于欧美体力活动推荐量

续表

作者	题目	发表渠道	使用工具	受试者	主要研究结果
张晨，2013	12—15岁青少年体力活动水平现状与代谢综合征指标的关联性研究	天津体育学院硕士学位论文	GT3X加速度计	中学生193人（男90名，女103名）	·12—13岁男生达到MVPA时间量，其余各组均未达到 ·12—15岁学生，随着年龄的增长，MVPA下降 ·不同体重、代谢综合征（MS）的个体在MVPA上有显著差异
张文杰，2013	采用心率联合加速度运动传感器测量9—11岁女生常见体力活动的研究	上海体育学院硕士学位论文	Actiheart心率加速度运动传感器	9—11岁在校女生65名	·运用心率合加速度运动传感器可以有效评价我国青少年日常体力活动的能量消耗水平 ·在走跑类项目和广播操项目中，9—11岁女生能耗值随年龄的增加和运动速度的提高而增加
周热娜等，2013	上海市某两所中学初中生体力活动环境影响因素分析	《复旦学报（医学版）》	加速度计、型计步器	288名中学生参与问卷调查；162名佩戴加速度计	·朋友的运动支持和住所附近是否有多个可供选择的路径对郊区和中心城区学生的体力活动有影响；对郊区学生体力活动应该关注其体育运动场所的可及性
王超，2013	中国儿童青少年日常体力活动推荐量研究	上海体育学院博士学位论文	GT3X加速度计	2163儿童青少年（男1086名，女1077名）	·5.6%的研究对象能够达到WHO提出的体力活动推荐量，其中男生9.4%，女生1.9% ·我国儿童青少年整体体力活动水平很低，且呈现女生低于男生，周末日低于上学日的特征 ·体力活动水平与健康指标具有一定的量效关系，与心肺体适能的关系最为密切
朱琳、陈佩杰，2013	应用三轴加速度计（GT3X+）监测广州高中生日常体力活动的研究	《广州体育学院学报》	GT3X加速度计	18名健康男性高中生	·学生有四成以上的时间以静态活动状态为主，从事中等强度及其以上活动时间仅占全天总时间的10%左右 ·周五能量消耗水平及其以上活动时间仅占全天总时间的10%左右·周末日能量消耗水平明显低于周一至周四，周末日的能量消耗水平

续表

作者	题目	发表渠道	使用工具	受试者	主要研究结果
李松骏,2013	用加速度传感器对中学生体力活动及相关因素的分析研究——以南通市通州区两所中学为例	南京体育学院硕士学位论文	GT3X 加速度计	初一、初三和高二共286名学生,11.7—17.8岁	• 体力活动水平,女生低于男生,高二高于初三和初一,仅有42人达到WHO体力活动推荐量 • 静态行为达到10.9小时。年级越高,静态行为越多 • 工作日的静态行为时间和MVPA都更多
洪俊睿等,2013	Actigraph传感器在青少年体力活动能量消耗测试中的应用	《上海体育学院学报》	GT3X 加速度计	300名10—17岁青少年,分为青春前期、中期和后期三个组,每组男女各半	• 青春前期、中期、后期受试者每天体力活动能量消耗无明显差异 • 中、大强度体力活动随着年龄的增加而减少。除青春前期受试者中、大强度体力活动水均低于国际标准外,中期、后期的受试者均接近国际标准 • 男生的体力活动水平高于女生
付强,2012	7—10岁小学生体力活动现状及相关因素研究	苏州大学硕士学位论文	GT3X 加速度计	228名1—3年级小学生(男126名,女102名)	• 小学生的每日静坐时间到9小时,高于国外同龄儿童 • 小学生的体力活动量未达到国际推荐标准 • 女生学习日中等以上强度体力活动显著多于周末 • 小学生学习日的中等以上强度体力活动与学习类型有关;周末日中等以上强度体力活动则与家人和孩子一起活动有关
左弯弯,2012	基于加速度技术的小学生体力活动现状研究	苏州大学硕士学位论文	GT3X 加速度计	137名2—4年级小学生(男77名,女60名)	• 小学生每日静坐时间接近10小时,明显高于国外同龄儿童。男女存在显著差异 • 小学生的体力活动未能达到国际体力活动推荐标准 • 男生周末中等以上强度体力活动量明显少于学习日 • 体育课和大课间体力活动强度偏低 • 中等强度体力活动与数学成绩呈正相关

续表

作者	题目	发表渠道	使用工具	受试者	主要研究结果
王超等,2012	加速度计以不同采样间隔测量儿童青少年日常体力活动时间的一致性研究	《中国运动医学杂志》	ActiGraph GT3X加速度计	296名9～18岁儿童青少年	• 在判定研究对象MVPA时间是否达到每日60分钟推荐量方面,1秒、5秒、15秒、30秒、60秒五种不同采样间隔之间的判断一致结果均具有可比性
朱琳,2012	11～14岁青春期少年常见体力活动能耗测量的方法学研究	上海体育学院博士学位论文	ActiGraph GT3X加速度计和Cosmed K4b2能量测量仪	66名11～14岁的在校中学生	• 基于运动加速计和心率的预测模型能很好地预测三种类型的日常综合活动的能量消耗
汤强,盛蕾,左弯弯,2011	小学生日常体力活动量与BMI关系的研究	第九届全国体育科学大会	GT3X加速度计	167名1～3年级小学生(男93名,女74名)	• 小学生在学习日和周末日的久坐时间接近10小时 • 小学生在周末日MVPA都未能达到60分钟。周末休息日活动量明显降低。但在学习日,男生MVPA可以达标
王强,2011	运用加速度心率联合传感器对11～14岁学生体力活动能量消耗的应用的研究	上海体育学院硕士学位论文	Actiheart心率加速度运动传感器	11～14岁年龄段学生160名,其中:男生96人,32名肥胖个体;女生64人,均体重正常	• 11～14岁男女正常体质量组在HR、能量消耗和MET上无显著差异 • 11～14岁不同体质量、不同性别的MET值方面存在差异 • 不同性别,体质组的个体对不同体力活动强度的认知存在差异
王超等,2012	加速度计测定的中学女生体力活动模式及其随年龄变化趋势	2011年第九届全国体育科学大会	ActiGraph GT3X加速度计	112名12～16岁中学生,101名有效	• 我国中学生体力活动水平较低,且随着年龄增长逐渐下降

续表

作者	题目	发表渠道	使用工具	受试者	主要研究结果
李海燕,陈佩杰,庄洁,2010a	运动传感器(SWA)在测量青少年日常体力活动水平中的应用	《上海体育学院学报》	SWA运动传感器	30名11—18岁健康中学生,男女各半	• 佩戴SWA于优势侧肱三头肌,睡觉前共测量7天,发现青少年的体力活动水平参差不齐,且男生的体力活动和能量消耗都高于女生
李海燕,陈佩杰,庄洁,2010b	11—16岁肥胖青少年体力活动耗氧量推算方法实验研究	《中国运动医学杂志》	PHYSIO-DYNE气体代谢系统	60名11—16岁肥胖青少年	• 以符合心率-瘦体重量的回归方程,可用于推算肥胖青少年体力活动耗氧量
李海燕,2010	上海市青少年日常体力活动测量方法的研究与应用	上海体育学院博士学位论文	SWA运动传感器	30名11—17岁健康青少年	• CLASS-C问卷与SWA具有较好的一致性,以VPA的能耗最高,但问卷低估PA的能耗
徐凯,2009	南京市中学生步行数与日常身体活动量的调查与研究——以计步器和体力活动日记为研究手段	2009年全民健身科学大会	没有填写计步器类型	186名高二学生	• 体力活动水平与欧美国家的每天10000步有较大差距 • 男生体力活动水平高于女生
李榴柏等,2005	北京城区小学生体力活动水平的调查研究	《营养健康新观察》	加速度计(Lifecorder,Kenz Co.日本)	40名4—6年级小学生(男22名,女18名)	• 学生每日步行不足1万步,中高强度运动时间不足1小时,绝大部分非睡眠时间用于静态生活方式 • 中国城市小学生体力活动水平低于欧美发达国家的儿童体力活动水平及国际组织的推荐值
屈宁宁,李可基,2004	国际体力活动问卷中文版的信效度研究	《中华流行病学杂志》	Caltrac™加速度计	39名大学生	• IPAQ中文版在大学生中的重测效度和信度高于或等于同类问卷 • 短卷一日总能量消耗低于加速度计检测值

续表

作者	题目	发表渠道	使用工具	受试者	主要研究结果
刘爱玲等，2003a	小学生1年体力活动问卷的可靠性和有效性验证	《中国校医》	Caltrac测量仪	北京市4所小学4~6年级468名学生（男生236名，女生232名）。每个班随机抽取7~8人，男女各半，共92人佩戴测量仪	• 有完整Caltrac测量仪数据的个体与总样本的年龄和性别构成之间差异不显著 • Caltrac得出的每周总能量消耗、每星期得到的平均体力活动能量消耗与体力活动问卷能量消耗之间差异不显著 • 性别分析发现，女生间体力活动能量消耗与Caltrac测量仪之间不存在显著相关性。因此，对于女生问卷的有效性还需要进一步验证
刘爱玲等，2003b	小学生7天体力活动问卷信度和效度的评价	《中华流行病学杂志》	Caltrac测量仪	北京市92名4~6年级小学生	• 7天体力活动问卷能可靠地测量北京市城区4~6年级小学生的体力活动水平

在我国的体力活动干预研究中,一些研究者也针对糖尿病、高血压等慢性疾病患者应用计步器进行体力活动干预的应用研究,同样证实了基于计步器的干预对于被干预者的健康指标产生了积极的影响。这一影响来自体力活动行为的增加,而计步器在其中产生了积极的作用。Bravata 等(2007)的综述认为,计步器之所以在体力活动干预中可以发挥行为的促进作用,除了对于行为的监控和反馈可以巩固锻炼的动机,提高锻炼自我效能,一个重要的原因或许来自社会期许效应。在多数的社会文化中,健康积极活跃的生活方式是被人所认可和推崇的。因此,当人们佩戴计步器参与研究的同时,很容易意识到这一数据会被研究者获得,因而在潜意识中希望通过增加计步器的步数,给审视这一数据的研究者造成"积极健康"的印象。当然,这一普遍存在的心理也使研究者思考:受到社会期许效应影响的体力活动数据是否可以准确反映被试真实的体力活动水平? 换而言之,如果要获得真实的体力活动行为数据,如何消除社会期许效应的影响? 因此,一些研究者在研究中会加入评价社会期许效应的问题,在分析数据的时候有意识地将社会期许效应进行量化并作为控制变量纳入统计检验中,从而尽可能排除该因素对研究结果的影响。

在儿童青少年人群中,基于计步器(pedometer-based)的研究也很多。对基于学校背景的青少年体力活动干预进行的研究(Manley et al.,2014)发现,计步器可以有效应用于对体力活动进行测量,并对干预过程中的行为进行监控和调整。这些干预研究大部分取得预期的体力活动行为促进效果,而体力活动行为的促进与干预的结局变量(体重的有效控制)有着显著的相关。

从目前国内文献中所能检索到的应用计步器对儿童青少年进行的体力活动干预研究并不多,其中较多针对肥胖儿童进行。有研究探索了学校运动俱乐部对超重、肥胖儿童的干预效应。该研究筛出超重和肥胖儿童 85 名,对 66 名干预组儿童进行群体干预,另外 19 人作为对照组。发现干预后肥胖和超重儿童所占比例分别下降 25.8 个和 1.5 个百分点;干预组女童体重平均增长值明显低于对照组,而肥胖超重儿童活动步数基本稳定在每天 4000 步。另一项研究(顾寅瑛,2011)也应用心率表和计步器对年龄为 11—12 岁的单纯性肥胖儿童进行了运动干预(干预组 58 人,对照组 27 人)。研究发现,配合计步器和心率表的使用,运动干预显著提高了肥胖超重儿童自我意识的总体水平,并使29.3%的肥胖超重儿童的肥胖状况得到了改善。因此,从对我国儿童青少年进行体力活动干预的结果来看,采用计步器和心率表对运动干预过程实施监控,建立肥胖儿童个人运动管理档案,合理调节运动处方,是科学管理干预运动的有效手段(沈艳梅,陆大江,2008)。

然而,我国儿童青少年群体中应用计步器完成的研究,与欧美等地区相比数量依然较小,而且在研究中存在的一个显著问题是,研究仅仅注重对于体力活动干预的健康效果的考量,也就是只把身心健康指标(如体成分、自尊等)作为因变量进行前后测的比较,而没有报告基于计步器这一类的客观测量工具所获得的体力活动行为数据。相比之下,国际上很多研究都注意报告基于计步器完成的体力活动数据,并在此基础上结合身心健康指标的变化来分析干预的效果。以 Bravata 等(2007)的综述研究为例,在其涵盖的干预研究中,都注重干预前后行为的比较。因为体力活动干预归根结底是行为干预,只有证实了体力活动行为水平在干预后得到了提高,才能证实干预的效度(efficacy),进而确立体力活动变化和健康指标变化之间的因果关系。

值得注意的是,部分功能全面的计步器可以给出的体力活动行为指标并不局限于每天活动总的步数,还可以记录总的有氧时间(连续有活动记录超过 10 分钟的时间)以及有氧时间内活动的步数,这些数据也是有意义的,可以帮助人们具体了解进行怎样的体力活动可以更为有效地进行健康促进,而当前国内外的研究普遍对于这些数据的收集整理和挖掘缺乏足够重视。

在体力活动干预中,计步器虽然具有显著的优势和应用性,但从测评的角度,也存在一个显著的劣势——该设备无法感知身体活动的幅度和速度,而这是判定活动强度的必要信息。因为计步器的原理在于,一个人身体摆动一次会被计步器感知到一次震动信号,这一机械信号会被转化为电子信号进行记录,但身体活动产生震动的速度和幅度则无法判别。因此,假设在一段时间之内,一个人跑步或者走路的步数都是 5000 步,则在计步器的测定中,此人的体力活动水平是大致相同的。而实际上,慢速步行通常被视为低强度体力活动,而跑步通常是中高强度体力活动,两者之间存在显著的能量消耗差异。

从健康促进的角度来看,不同强度的体力活动和体质健康指标之间的关系是不同的。世界各国所指定的体力活动推荐标准都明确强调,要获取健康收益,人们应当完成的体力活动必须包括每周 150 分钟(成年人)和每天 60 分钟(儿童青少年)的中高强度体力活动,从这个角度来说,计步器测量丢失了体力活动强度这一关键信息。而要对人的体力活动的强度进行测评、比较和反馈,则需要应用加速度计之类的可以通过感知活动的加速度从而推算强度信息的设备。

(三)加速度计

加速度计同样是一种很轻巧的电子设备,相对于计步器而言,其成本较高,但能克服计步器不能用于检测不同强度的体力活动差异的劣势。也就是说,加速度计不仅可以记录被试的活动次数信息,还能收集活动的速度和幅度信息,用于区别体力活动的强度差异,从而对体力活动的总体水平进行更为准确的估算。其工作原理在于,它有一个内置的电子感应模块,可以根据感应到的动作幅度和力量来成比例地将机械信号转化为电子信号。加速和减速的信号同时可以通过模拟信号—数字信号转化器来转化为量化的电子数据,并且通过一个预设的编码方式来进行数字整合。在每个数据采集的周期末端,运动计数的合成数据都保存在内存中，并且整合器也被重设。最终数据被统一计算为综合评价身体完成活动的次数、速度和幅度信息。

在应用加速度计进行数据收集和整理方面，还有很多具体的研究问题值得研究探索，并给出明确的答案。在过去的 20 年间，欧美国家已经大量开展这些基础性工作并逐渐形成相对一致的解答。这些问题在我国目前只得到有限的关注，从现有的有限的研究证据来看，我们尚不能直接将西方研究中确立的一些数据整理的方法和原则直接应用于我国儿童青少年，而应当在我国人群中进行专门性的测评和校准。从这个角度而言，这一领域依然有诸多问题值得关注和探索。

首先，通过加速度计来测量不同强度的活动，可以包括静态行为（sedentary），以及低强度（light）、中等强度（moderate）和高强度（vigorous）体力活动。根据广为接纳的 Caspersen 等（1985）给出的对体力活动的定义，人的活动强度是通过能量消耗来判定的，通常以千卡为单位。以此进行直接测量的包括能量代谢计，以及与能量代谢存在直接的线性相关的双标记水法等方法。而加速度计的计量标准并非能量消耗，是通过每分钟测量到的活动次数（count per minute，cpm）来评价。在信效度的检验研究中，基于 cpm 的体力活动强度的划分标准并不统一。即使是同一种型号的加速度计，对于静态行为的判定值也从1100cpm 到 10041cpm 不等，对于中高强度体力活动的判定值从 3600cpm 到61543cpm 不等。对这一数值的测算往往基于实验室内完成的校准研究，常用的方法一般是让被试完成跑步等体力活动，与此同时，通过加速度计测量被试的身体运动，通过卡路里计来测量能量代谢，然后将能量代谢和加速度计所测算的活动计数进行匹配，从而计算出不同能量代谢（以卡路里为单位进行计算）水平下的计数（cpm）。这一过程的要点在于，校准的活动一般选择在跑台、功率自行车等可以调节运动强度的设备上完成，类型以跑步、走路、蹬车等运动为主，通过变化跑台的速度和坡度产生运动强度的显著差异，这一差异也反映在加速度计的计数上，产生不同梯度，从而对不同强度下的计数进行区分。这里需要注意的是，加速度计的计数并非如计步器测量得到的简单步数。

表 2.3 选取并列举了一些应用 ActiGraph 加速度计（ActiGraph 是一个应用较为普遍的加速度计品牌）来测量儿童青少年体力活动的研究，并总结了这些研究中所选取的体力活动强度的划分标准。

在我国的一些研究中，只有部分研究对这一问题进行了关注，并在研究中明确了评定标准，例如汤强、盛蕾和朱卫红（2009）以 100cpm 作为静态行为的切分点，以 2172cpm 作为中高强度体力活动（MVPA）的切分点。这一标准与表2.3 中列出的标准有一定的出入。因此，在我国的儿童青少年人群中，如应用加速度计进行体力活动的测量，对应不同的体力活动强度如何进行划分，是值得关注的问题，有必要鼓励研究者们公开他们所采取的标准，也有必要对这一问题进行专门的校验研究，从而为人们提供较为系统、明晰和准确的参考。

表 2.3　儿童青少年体力活动研究中 ActiGraph 数据与活动强度的对应标准

作者	静态行为/cpm	中等强度/cpm	中等强度定义
Treuth et al.,2004	<100	>3000	4.6 梅脱
Mattocks et al.,2007	NA	>3600	4.0 梅脱
Puyau et al.,2002	<800	>3200	0.05—0.10 千卡/(公斤体重 * 分钟)
王超,2013	<100	>2800	4.0 梅脱

　　其次,如何选取加速度计的采样间隔也在一定程度上对数据产生影响。在这一技术问题上,我国学者也有所贡献。王超等(2012)探讨了加速度计以不同采样间隔测量儿童青少年日常体力活动时间的一致性。在这一研究中,296 名 9—18 岁儿童青少年(包括小学生、初中生和高中生)连续佩戴 ActiGraph 加速度计 7 天。分别按 1 秒、5 秒、15 秒、30 秒、60 秒五种采样间隔,将加速度计的原始数据进行转化,从而计算研究对象平均每天在低强度(LPA)、中等强度(MPA)、高强度(VPA)以及中等及高强度体力活动(MVPA)方面所分别花费的时间。依据 MVPA 时间判定研究对象是否达到世界卫生组织的体力活动推荐量(也就是平均每天 MVPA 时间不少于 60 分钟)。结果显示,测量小学生体力活动时间的时候,采用 15 秒与 30 秒、15 秒与 60 秒、30 秒与 60 秒采样间隔的研究结果具有可比性;测量初中生和高中生体力活动时间的时候,采用 1 秒与 5 秒、5 秒与 15 秒、15 秒与 30 秒、30 秒与 60 秒采样间隔的研究结果具有可比性;而如果用于判断研究对象是否满足世界卫生组织对于体力活动的推荐量,则五种采样间隔的研究结果均具有可比性。作者根据研究的结果推荐,精确测量儿童青少年不同强度体力活动时间应当采用较短采样间隔(如 1 秒),而如果是要调查儿童青少年体力活动时间是否达到推荐量,则可采用较长采样间隔(如 60 秒)。

　　最后,早期的研究者们曾系统研究过,需要佩戴多久的计步器和加速度计才足够准确地反映被试的体力活动水平。目前达成的共识是,从追求数据的准确性角度,通常是佩戴时间较长(往往在一周以上)更能准确测量被试的体力活动水平。但从被试的测量负担考虑,佩戴时间更短则更易于为被试所接受,从而获得更好的依从性以及更大的样本。在这一点上,基于成年人群和儿童青少年的研究结果比较一致,通常认为 3 天左右的佩戴时间基本可以保证研究数据对于体力活动行为的准确反映,但这一研究结果也同样需要在我国的儿童青少年中加以验证。

三、总结与建议

　　由于儿童青少年的体力活动行为特点以及理解能力等因素与成年人群存

在差异,测量手段也需要和成年人有所不同,测量手段的选取和信效度检验问题显得尤为重要。总结国际和国内针对青少年的体力活动研究中涉及的测量和评价问题,笔者认为,后续可以进行的研究有着巨大的空间,众多重要的研究问题有待研究者们进行深入探索。

(一)测量手段的信效度检验方法有待完善

目前已有不少国内的研究对儿童青少年的体力活动问卷进行了信效度的检验研究。除了表2.1中所列举的几个代表性的对国外问卷进行翻译和检验的研究,我国也有研究者自行设计针对儿童青少年的调查问卷。例如刘爱玲等(2003)曾将北京市城区4所小学的4—6年级小学生作为调研对象,采用专题小组讨论、观察、专家咨询等方法设计1年体力活动问卷。同样,在另一项研究中,刘爱玲等(2003)设计了7天体力活动回顾问卷,通过能耗测量仪和家长评价来验证问卷的有效性,并发现这些问卷能可靠地测量北京市城区4—6年级小学生的体力活动水平。然而,这些检验方法的可靠性和准确性依然可以进一步提高。

首先,在心理测量领域,多特质多方法模型(multitrait-multimethod,MTMM)被用于对测量同一个概念的不同测量工具进行综合比较,并被一些研究用于体力活动测量手段的信效度检验。例如胡亮(2010)曾将其应用于成年抑郁人群的主观测量(Godin闲暇锻炼问卷和国际体力活动问卷)和客观测量(计步器和加速度计),确立了不同测量工具所具有的信效度。根据Zhu(2000)所提出的理论思路,我们提出如表2.4所示的假设模型。其理念在于,在进行体力活动测量手段的效度检验时,研究假设为两种主观的体力活动测量手段之间,以及两种客观的体力活动测量手段之间的相关分别为高度相关;而不同类型的体力活动测量手段之间的相关则为中度至高度。这一研究范式的要义在于,不同种类(客观 vs. 主观)的测量工具都要选取两种以上,使得每一个类型的测量工具都能与同类型和不同类型的测量工具进行比较。

表 2.4　多特质多方法模型的假设矩阵

手段		客观手段		主观手段	
		手段 1 (如加速度计)	手段 2 (如计步器)	手段 1(如 Godin 闲暇锻炼量表)	手段 2(如国际 体力活动量表)
客观 手段	手段 1	—			
	手段 2	高度	—		
主观 手段	手段 1	中度—高度	中度—高度	—	
	手段 2	中度—高度	中度—高度	高度	—

其次,对体力活动测量手段的信效度检验研究需要进行校标效度(criterion validity)检验,而这些检验绝大部分都是通过计算测量工具和校标工具之间的

相关性来进行判定的,这一方式只能被视为校标效度的间接反映。而绝对校标效度需要计算体力活动测量工具(如被检验的问卷)与校标工具(标准化的测量问卷或者设备)之间的差值,当然这一前提是两者的单位是相同的(例如每天的能量消耗,以千卡计算),多数的研究并没有以差值的方式报道绝对校标效度。

(二)心理因素的影响

社会期许效应是行为测量中往往难以避免的、对测量工具的可靠性产生干扰的心理问题。可以想见的是,当一个被试佩戴计步设备时,尤其是当他/她佩戴的计步器能够实时地监测并且更新自身的活动步数的时候,被试是能够意识到他/她每天的体力活动是在受到监测,并且可以由研究者获得并分析的。这样该被试完全有可能由于社会期待效应的影响而有意识地进行体力活动行为的调整。可惜的是,目前在这方面关注这一问题的直接研究证据还有限,而且结论也不确定。Matevey 等(2006)的研究对计步器的显示屏遮盖和不遮盖两种情况下计步器在两个不同的时间点对被试的活动步数进行测量和比较,发现这两种情况下的计步器步数没有显著区别。但是,Clemes 和 Griffiths(2008)也做了一个实验性的研究,让50名健康成年人佩戴遮盖了的计步器一周时间,另外再佩戴没有遮盖的计步器一周时间。发现在遮盖情况下测得的步数(9541±3186 步/天)显著低于未遮盖的情况下所记录的步数(11385±3763 步/天),这很有可能是被试的社会期许心理导致他们在能看到自己的活动步数的情况下提高了自己的活动水平,也就是说他们多数人可能在知道自己的活动步数将被研究者收集并且记录整理的情况下,更希望被看作是经常进行积极活动的人,从而有意无意地增加了自己的活动。

此外,抑郁等心理因素也被发现会影响人们的体力活动模式,并可能会对测量手段的准确性产生影响(胡亮,2010)。抑郁、焦虑等心理问题在我国儿童青少年中的发生率已有所提高,在对我国儿童青少年体力活动行为进行关注的同时,也有必要考虑确立哪些心理因素可能影响体力活动的测量。需要注意的是,这一影响对不同种类的体力活动测量工具产生的影响有可能不同。从前人的研究来看,心理因素应当对问卷类的主观测量工具的准确性的影响更为显著。当然,这还需要更多实证研究提供依据。

(三)中国儿童青少年体力活动推荐标准的建立

我国已经基于多次全国范围的学生体质调研建立了体质健康评定标准,却并未有足够的研究针对我国的儿童青少年的体力活动推荐标准进行实证研究探索。这一工作可以帮助教师、家长和学生本人基于此标准判断儿童青少年的体力活动水平处于什么区间,并根据自身的年龄、性别等人口学特征,综合自身的健康目标,了解自身与推荐的体力活动标准之间的差异,更好地开展体力活动干预促进工作。

我国学者已经对此问题进行了探索。王超(2013)首次在国内基于客观测量的体力活动与健康指标的关系研究,建立了适合我国儿童青少年的日常体力活动推荐量。但应当注意的是,作者也指出,由于时间、人力等因素的限制,该研究采用的是横断面的研究设计,而且测量的健康指标相对比较有限。因此,建议今后的研究进一步全面调查与儿童青少年的体力活动有着密切关系的体质和健康指标,并更多采用纵向的追踪设计,验证和完善现有体力活动推荐量,更好地指导儿童和青少年参与体力活动。这一工作可能需要在不同地区、年龄层次、特定群体中开展。

实际上,这项工作是体力活动指南需要解决的问题,我国首部《中国儿童青少年身体活动指南》由国家儿童医学中心、上海交通大学医学院附属上海儿童医学中心牵头,联合上海体育学院、复旦大学附属儿科医院临床指南制作与评价中心合作制作完成,并于2018年1月30日在上海发布,但该指南依然更多是在参考国际上28个指南推荐意见的基础上,针对6—17岁儿童青少年提出的每天身体活动的推荐量,相关工作得到了媒体的广泛关注和报道(平萍,2018)。然而,这一工作还可以进一步完善。综合国际上各个国家、地区和组织(包括学术组织和政府组织)先后出台的数百个体力活动指南来看,指南的出台需要基于大量实证研究数据进行汇总,随着研究数据的不断丰富和积累、研究覆盖面的不断扩大,以及人们对于健康的认知和理念在不断演变,在过去30年间,体力活动指南一直在不断进行更新和拓展。例如2018年美国CDC所提出的体力活动指南中首次加入了运动促进脑健康(USDHHS,2008),这与儿童青少年群体同样密切相关。我国的儿童青少年体力活动指南也明确提出了运动可以促进青少年认知功能和学业成绩(张云婷等,2017)。但在运动与认知功能的问题上,具体如何对体力活动的时间、强度、频率、类型等特征进行推荐仍未完全确定。近些年来已有不少相关研究证据,例如周成林和金鑫虹(2021)指出,虽然当前的研究推荐儿童青少年需每天累计至少60分钟的中高强度身体活动,但关于不同体育运动项目与运动剂量之间的关系仍然不够明确,相关的研究证据依然需要进行综合审定。另外,尽管目前一些研究倾向于支持运动对儿童青少年的学业成绩有促进作用,但也有研究发现运动促进学业表现的证据并不显著(Donnelly et al.,2016)。这并不难理解,因为个体的学业成绩是由智力、教育、家庭环境等多方面因素共同决定的。如果认为从事更多体育锻炼就一定能改善学业成绩,则可能会在一些情况下产生误导,在学生和家长中产生"希望越大、失望越大"的现象。在体育锻炼促进学习成绩这一问题上,以目前的研究证据来看,基本上可以认为体育锻炼至少对学业成绩没有负面影响,但尚不能下"参与更多体育锻炼一定能改善学业成绩"之类过于肯定的结论。总体而言,如何在我国儿童青少年群体中开展体力活动推荐标准的研究工作,进行系统的梳理,并形成具有高度科学和精练的文字向大众推广,也是后续亟须研究的问题。

第二节　学生体质测试和评定标准的思考

对儿童青少年的体质水平进行监测与评价是一项极为重要的工作,其目的在于准确掌握我国儿童青少年的体质变化趋势,唤起公众对该群体的健康问题的关注,从而鼓励广大儿童青少年自觉积极地锻炼身体,促进身体的正常发育和全面发展。更为重要的是,这项工作可以为国家全民健身工作的政策制定提供极具价值的参考,是关于下一代的健康发展和国家民族前途命运的工作。

我国从 1985 年开始每 5 年进行一次中小学生体质测试。总的来看,儿童青少年的身体形态发育指标在改善,但体质水平呈下降趋势,肥胖发生率、近视率不断在攀升。这也提示人们在关注儿童青少年体质的时候,也需要更多关注其相关的健康问题。长期以来,人们在理解体质这一概念的时候,更多关注个体从事锻炼甚至运动竞赛的能力,也就是个体的跑、跳、投等方面的能力,认为这些能力强则意味着个体更为健康。实际上体质与健康是相关的概念,通常而言,体质与健康之间存在相对应的关系,但这一关系并不是绝对的。很多竞技能力很强的运动员也曾出现健康问题,而一些运动能力不强的人却可以长期保持健康。

这一现象早已被学者们注意到,并反映在体质和健康领域的研究和应用之中。需要看到,在过去半个世纪,西方一些国家的体质测试和评价标准有了不小的变化,突出表现为出现由侧重运动能力评价向健康标准转换的趋势,而我国自 1985 年以来,学生体质测试的标准在理念上并没有太多实质的改变。这一差异也促使研究者们不停思考:当前的体质测试标准是否符合我国儿童青少年的实际情况? 是否对于健康促进的最终目标有着足够的引领作用? 在此基础上,人们全面探索不同的体质测试标准,追求测试标准的系统化(覆盖主要的体质评价指标)、可操作性(可以在大范围开展实施,儿童青少年易于接受)、科学化(与健康指标有显著和可靠的对应)的统一。

他山之石,可以攻玉。本章对美国和日本这两个发达国家的体质测试工作进行简要梳理,并与我国的学生体质测试工作相比较。结合我国学者在这一问题上的思考开展讨论,为该项工作更好地开展提供借鉴。

一、美国儿童青少年体质测试工作

总体来说,与其他国家相比,美国在研究制定青少年体质健康测试的工作方面起步较早,而且运动科学、测量与统计学等相关学科发展较为完善,这些学科的研究在体质健康测试标准的检验、支持和反馈改进工作方面也较为成熟。

　　然而，回顾历史①不难发现，美国对儿童青少年体质健康工作的重视也经历了一个长期、循序渐进的过程，其历史背景与我国对儿童青少年体质健康工作的重视和演变有着一定的相似之处，但也有其特点。

　　首先，政府对儿童青少年体质测试工作重视的一大动力来自对国民体质健康水平下降的担忧。第二次世界大战期间，美国部队的应征工作中就已出现相当部分青年体质状况检出不良的情况。在二战胜利后，美国成为军事和经济第一强国，但在战后相当长一段时间内，美国政府在国力蒸蒸日上、牢牢占据世界霸主位置的"美好局面"下，并未对儿童青少年体质水平的测评和促进工作引起足够的重视。

　　Kraus 和 Hirschland(1953)进行了一系列体质测试，结果显示，美国儿童的体质健康状况水平远远低于欧洲儿童，并建议美国儿童青少年要增加体育活动量，基于该研究的报告发表于美国健康体育娱乐协会(American Alliance for Health, Physical Education and Recreation, AAHPER)②的学术刊物上，并由这一美国运动科学和大众健康领域的重要学术组织提交政府。

　　1955 年，美国总统艾森豪威尔看到这一报告之后感到震惊，并迅速做出应对，成立了青少年体质总统委员会(The President's Council on Youth Fitness, PCYF)，旨在促进青少年体质健康的发展，并对全美的儿童青少年体质健康工作进行统筹规划。很快这一委员会便开始组织全美范围的青少年体质测试。由此开始，之后的历届美国政府都延续了对青少年体质工作的重视，并相继开展了一系列旨在增强青少年乃至全民体质的工作。

　　1958 年，美国《国防教育法》通过。这一法案通过的一个重要动因在于，1957 年 10 月，苏联第一颗人造卫星上天。这直接挑战了美国在科学技术领域的霸主地位，使得美国政府重新审视国家的科技和军事安全，而这些都与教育密不可分。因此教育系统也备受指责，而儿童青少年体质的每况愈下更成了集中体现美国教育系统工作不力的一大痛点。《国防教育法》将国家对儿童青少年的教育工作上升到国家安全战略层面进行审视，并明确提出了大量切实加强中小学教育工作、提高全民素质的举措，这为学校加强国防相关的教育提供了优越的政策保障和资金保障。体质健康作为全面提升儿童青少年的整体素质、增强国家综合实力的重要一环，也得到了充分的重视。也就是从这一年开始，美国开始了对全国青少年体质健康的测试工作。这一工作由 AAHPER 这一学术组织提供研究支持。实际上从 1956 年起，AAHPER 就开始进行全美青少年健康标准测试的研究工作。在此基础上，1958 年，在对美国 28 个州近万名学

①关于二战以后美国对儿童青少年体质健康测试的研究工作，以及美国青少年体质总统委员会的发展历史，详见胡亮(2019)第二章。

②AAHPER 于 1979 年更名为 AAHPERD(美国健康体育娱乐与舞蹈协会)。

生进行测试的基础上，AAHPER制定并出版了涵盖国家标准的《青少年体质测试手册》(*AAHPER Youth Fitness Testing Manual*)，由青少年体质总统委员会批准后向全国推行，测试项目着重强调了学生的身体运动能力。

1963年，肯尼迪总统把青少年体质总统委员会更名为体适能总统委员会(President's Council on Physical Fitness，PCPF)，以强调这一机构并不局限于对儿童青少年的体质工作进行测试和指导，而是将定位扩大为服务各个年龄段的全体美国人的机构角色，这实际上更加凸显了政府对于整体国民体质的重视。

1966年，在约翰逊总统的领导下，美国政府基于AAHPER确立的青少年体质测试标准，创建了"总统体适能奖励"(Presidential Physical Fitness Award)，这个奖励在后来被更名为"总统的挑战——青少年体适能奖励计划"(President's Challenge Youth Physical Fitness Awards Program)。该计划的目的在于，通过奖励所有测试项目达到优秀的学生来鼓励学生重视自身身体素质的发展。1968年，该机构的职责又进行了进一步的扩展，加入了运动(sport)的内容，又更名为体质与运动总统委员会(President's Council on Physical Fitness and Sports)。

到了2012年，由库珀研究所(Cooper Institute)领衔制定的FITNESS-GRAM测试标准被美国政府全面采纳。库珀研究所是由有着"有氧运动之父"之称的肯尼斯·库珀博士(Kenneth Cooper)创立的，库珀博士开创的多个身体量化测试方法被包括美国宇航局(NASA)和国际足联(FIFA)在内的多个专业机构广泛采用；他所倡导的增加中小学生体育课以及保障相关投资的议案大幅提高了美国儿童的身体素质水平。在他的领导下，以"有氧素质"(aerobics)为核心的身体素质测试和推广工作得到了充分的开展和广泛的认可。库珀研究所提出的FITNESSGRAM测试标准也取代了之前的总统体适能挑战项目，成为美国现行青少年体质健康测试的统一标准。

纵观美国政府逐步提高对青少年体质工作的重视和支持程度的历史，梳理政府所采取的系列措施可以发现，这些工作有以下特点。

第一，以强调体育锻炼对于青少年发展的作用，尤其是将其上升到国家战略安全的高度，将青少年体质促进工作与国家的全民健康和安全相结合，使得无论是民众还是政府，都对这一工作的重要性有所认识，并在政策制定、投入保障方面给予足够的重视。

第二，采取切实的措施，例如《国防教育法案》中明确规定对经费进行保障，"总统的挑战——青少年体适能奖励计划"也明确了对体质达到优秀的青少年的奖励计划，这些措施都从实际行动上为儿童青少年体质促进工作提供了有力的保障。

第三，重视学术组织，尤其是独立的学术联盟的作用。例如，AAHPERD最初作为一个非政府设立的学术组织,在对全美青少年体质调查的测试标准的制定工作中起到主导作用,其工作得到了政府的采纳和大力推广。同样,库珀研究院专注于以有氧素质为核心的身体素质研究工作数十年,不断对青少年体质标准的确立进行探索和创新,也逐渐获得认可和推广。这些做法使得青少年体质健康促进政策的具体措施制定以及推行有了科学的保障,也容易得到公众的认可和支持。

第四,青少年体质测试工作中存在多个评定标准共存的现象,这一点有利有弊。但值得肯定的是,在这些标准的制定过程中,政府做到了重视科学研究所起的指导作用,充分发挥学术组织的作用,协调科学研究,提供实证证据作为参考。甚至在 20 世纪后期的近 30 年时间里,由于学术理念的差异,学术组织 AAHPERD、政府组织总统体质与运动委员会和民间组织库珀研究所三方都提出了青少年体质健康测试的方法和评分标准。虽然这三方有着沟通的机制和渠道,也尝试达成一致,但共识一直没有达成。作为最高首脑在青少年体质健康工作中的核心咨询机构,总统体质与运动委员会或许可以借助行政力量推行其青少年测试的工具和方法,而排斥乃至取缔其他两方的标准。但实际上他们并没有这样做,三方各自开发和推行的体质测试方案在很长一段时间内共存,充分体现了求同存异、科学求实的开放态度。这是难能可贵的,也是值得借鉴的。

第五,从 20 世纪 80 年代开始,美国在儿童青少年体质健康测试中完成了从"运动技术指标"向"健康指标"的过渡,这是儿童青少年体质健康测试工作中的一个重要转变,也开启了世界其他各国和地区青少年体质健康测试研究的新思路。这一转变也将在很大程度上对世界范围内的儿童青少年体质健康促进工作产生深远影响。

二、日本学生体质健康测试标准与保障举措

日本对儿童青少年体质的重视始于明治维新时期。二战之后,由于经济萎缩,日本的国民体质一度受到严重影响。然而在不到 50 年的时间里,日本在实现经济复苏和腾飞的同时,也完成了国民体质的增强。这与日本自上而下对体育教育的重视是密不可分的。相比我国而言,日本对学生的体质健康评价的内容相对更为全面。另外,日本值得我国借鉴的并非体质测试标准,而在于对体质工作的保障方面。

日本十分注重体力活动促进和体质工作的法制化。战后日本制定了一系列体育的法律法规,对包括中小学生在内的国民的体质健康工作进行了制度上的保障,包括 1961 年颁布的日本《体育振兴法》、1964 年公布的《关于增进国民健康和体力对策》的内阁决定、从 1967 年就开始的每年 1 次的全民体

质调查,以及 2000 年颁布的《体育振兴基本计划》。这些制度的制定、颁布和实施工作都有专门的部门各司其职,负责协调,由各级学校配合执行。日本在对国民和儿童青少年体质健康状况的关注和制度化方面有不少值得我国学习之处。

三、中国学生体质健康测试标准的实践和研究

我国在 2002 年制定了《学生体质健康标准(试行方案)》。在此基础上,2007 年,教育部、国家体育总局总结试行经验并对其进行修改、完善,将其正式定名为《国家学生体质健康标准》,并在我国各级、各类学校中全面实施,还在2014 年进行了修订。目前我国对学生体质健康的研究主要体现在对学生体质测试结果的分析和评价上。这类研究通常采用的研究范式是,研究人员收集学生每年的体质测试结果,应用均值比较、相关分析、卡方检验、回归方程等统计方法,通过纵向比较或横向比较的方式,在年级、性别、地区、民族等因素上,对学生的体质健康状况、变化特点进行分析和比较,从而揭示学生体质水平的现状,寻找决定学生体质水平的因素。多数研究的结果表明:学生的部分体能指标,如肺活量、视力等指标持续下降,超重及肥胖检出率呈上升趋势。这与我国发布的中小学生体质健康调研报告结果基本一致。多数研究认为,应对学生体质下降,需要抓好体育课教学工作,加大体育经费投入,让学生更多地参与体育锻炼,尤其是课下的锻炼活动,从而增强体质。

研究的另一个主题在于考量现行的学生体质测试和评价标准是否科学与实用。国际上,各国政府所采纳和推行的青少年体质健康评价标准种类繁多,虽然其目标都是试图涵盖儿童青少年体质的多个维度,对青少年的体质测试起指导作用,但测试项目的设置及其理念甚至出现大相径庭的情况。

这并不奇怪,由于时间、人力、物力的限制,体质测试工作并不可能面面俱到。例如,尽管通过跑台、功率自行车等运动设备,以递增负荷测试(incremental exercise test)的测试方式,以直接反映心肺功能的最大摄氧量(maximal oxygen uptake)为测试指标的运动测试,被公认为是测量有氧运动能力最为准确的金标准。然而,这一测试需要耗费大量时间和物力,难以在中小学全面推广,更多适用于需要进行精准控制的小范围的实验干预研究。因此,人们只能更多依赖1000 米/800 米、台阶测试等测试评价有氧代谢能力。从本质上而言,由于被试在这些测试中并未最大限度动用动员机体的供氧能力,也就是没有最大限度动用个体的有氧代谢能力,因此这些测试是对于有氧运动能力的推算,也就是对有氧体质的间接反映,而非直接测量。

因此,在实际的测试工作中,测试者们往往只能选取有限的、间接推测的测试项目对青少年的体质水平进行测量,要实现全面、系统和准确地测评学生体

质,并对其进行能力评价,无疑是具有挑战性的。正因如此,几乎所有的体质测试标准都受到过质疑,我国现行的学生体质评价标准也不例外。

在我国,儿童青少年的体质研究工作很大一部分是围绕测评手段和标准确立而开展的。这主要是对《国家学生体质健康标准》和《国民体质测定标准》作为评价手段的有效性进行的论证研究。但也有相当多研究关注到体质健康测试中存在的一些问题,开始对《国家学生体质健康标准》提出疑问。本章选取了其中一些具有代表性的研究,剔除了针对大学生的体质健康标准的质疑,保留了一些针对中小学生的讨论,并简要呈现于表 2.5 中。

表 2.5　对《学生体质健康标准》提出疑问的代表性研究

作者	年份	题目	指出问题	建议
李建平	2008	对我国《学生体质健康标准》的质疑与建议	评价目标没有起到决定性的作用,评价的指标体系设置不够全面	明确评价目标,完善评价指标体系
邵洪范	2003	学生体质健康标准(试行方案)剖析	测试得分的评定标准不够细化	建议取消台阶试验测试并细化分值标准
孙雯	2004	《学生体质健康标准》测试中现存问题的分析研究	测试指标不够全面;素质项目测试分类不清;体质评分标准跨度过大,不利于那些总分处于优秀、良好和及格临界点的学生	重新考评评分的临界点

需要认识到的是,质疑和创新是推动科学前行的重要力量。从这些质疑中可以看到,在国际上的科研人员依然在孜孜不倦地寻找测试标准的多样化,以及如何使得体质测试具有健康相关性,也就是可以更好地预测人们的健康水平和身心发展时,我国对体质测试标准的反思与质疑还依然更多停留在评分标准的划分问题上。在这一点上,我国的研究者还可以拓展思路。体质测试的最终目标,不仅仅在于帮助人们认识自身完成运动的能力,也在于帮助人们评价自身抵御和预防疾病的能力,从而更好地完善体质测试方法和标准。

第三节　体力活动与体质促进政策实施效果的评价问题

重视儿童青少年的体力活动和体质工作的一个表现是,由政府和学生组织负责,基于科学研究的实证证据,制定和实施合理的儿童青少年体力活动和体质促进政策。表 2.6 梳理了一些国家和地区对体力活动和体质促进工作进行指导和保障的政策。从这些政策来看,尽管我国在近些年出台了针对儿童青少年群体的体育政策法规,但西方的很多国家,以及邻国日本,都比我国的起步更早,政策法规的制定和实施有诸多值得我国学习和借鉴之处。

表 2.6　世界各地具有代表性的体力活动和体质促进政策

政策领域	国家和地区	政策描述	出处
学校体育教育	美国 苏格兰 英国 中国 挪威 瑞典 北爱尔兰	• 体育课程作为学校整个考核的一部分 • 要求所有的学生每周进行高质量的体育活动最少两个小时 • 体育课由被认证的和高资质的体育教师来任教	美国国家体育活动计划(2010);苏格兰体力活动研究合作(2009);英国卫生部(2009);中共中央和国务院(2007);中华人民共和国教育部和国家体育总局(2007);挪威卫生和保健服务部(2005);瑞典国家食品管理局和国家公共卫生研究所(2005);苏格兰国家体育活动工作组(2003);北爱尔兰健康促进机构(1997);《中华人民共和国体育法》(1995)
与体力活动相关的健康教育	美国 中国 澳大利亚 挪威 瑞典	• 健康教育课程应体现出体育活动的增加对促进健康的益处 • 通过大学间的合作,在学校中设置包含与体育活动和健康话题相关的教师教育课程(例如继续教育) • 在中小学卫生保健服务专业人士中进行激励性面试技术的培训 • 提供教育,鼓励父母通过参与有规律的体育活动成为孩子的楷模	美国国家体育活动计划(2010);中共中央和国务院(2007);中华人民共和国教育部和国家体育总局(2006);澳大利亚国家公共卫生伙伴关系(2005);挪威卫生保健服务部(2005);瑞典国家食品管理局和国家公共卫生研究所(2005)
社区环境支持	苏格兰 英国 中国 澳大利亚 北爱尔兰	• 为儿童和青少年设计具有挑战性和有趣的开放空间、游乐场和公园 • 学校、学院和青年俱乐部应与当地政府、社区和卫生专业人员合作,制定项目,使孩子最大限度地参与体育活动,包括为经济困难家庭的孩子提供补贴 • 鼓励、资助和支持地方政府和社区组织发展体育活动项目,目的是让家庭积极免费利用现有设施	苏格兰体育活动研究合作(2009);英国卫生部(2009);中共中央和国务院(2007);中华人民共和国教育部和国家体育总局(2006);澳大利亚国家公共卫生伙伴关系(2005,2004);北爱尔兰的健康促进机构(1997);《中华人民共和国体育法》(1995)

续表

政策领域	国家和地区	政策描述	出处
学校环境支持	苏格兰英国中国澳大利亚挪威瑞典北爱尔兰	• 允许涵盖更广泛的活动,包括游戏、体育、舞蹈、运动、户外活动、积极的旅行,以及在日常工作和学校周围的活动 • 改造学校操场和周围公园,使它们能够激发人们参与游戏、活动、体育和户外教育的热情 • 学校为促进学生的全面健康发展,关注提高学生、工作人员、家长的体育教育和体育活动,应给予一定奖励 • 鼓励学校每年参加学生体质测试并记录数据	苏格兰体育活动研究合作(2009);英国卫生部(2009);中共中央和国务院(2007);中华人民共和国教育部、国家体育总局和中国共产主义青年团(2006);中华人民共和国教育部和国家体育总局(2006,2002);澳大利亚国家公共卫生伙伴关系(2004,2005);挪威卫生保健服务部(2005);瑞典国家食品管理局和国家公共卫生研究所(2005);苏格兰国家体育活动工作组(2003);北爱尔兰的健康促进机构(1997)
积极通勤/城市设计	澳大利亚挪威北爱尔兰	• 教育局和学校应与环境部合作开发安全上学路线 • 设置指定的距离学校 500 米远的下车区域,剩下的路程有专人组织带领学生步行到学校	澳大利亚国家公共卫生合作伙伴(2004,2005);挪威卫生保健服务部(2005);北爱尔兰卫生促进机构(1997)
大众传媒/广告/运动	澳大利亚挪威中国	• 支持社区范围内的、综合性的体育活动,直接向学校、社区的孩子和家庭提供教育和机会 • 利用名人的正面形象,使其成为一些话题(例如锻炼)的代言人,来提升公众的意识,并让公众意识到这些话题的重要性	澳大利亚国家公共卫生合作伙伴(2005,2004);挪威卫生保健服务部(2005);中华人民共和国教育部和国家体育总局(2002)

近些年来,由国务院、教育部和国家体育总局牵头,我国政府先后出台和修订了多项与青少年体质健康促进有关的公共政策法规,包括《全民健身计划》《国家学生体质健康标准》《中共中央 国务院关于加强青少年体育增强青少年体质的意见》等,以及由这些法规衍生的相关条例和规定,如《切实保证中小学生每天一小时校园体育活动的规定》等,并提出了"深入地开展全国亿万学生阳光体育运动"(简称阳光体育)的口号和实施计划。这些政策法规和条例多数在近 30 年中发布(尤其是近 10 年),在制定和发布时间、实施力度、触及的层面、公众知晓和接纳程度等方面存在相当大的差异。但有理由相信,这些公共体质健康政策的实施在一定程度上对我国青少年体质健康促进工作产生了积极的影响。

根据教育部、国家体育总局联合国家多部委定期共同颁布的《全国学生体质与健康调研结果》,总体而言,2010 年之后的调研结果显示,学生体质与健康状况有所改善。其中有部分指标是从 1985 年六部委在全国范围内进行每 5 年一次的学生体质与健康调研以来,第一次停止下降趋势,分别是肺活量和中小学生的爆发力、柔韧性、耐力等身体素质。但一些问题也依然很显著:城乡中小学生超重和肥胖比例都在持续上升;在所有年龄层,近视的比例都在上升。总体来说,全国学生体质健康的状况仍旧不甚理想。

在对这一问题进行审视的时候,研究者们也在思考,我国政府在过去数十年来集中出台了诸多关于儿童青少年体力活动和体质促进工作的政策法规,这些政策的出台和实施对我国针对青少年学生进行体质健康促进的工作无疑会产生积极影响。分析政府公共管理政策的效果及其机制,可以帮助我们理解今后如何更有效合理地制定、修改和推行这些政策,是值得研究、理论和实践意义兼具的问题。

要回答以上问题,需要结合公共政策分析的理论与方法,将质性研究和定量研究相结合,并应用运动与锻炼科学的研究方法,对比借鉴欧美国家的经验,从多学科交叉研究的角度来看,从发布背景、内容、实施手段、效果等各方面对我国政府近 30 年来针对青少年体质健康所发布的各项计划、政策、条例、规定进行系统解析,从而理解这些公共政策在我国青少年体质健康促进活动中所发挥的作用,以及产生作用的机制,从而帮助政府、学校和青少年的家长更好地理解和帮助青少年更多地参与锻炼,更好地增强体质。

而在我国当前的研究中,对于公共体质健康政策实施效果的分析普遍比较单一地从体育人文社会学的角度进行解读,较少引入公共政策和教育政策研究的基本理论模式和分析方法。此外,例如经典的文本分析以及话语分析方法,合理的评价指标体系还有待建立。另外,青少年体质健康问题还涉及社会心理、运动心理和运动生理学各个学科的内容。可以从心理学角度研究人们对于这些政策的认知和态度,从运动生理学的视角对政策实施的效果进行评价(我国各级体育及教育主管部门和不少学校有着较为长期系统的体质监测记录)。因此,可以进行交叉学科的研究探索,相关的系统研究有着广阔的研究前景。

从本书前述章节的梳理中不难看出,当前儿童青少年体力活动行为减少是世界范围内普遍存在的大众健康挑战问题,儿童青少年体力活动和体质健康水平下降被很多国家列为急需解决的公共卫生问题。在这一背景下,讨论如何解释和促进儿童青少年体力活动行为的研究不断涌现。总体上这些研究的数量不断增加,质量也在不断提高,但纵观当前的研究,依然存在一些显著的问题。其中被广大儿童青少年体力活动行为研究领域的研究者和实践者所反复讨论的一个突出问题是:如何解决体力活动行为的"知易行难"问题?既然不论是研究者,还是教师、家长,甚至是儿童青少年本人,都能认知到体力活动参与对于身心健康、社会交往、人格健全等各个方面的积极作用,为什么这些认识无法转化为实际行动? 这也正是当前该研究领域持续热议的一系列问题。从理论探索的角度,如何理解体力活动行为是如何产生和坚持的? 哪些因素会阻碍人们持续长期参与积极的体力活动? 另外,从实践检验的视角,如何应用研究得出的结论,将其应用于儿童青少年体力活动行为促进的实践并对其有效性进行检验? 为了更好地回答这些问题,给出儿童青少年体力活动促进的具体、可操作性策略,本书的后续内容将分为"理论探索篇"和"实证检验篇"来开展,前者为后者的实施提供基础和框架,后者则为前者提供实证依据。

理论探索篇

第三章　儿童青少年体力活动行为理论研究的必要性与基础

　　体力活动参与的不足是在各个人群中普遍存在的问题。产生这一问题的原因往往并不是人们不认可锻炼的必要性,而在于人们缺乏将认可转化为行为的真正行动,这也就是人们常说的"知易行难"。Dishman(1994)对 127 项干预研究进行了元分析,发现开始锻炼的成年人中,有大约一半(40％～65％)会在锻炼开始之后的 3～6 个月里放弃。因此,解决锻炼不足的问题,重点并不在于"知",而在于"行",而且是长期坚持的"行"。因此,对于从事体力活动行为理论研究的学者们而言,体力活动行为促进的核心问题在于:理论与实践如何有效地对接。

　　体力活动归根结底属于一种健康行为,体力活动干预的理论基础很多都来自健康行为理论。其中最具代表性、最多为人们所接受的是相对早期在社会心理学和健康心理学领域曾获得成功的一些理论,如社会认知理论(Social Cognitive Theory,SCT)(Bandura,1997)、计划行为理论(Theory of Planned Behaviour,TPB)(Ajzen,1991)和跨理论模型(Transtheoretical Model,TTM)(Prochaska,DiClemente,Norcross,1993),主要从个体因素(自我效能、动机、意愿、态度)等因素入手,解释了个体因素如何与社会环境因素共同作用,影响人们的行为。近些年来,社会生态模型理论(Social Ecological Model,SEM)(McLeroy et al.,1988)强调了在个体层面,社会、文化和环境因素对于健康行为的共同作用,在考虑个体行为影响因素的系统性和全面性方面较为突出,也正在为越来越多的研究者所接纳和推崇。此外,还有一些理论模型,如健康信仰模型(Health Belief Model,HBM)(Janz,Becker,1984)、自我决定理论(Self-Determination Theory,SDT)等,在早期也曾被健康行为的研究广为采纳,但近些年的应用研究报道相对较少;另有一些较新的理论,如柏林锻炼阶段理论和健康行为过程取向(Health Action Process Approach,HAPA)理论,虽然目前相关的研究还比较有限,但已显示出了一定的理论效度和行为解释力。

　　以上这些理论模型曾在世界各国的不同人群中被反复应用于对体力活动行为和锻炼行为的解释、预测和干预,不断得到检验、调整和补充。从实证研究的结果来看,这些理论各有自己的优缺点(Anderson et al.,2009;沈梦英,毛志雄,张一民,2010),但尚无一个理论可以全面地解释体力活动和锻炼行为,而在锻炼行为干预实践的应用，尤其是大范围的人群中的实践研究中，效果则不尽相同，难以一言以蔽之，这一点在本书关注的儿童青少年人群中亦是如此。

当我们将目光投向儿童青少年的体力活动问题时，无论是研究者还是实践者，都有一个共同的目标——在体力活动促进工作中做到有章可循，有理论作为指导，从而使得体力活动促进工作科学有序地进行。然而，诸多不同的体力活动行为理论模型的存在，使得人们常常需要进行斟酌遴选。这也就回到本书研究的核心问题之一：为何在理论研究方面，研究热点不断出现，但在学校和家庭的实践层面得以推广应用的却寥寥无几？

笔者认为，造成这一现象的重要原因之一是，理论与实践的统一本就是辩证性的，而非绝对的。也就是说，在任何行为的预测和干预领域，理论在实践中的应用都存在挑战。不仅在体力活动行为领域，心理与行为科学理论试图对人的饮食控制、吸烟、两性关系等影响健康的行为进行预测，模型的解释度往往也不尽如人意，而且可重复性往往不高。归根结底，人的思维和行动受个体的心理和外部环境等多重因素的影响和制约，有着很大的不确定性，要对其进行准确的预测乃至干预，本身就是充满挑战的。

Dishman 和 Buckworth（1996）的综述分析也指出，体力活动领域的诸多学者孜孜不倦地探索和应用多种理论来指导体力活动促进工作，对体力活动涉及的多种变量（年龄、性别、社会经济地位等）进行控制，投入大量人力物力尝试寻找有效的策略改变人们的体力活动行为，这些耗费时间和精力的研究却往往只能解释和干预体力活动行为的一小部分，在部分研究中对行为的解释度尚不到5％。即使是试图涵盖环境层面、组织层面和个人层面多个层面要素的社会生态模型，包含的体力活动相关因素的全面性超过了以往人们所建立和检验的行为理论模型，但对于体力活动行为的解释度依然不高，而且很难通过实证研究来实现，这显然与人们的预期并不相称（Sallis，Prochaska，Taylor，2000）。无论是追求"小而精"，还是意图实现"大而全"，健康行为理论在体力活动行为的解释和干预工作中的应用常常有些尴尬。

饶是如此，时至今日，对于行为理论的探索和应用仍在不断推进之中，学者们依然对其保有极大热情。究其原因，虽然少数研究者认为，体力活动行为理论应用成功的可能性不大，也就是说，在体力活动行为干预工作中，并不一定需要理论进行指导，相反，理论框架还可能禁锢人们基于实证的一些灵活探索。但很多学者依然发现，行为理论在一些特定的人群中依然得到了成功的应用（Bandura，1998；Dishman，Buckworth，1996；Plotnikoff et al.，2013；Prestwich et al.，2014）。大多数人认为，对实践者而言，基于理论的行为干预实践更有可能成功实施，其效果好过没有清晰的理论框架结构的尝试。因此，理论指导实践并非是否需要的选择题，而是如何进行的问答题。人们的关注点依然是如何把理论应用于实践，并通过实践证据来形成反馈，对理论进行调整、整合乃至创新,并完善其细节,使之更为完备而具有实践指导性。

当然,在这一过程中,长久以来容易被忽视的一个问题是,研究者们对理论中所涉及的关键指标的测量评价有所偏差,轻视理论检验的效度,尤其是生态学效度问题。特别是考虑到体力活动是人们在长期的生活中不断坚持的过程,在生活、学习和工作过程中受引导和受制约的因素太多,如果忽视对于体力活动行为干预的质量控制和效度检验,就很容易使得所谓理论的构建和检验偏离目标,而产生操作上的南辕北辙,最终导致结果的难以解释。

有鉴于此,本章需要讨论的问题是:在儿童青少年人群中,基于行为理论进行体力活动的解释和干预工作的必要性,如何对基于理论的体力活动干预/锻炼干预进行评价,以及是否及如何将现有理论进行整合与应用。

第一节　行为理论研究的必要性

既然儿童青少年体力活动不足的问题已经得到广泛重视,那么进行体力活动行为促进工作并不是一个“是否需要”的问题,而是“如何开展”的问题。在当前的文献中,涉及行为干预的研究多数将其界定为“锻炼干预”,这也对应英文文献中的“exercise intervention”,而“体力活动干预”(physical activity intervention)的提法相对少一些。因此本章以锻炼干预的表述为主,涉及相关研究时,以研究中的表述为准。

在锻炼行为干预研究的早期,摆在研究者面前的问题往往是:锻炼干预是否必须依据理论? 是应该以成熟的锻炼行为理论为导向,指导行为干预的实践,并在干预中对理论进行验证抑或调整,还是说研究者需要从实践出发,在干预中做好经验的总结,是否形成完整的理论构架无关紧要?

对于这一问题,我国学者的思考和讨论开展得相对较少,但在西方学术界,就此展开的讨论或者说话语权争夺早已展开。时至今日,对于这一问题的思辨并未停止,对该问题的回答也代表了学术界截然不同的两种理念。

在 2007 年美国华盛顿举行的第 28 届行为医学学会年会上,一场别开生面的辩论吸引了众多学者的关注。两位著名的健康行为促进的理论和实践研究领域学者——拉塞尔·格拉斯哥(Russell Glasgow)和彼得·考夫曼(Peter Kaufmann),以“推进行为医学研究最需要什么类型的研究证据”为题进行了激烈而友好的辩论。考夫曼博士作为美国国家心肺和血液研究所(National Heart, Lung and Blood Institute)的专家,认为人们更需要充分考虑以证据为基础的应用(evidence-based practice),也即基于实证证据(evidence)来指导行为干预的实践(practice)。而格拉斯哥作为俄勒冈大学的教授,认为人们需要的更多的是获取基于实践的证据（practice-based evidence）。这场辩论并无真正的赢家，因为实际上这两种观点都有着大批拥护者，人们既不能完全否定理论的重要指导意义，也不能忽视实践的应用价值。两人的分歧颇多，其中的一个核心分歧是理论与实践孰先孰后、孰重孰轻的问题，这在很大程度上是话语权之争，也会左右人们的关注度，以及政府研究经费的投入倾向。毫无疑问，要对这一问题进行探究，首先需要辨析理论与实践的辩证关系。

一、理论与实践的对立和统一

人们或许会认为：所谓基于理论的实践，抑或是基于实践的理论，实际上应该是统一的，为何需要将它们对立起来考虑？对于理论与实践的关系，无数哲人和学者都进行过深刻的思考，也都有着自己的领悟和见地。而在健康行为研究领域，也并没有人认为我们只需要理论而不需要实践，或者说应当只关注实践而对理论弃之如敝屣。

因此，这一争论并不强调对立观点的排他性，更多体现的是不同学者对于研究导向的侧重，而对于这一问题的话语权的争论又涉及并左右着研究的经费、决策者和大众的关注点等理念与现实的诸多问题。应该说，多数人依然认可，两者的观点是可以共存的，共同服务于体力活动干预和促进工作。

以理论为导向还是以实践为导向的问题长久存在。这种争论并不鲜见，在各个学科领域都长久存在。理论与实践的分离和对立，早在古希腊的哲学体系中就有所体现。亚里士多德曾经明确指出两个拉丁词语的区别——theoria 和 praxis，这也是现代语言中理论（theory）和实践（practice）的前身。前者指向的是理解事物本身规律的学问和活动，而后者指的是行动和措施。在漫长的历史长河中，很多西方的哲学家们将这两者视为互为对立、并不统一的两极。但在健康行为促进领域，多数学者认为两者是存在辩证统一的关系的。在阐述体力活动相关理论是否以及如何应用于实践、如何与实践相融合统一之前，不妨先厘清何为理论。

关于理论有着多种不同的定义。Kerlinger（1986）认为，理论指的是"一整套相互关联的概念、定义和假说，它们共同提出了关于事物的系统的观点，通过明确各个变量之间的关系，它们一起解释和预测该事物的发生和发展"（Zimbardo，Ebbesen，Maslach，1977）。从这一定义来看，理论是对于与人们生活特定方面相关的事实和规律的系统解释，具有可推广性，也就是具有广泛的应用性，这也和其可重复检验的特性是一致的。此外，理论还具有抽象的特征，Chafetz（1978）认为，理论是"一套相对抽象和广义的论断，共同对现实世界上的一些具体的事物提供支持和解释现实"。从当前对理论的定义来看，理论普遍具有对客观世界进行抽象描述的特征,这也在 Zimbardo、Ebbesen 和 Maslach (1977)所提出的解释中得到体现。他们认为,理论是对人们脑海中的现实的一种抽象、符号性的再现,是一组抽象的论断,与部分现实世界的情况相吻合。从这些学者的理解来看,从本质上来说,理论是抽象的,也就是说,理论并没有一个具体的关于某件事物的内容,所提出的只是理念。如同一个空的杯子,有着其形状和边界,但并没有任何具体的内容在里面。只有依附于具体的事物,与具体实际的标题、目标和问题联系起来,如同一个杯子装满了水,该理论才具有明确的意义。一个正式的理论,更多是一个理想的、确立概念之间相互关系的、具有高度推论性的、完全闭合的系统(Motl, Berger, Leuschen, 2000; Motl et al., 2006)。作为知识的一种表述,理论既表现为广义的抽象形式,也需要符合人们广泛的经验。理论具有几个重要特征:抽象性、广泛性、应用性,这也奠定了其指导实践的应用基础。

尽管将理论和实践完全对立的思想由来已久,但学者们普遍认为两者是可以紧密联系并且相统一的。杜威提出,人们其实可以更多关注理论和实践的相似之处,以及两者之间的延续性。他将理论视为一种"实验知识"(experimental knowing),是基于对物体和环境进行有意识的、有目标的实验干预。

实际上,在以杜威为代表的一些哲学家看来,理论、研究和实践不应当被视为完全独立,甚至存在冲突和对立的模块,它们更应当被视为一个存在千丝万缕联系、可以共生互容的系统,如同有一条线将它们进行有机的串联。在任何一个领域,无论是从事更多理论研究的学者,还是更多关注实践应用的行业从业者,都应当可以在理论探索、实证研究和实践应用三者之间自由穿插转换。这一关系在 Bernstein(1971)的著作中得到了极为形象的描述:"手艺人对他们的手艺精益求精,不断完善,并不是通过将他们的杰作与某些所谓'理想模型'相比较,而是通过积累经验而获得,这些经验来自一次又一次充满冒险和创新的尝试和测试。"显然,在这些学者看来,理论和实践并不能画等号,人们不能奢求所谓的"理想模型",因为这种理想化的目标会让人们的注意力偏离客观事实,而现实并不需要符合人们的完美想象。让现实的努力在一次次的尝试和修正中不断接近现实世界运行的规律和本质,才是人们探索世界的正确方式。这也正是杜威所提到的"实验知识",这一知识的来源是对现实世界进行的实验探索和印证。

对于包括体力活动在内的健康行为促进工作而言,理论和实践是至关重要的有机整体,从事这项工作的人不应当将自己视为单纯的理论家或者纯粹的实践者。即使他们的工作有所侧重,也不应当将理论或者实践孤立对待,或者将其中一项视为自己独有的研究领地,而对另一项置之不理,这样的做法只会让其研究侧重显得过于偏狭。理论来源于实践,而实践也需要扎根于合理的理论,两者互相促进,人们可以在两者之间转换融合,从理论到实践和从实践到理论都应当是畅行无碍的。因此,在健康促进领域,根本性的任务是将关于健康行为的知识转化为现实的实践活动。学者们的最佳角色应当是"反思型实践者"(Schön,1983),通过应用理论于实践,并在实践中不断思考,验证、丰富和完善理论。

McAlister、Perry 和 Parcel(2008)认为,理论研究和实践应用的关系应当如同一条连续不断的线,但它们之间的关系并不是简单的线性关系,而是循环往复、相互交织的。健康促进工作从总体上来看,更应当是一个循环的系统,包括多个交互的环节。这一过程需要有基础研究,其目标在于寻找决定因素、提炼方法;也需要有干预研究,其目标在于依据在基础性的调研工作中确立的行为决定因素,进行有针对性的行为干预。当然,也可以吸纳其他学科的视角和方法,例如开展体力活动流行病学研究,其目标在于追踪人口学意义上的变化,验证行为干预(尤其是政策层面的行为干预)在大范围的人群中所带来的改变,这一环节包括了理论的形成、提取、检验、再实施的过程。在这一过程中,最为核心的部分是实践经验的提炼与合成。回到本章开头提到的争论,正如 Green(2000)所言,如果我们需要更多的基于证据的实践(理论指导实践),我们就需要更多的基于实践的证据(实践反馈理论)。前面提到,体力活动参与的不足在各人群中是普遍存在的问题,产生这一问题的原因往往并不是人们不认可锻炼的必要性,而在于人们缺乏将认可转化为行为的真正行动,人们更为迫切需要解决的是"知易行难"的问题。在多数学者看来,理论指导依然是解决这一问题的关键。学者们普遍认可,对于体力活动和锻炼行为的干预和促进工作只有基于合理的理论进行,才能起到有的放矢、事半功倍的效果,也就是要提高行为干预的投入产出比。

二、体力活动行为理论总论

关于体力活动和锻炼行为的理论有很多,但从目前的研究证据来看,这些理论最多只能解释此类健康行为的变异性的 35%(Dishman,1994)。在部分行为理论中,即使锻炼行为的预测模型是显著的,预测变量对行为的解释度也依然可能偏低。例如,研究者发现,尽管计划行为理论在体力活动行为解释、预测和干预的研究中得到广泛的应用,但仍然有近 50% 的行为意向和行为的方差没有得到解释(Epton et al.,2014)。那么,我们为什么还要不停地检验理论、应用理论并更新修正理论呢?

Green(2000)认为,理论的作用在于帮助确定一个健康行为研究或者实践项目中所有必要的元素都被考虑在内。如果不遵循任何理论,研究就是基于事后检验(ad hoc)的理念来完成的,那么研究中的三类错误(Type Ⅲ error)很容易被放大。Green(2000)将之形象地称为"先尝尝看再说"(suck it and see approach)的方式,也就是我们常说的"摸着石头过河"。在其看来,这种摸着石头过河的理念并不适用于健康促进的研究和实践工作领域,因为错误的方法不仅会带来大量人力物力投入的浪费,还有可能会造成健康损害。Green(2000)指出,很多的综述都对三类错误采取了忽视的态度。很多研究者对实验干预的设计和效果评价比较关注,而对于干预本身的质量却缺乏关注。这一现象实际上在各个人群的体力活动行为和锻炼行为干预中都存在。一些体力活动干预的综述研究发现,无论是针对普通人群,还是疾病人群,研究并不依据任何理论框架是较为普遍的情况,也缺乏对干预过程的描述和干预质量的把控。这也从侧面说明,相当多的研究者并不看重理论指导在体力活动干预中的作用。这一现象在本书所关注的儿童青少年群体中也存在(Strong et al.,2005),尤其在相当数量的基于学校背景的体力活动干预(school-based intervention)中存在。这些研究中只有较少的一部分做到了开宗明义,指明其体力活动干预中所应用的理论。

究其原因,不外乎以下几点:首先,上文论及,行为理论对体力活动行为的解释度有限,体力活动行为的影响因素众多,而当前的理论难以将其考虑得面面俱到。当然,如果事无巨细地将所有影响因素都纳入模型,则过于繁复,而无法在操作层面施行,也就失去了理论探究的意义。对于一些只关心干预效果的研究者而言,他们关心的是行为干预的效果是否显著,而行为理论在干预中是否可以得到验证并不重要。但他们恰恰忽视了一点:应用理论的目的并非都是检验理论,更是希望基于合理的理论来开展工作,使得行为干预更有可能产生积极的效果,从而确保行为干预的有效性。其次,既然行为相关的影响因素众多,理论上为了强调对行为的干预效果,在统计检验中体现研究者们所关心的效果量,就势必需要控制诸多相关的影响因素(人口学因素、理论中未涉及的心理和环境因素等),这也给干预的样本选择、实施方法带来诸多掣肘,在操作层面产生诸多障碍,需要研究者有足够的经验和能力来解决这些障碍。最后,中小学生大部分时间在学校进行统一课程的学习,在我国又存在课后学业负担较重的问题(Tudor-Locke et al.,2003a),研究对象在活动和时间的安排上灵活性并不高。因此,一些理论所能干预的行为目标,以及所能采取的研究策略和干预手段也受到限制。

在体力活动的行为理论探索研究中,尽管上述所有原因都是客观存在的,使这项工作具有较高的挑战性,然而这些问题不应当阻碍理论探索和实践应用的研究工作。促进儿童青少年的体力活动和身心健康水平,核心依然在于有效系统地开展锻炼促进和干预活动。理论的作用并不仅仅在于提高研究的信度和效度,还在于通过加强对相关和无关变量的控制提高研究结果的准确性。更为重要的是,从实践的层面,基于理论形成的行为干预方法虽然不能做到对所有人和所有情境下的体力活动行为进行正确解释,却可以提炼影响体力活动行为的关键要素,尤其是确立在体力活动行为的过程中起到关键的中介和调节作用的因素,并确立这些因素之间的交互作用关系,形成清晰高效的推广策略。儿童青少年的体力活动和健康促进工作,并非只是在小范围的群体中使用,其最终目标还是要具有足够的可推广性和可实施性,往往需要对数量庞大的目标进行人口学水平(population-based)的干预工作。因此,理论的合理性、科学性、可应用性,以及对于现实的指导意义就显得尤为重要。

三、体力活动行为理论的分类与选择

从心理学角度理解体力活动行为和锻炼行为存在多种角度,也衍生了多种侧重点不同的理论。这些理论看似纷繁复杂,但对其进行仔细梳理不难发现,其差异更多体现于视角和切入点的不同,而多种理论所涉及的基本要素有着诸多共同点。一个具有代表性的例子是自我效能。作为人们对于自身完成某项特定任务的信心,自我效能这一重要的心理概念对于人各个方面行为的采纳和坚持具有很强的预测能力,也成为社会认知理论(Bandura,1997)这一心理学重要理论的核心概念,以至于很多人将社会认知理论与自我效能理论等同。这一混淆有些不妥,却也充分体现自我效能对于社会认知理论的重要价值。然而,这一概念也在跨理论模型中同样得以体现,跨理论模型注重讨论行为的不同阶段之间的稳定与转换之间切换的动态过程,而自我效能在这一过程中起着重要的解释和预测作用。

这样看来,如果将理论视为大厦,那么构建不同理论大厦的基石(building block)往往大同小异,这些基石来自我们在对行为进行研究时需要进行的基础工作——不同群体、情境下的相关因素研究。对儿童青少年群体来说,这一工作当然也相当重要,因为儿童青少年处于人生发展的不成熟阶段,行为可塑性强,活动模式也与成年人大相径庭。理论构建者如同建筑师,需要对这些基石进行组合,按照合理的原则进行构建。而从构建的逻辑思路和理念而言,目前学界对体力活动行为理论的分类也存在不同的梳理思路。

段艳平、Brehm 和 Wagner(2006)的研究综述认为,用来预测、解释和改变体力活动及锻炼行为的理论可以概括为两大类:连续体理论与阶段理论。健康信念模型、社会认知理论、合理行为理论、计划行为理论、控制点理论以及保护动机理论等都属于连续体理论。这类理论将体力活动行为的变化看作一个相对静态的过程,认为预测模式具有普适性,认知与行为的变化是线性模式的。其问题在于,虽能够更好地解释锻炼意向的方差,但不能更好地解释锻炼行为的方差。而且在行为干预中,使用的是统一的内容和措施,而不是根据个体所处的锻炼阶段采取针对性干预策略(沈梦英,毛志雄,张一民,2010)。

跨理论模型、柏林锻炼阶段理论(邹志春,庄洁,陈佩杰,2010)与健康行为过程取向理论等则属于阶段理论。与连续体理论的不同在于,阶段理论的构建者尝试考虑通过提出数个定性的阶段来说明行为转变的过程特征,从认知、行为和时间三方面来综合考虑锻炼行为,将锻炼行为的变化看作是一个非线性变化的动态过程(沈梦英,毛志雄,张一民,2010)。因此,这些理论的优势在于更加认可个体所处阶段的差异,并依据这种差异,针对个体健康行为改变所处的阶段来设计和应用差异化和针对性的干预策略。因此,阶段理论中具有代表性的跨理论模型一度在国内得到普遍应用,有大量的跨文化研究对其进行了检验。然而从研究的效果来看,这一理论依然缺乏对行为的预测效度。究其原因,不同个体处于健康行为的不同阶段,但其健康行为阶段的转换并非同步,也就是说在行为阶段转化的开始时间和持续时间等方面存在差异。因此,难以真正实现对个体健康行为阶段的持续不断的跟踪、判定,并基于此调整干预策略。

司琦(2007)则认为,由于体力活动受到生理、心理、行为和环境等多方面因素的共同影响,每一个理论或模型都从一个侧面出发对其进行解释和预测。可以将其分为:信念—态度型理论(包括健康信念模型、合理行为、计划行为理论等)、能力基础型理论(包括社会认知理论)、控制基础型理论(如自我决意理论),以及决策型理论(如跨理论模型等)。

尽管在如何对行为理论进行划分的问题上存在理念上的不同,但学者们普遍认可的一点是,这些理论虽然存在着从宏观到微观的侧重不同、切入角度的差异,但共通的地方在于认可人们的体育锻炼,作为一种可以调控的行为,是可以通过在不同层面上影响人们的认知、环境、意愿等指标而发生积极改变的。因此,对于体力活动的干预依然需要且可以基于成熟的锻炼行为理论进行。目前的体力活动和锻炼行为理论都从西方的研究中产生,作为舶来品,如何在本土进行融合并进行充分应用,一直是研究者和实践者关心的问题。然而,殊为可惜的是,目前我国在青少年领域的体力活动干预工作,很多研究缺乏理论指导,即使有涉及理论层面,也往往只对理论中一些核心指标有所涉及,而缺少对理论的回顾、探讨和全面探索。

第二节　基于理论的行为干预评价

一、对基于理论的健康行为干预进行评价的必要性

从事健康促进工作的专业人士往往有着强烈的使命感,他们多数重视健康

干预工作是否切实可行，是干预工作的坚定推行者，并愿意将理论付诸行动，他们希望可以将知识应用于提高健康水平的干预项目的设计和实施工作中，无论是在个人水平还是在社区水平上。但进行健康行为促进的工作者有着各自不同的背景、思想和经历，无论是以研究为导向的学者，还是以应用为导向的实践者，在专业基础、干预理念、知识技能、掌握的资源等方面都存在较大差异。这或许可以解释，为什么一些研究和实践工作应用的方法和原则看起来相似，结果却大相径庭。因此，在干预工作中，既有必要寻求理论的科学指导，也有必要对这些工作的效果进行有效评价。

一般而言，在西方，人们往往把从事健康促进工作的专业人士（professionals）分为研究者（researcher）和实施者（practitioner）。前者多为在大学和研究所工作的教授、研究员；而后者多为不同类型的工作者，既包括政府中负责健康促进工作的各级官员和职员，如美国人口与健康服务部（USDHHS）、疾病预防与控制中心（CDC）的工作人员，也包括一些旨在促进全民健康的社会组织的工作人员，如罗伯特·伍德·约翰逊（Robert Wood Johnson）基金会的工作人员。两者的定位有所不同。前者更注重从研究的角度分析健康干预的实施方法、项目评价、作用机制等；而后者则更为注重干预工作实施的效果如何、是否可行、投入产出比如何。但研究者和实施者之间也存在不少共同点，例如他们都是为了实现大众健康促进的目标，都需要考虑环境、政策、个人等多层面的因素对于人们健康行为的影响，在与目标对象工作的过程中，他们都需要精心设计和实施干预项目。他们都对工作的结果负责，无论他们测量的是被试对于项目的满意度，还是他们在认识、知识、态度、信念或者健康行为方面的改变，抑或是自我控制、决策方面的提高，甚至是组织层面和社会层面的主观规范，长期维度的疾病发病率和死亡率等指标。实施者更多通过访谈、个例、轶事叙述的方式来考量项目实施的成效和优劣势，总结经验，寻找提高和改进的地方；而研究者更多倾向于采用数据采集和定量分析，以及科学统计分析的方式，寻找不同要素和变量之间的相关性，从而通过实证检验的方式评价他们的工作成效。

在我国，负责健康促进工作的部门也比较多，以针对儿童青少年的体质健康促进工作为例，教育部、卫健委、国家体育总局等多部门都参与了该项工作，例如每 5 年一次的全国学生体质健康调查工作。

体力活动干预工作的设计，只有基于对行为改变理论的深刻认识，以及掌握了应用这些理论来开展实践的方法，才能发挥最大的作用。在多数情况下，无论是研究者，还是实践者，他们用于体力活动干预的资源都是有限的，尤其是考虑到在多数情况下他们没有对被试进行再次研究的机会，因此如何选择合理有效的干预方式从而提升行为干预成功的概率就显得尤为重要。因此，研究者和实施者都需要对他们所推行的干预项目进行评价，并从中汲取经验，进一步推进更为成熟有效的干预项目。

　　Steckler、Linnan 和 Israel（2002）指出，对基于理论的健康行为干预项目进行评价有三个重要的好处：一是对项目本身有所促进和提高。就项目本身而言，对其进行评价可以帮助项目的研究者看清，要获得足够显著的效果，干预手段需要实施怎样的量和强度，采取怎样的实施方法和策略最为有效，对研究对象中哪些特定的人群作用最为明显/不明显。二是有助于研究项目应用于实践，并为政策制定者提供准确合理的参考。可以关注项目的投入产出比，分析项目所需的各方面资源和支出，以及项目所产生的社会效益。这样公众和政策制定者可以获得有价值的参考，依据评价结果对干预工作在更大范围内进行推广的可行性和有效性进行合理评估，从而吸引政府、社会各界的力量采取必要的行动，将成效不显著的方面所占用的资源解放出来，用于效果显著的部分。三是从理论的角度而言，对干预研究的效果进行评价，可以有效地检验其应用的理论，并对其进行补充，甚至引发新理论的构建。坚实的理论基础是精心设计的行为干预工作的重要标志，需要经过系统的规划，有着可以测量和评价的效果变量（outcome variables），以及一些在理论上对效果变量起到重要影响作用的理论指标。这些指标往往在干预手段和干预效果之间的关系中作为中介/调节变量存在。因此，从这个意义上来说，对理论路径进行有效检验和调整，甚至创建新的理论模型，都在对基于理论的行为干预进行评价的工作中有着重要价值，这也是研究者们尤其关心的方面。

　　在这方面，一个著名的例子是从合理行为理论（Reasoned Action Theory）向计划行为理论（Planned Behavior Theory）的转变。人们在实践检验中发现，仅仅通过合理行为理论中的行为规范和主体规范无法真正预测行为意向，进而预测行为。因此，Ajzen（1991）在原有模型中增加了感知行为控制（perceived behavioral control）这一重要变量，这才补上了该理论的最后一块重要拼图。这样，在健康行为干预的实践操作中，人们会依据调整后的理论，注重对于行为控制的干预，并在检验该理论的适用性时注重对这一指标的测评。

　　同样，社会认知理论也是很合适的范例。虽然该理论的精髓体现在个体、环境和行为的三元互动决定论上，但在应用于锻炼行为干预领域时，该理论的最重要指向依然是锻炼行为。而该理论中多种认知（自我效能、自我管理等）和环境指标（主要是社会环境，如社会支持等）更多的是在认知与心理干预到行为改变的关系中发挥中介/调节作用。研究者需要首先对这一理论有深入的理解，进而考虑干预项目设计的逻辑思路和理论模型，并在设计干预项目时有重点地选取自我效能等重要的中介/调节变量，并设计一系列策略和方法对行为施加影响。

二、评价基于理论的行为干预的方法和类型

对基于理论的行为干预进行评价时，Glasgow 等（2019）提出了几个主要的评价类型。首先，形成性评价（formative evaluation）通常需要在形成最终的干预计划之前完成。这个评价过程的目标是全面审视干预的理念是否正确可行，并帮助研究者在全面开始进行干预工作之前，对干预的思路和干预材料的优势和劣势进行全方位的审视。Glasgow 等（2019）建议，这一评价最好在干预的目标人群中开展，可以通过多种数据和信息采集方式对干预对象进行调查。这些调查可以是定量的，也可以是定性的，例如观察、小组讨论（focus groups）、问卷、深度访谈等，甚至可以是开放式和挖掘式的数据采集方式，例如影像语音录制、受访者叙事等。在处于特定文化背景和对特定人群进行干预时，这一点显得尤为重要，因为该评价过程可以在一开始就考虑到特定文化、群体等因素对于干预所依据的理论中某些变量（如自我效能）的影响，从而调整和设计有针对性的干预策略，避免干预工作误入歧途、南辕北辙。

其次，过程评价（process evaluation）所衡量的是干预在完成过程中是否按照预先的设计得以实施。这一评价过程需要有效地回答干预"如何"以及"为何"起作用的问题（Steckler，Linnan，Israel，2002），也就是测量干预的手段是否被接受、多少被接受以及被哪些人群所接受，从而帮助人们理解项目的思路和政策是否正确施行，以及是否需要进行调整。在过程评价的过程中，需要及时将干预所产生的负面影响剔除，并最大限度发挥积极的作用。

过程评价比较常用的方法是测量受众在干预的整个过程中，有多少次参与干预活动（adherence）、在参与过程中的依从性（compliance），从而知晓干预对象参与的"剂量"。将这些参与干预的数据与实际产生的效果进行对照，可以有效地了解干预产生效果的原因，并准确分析剂量—效应关系（dose-response relationship）。

影响力评价（impact evaluation）和效果评价（outcome evaluations）的目标是考察和记录干预项目的效果，其中影响力（impact）评价是较为直接和短期的，而结果（outcome）是较为远期的。例如，在干预初期，研究者通常都会开展健康教育，而这些教育通常会在短期内产生快速影响，使得参与锻炼的动机和自我效能感得以提高。对于这些指标的评价可以较为快速方便地做出，因此，项目的影响评价相对可以快速得到。

效果评价一般是对项目所产生的实际收益进行评价，通常是一些远期和整体层面的指标。例如，体力活动干预是否带来特定群体的体质指标，例如有氧代谢能力、体成分、力量，以及健康指标，如疾病的发生率（morbidity）和死亡率（mortality）的改善。当然，对影响力或效果评价指标的确定还要取决于干预的

类型、干预力度和干预思路及目标框架等因素。

例如,锻炼行为/体力活动行为首先可以作为影响力评价的指标,因为这一指标的改变往往可以较为快速地得到,人们也可以通过检验锻炼行为的改变来检验其是否带来干预对象体质和健康指标的改善。在这里,后者就又成了效果评价的指标。但在某些特定的情况下,研究者考量的是体力活动干预是否可以带来行为的变化。尤其是如果研究者关注的重点是该行为的变化是否经过长期干预而得以发生,则锻炼行为的改变也可以作为效果评价的指标。

对干预项目的评价还需要考虑研究的阶段性。Greenwald 和 Cullen(1985)所提出的构想在健康促进领域被一些权威机构,如美国癌症研究所、心血管疾病研究所等广泛采纳。这一构想的具体思路如表 3.1 所示。

表 3.1　干预研究阶段性任务以及评价

阶段	任务	范例
第一阶段	形成研究假设(hypothesis development)	通过文献确立青少年中久坐行为和肥胖之间的关系
第二阶段	形成研究方法(methods development)	促进青少年锻炼水平干预研究的预实验,测量手段的信效度检验
第三阶段	严格的干预实验(controlled intervention trials)确切性研究(efficacy studies)	在合作学校开展小规模的随机分组干预实验研究(部分学生参与)
第四阶段	特定人群中的研究(defined population studies)有效性研究(effectiveness studies)	在合作学校开展大规模的体力活动干预实验研究(全体学生参与)
第五阶段	示范研究(demonstration)推广性研究(dissemination)	在所在市/省/国家范围内对学生开展体力活动干预工作,并评价其结果

资料来源:Green 和 Kreuter(1999)。

这一理论构想的思路清晰,提倡研究的设计和评价循序渐进,分为五个阶段。

第一阶段:形成研究假设。在研究初期,需要对该领域的过往研究进行深入准确的把握,从而确定研究的主体,形成研究假设。

第二阶段:形成研究方法。随后对研究方法进行细化,然后寻找一个小的样本,进行预实验(pilot study),从而以严格控制的实验研究的方式,对研究的问题进行初步探索,对研究假设进行初步检验,尤其是在方法学上进行规范的检验。同样,在应用一些锻炼行为理论,如计划行为理论对青少年进行体力活动干预时,往往需要考虑对其中关键的心理指标(如感知行为控制)如何进行干预和评估,需要对其他可能影响这一指标以及锻炼行为的因素进行控制,而这往往需要在小规模的严格控制的探索性实验研究中才能实现。

同样,以社会认知理论为例,该理论的核心变量之一是自我效能,很多体力活动干预研究都围绕着对这一指标的干预而进行。因此,一些研究者在进行系统长期的体力活动干预之前,首先会开展一系列短期的研究,以社会认知理论关于自我效能来源的学说为基础,在一次或者数次的急性运动前后,对被试的自我效能进行实验干预。也就是说,首先确立自我效能是可以通过实验调控的方式进行干预的,从而确立自我效能干预的可行性、原则和方法,并在此基础上将其应用于长期的以自我效能干预为核心的锻炼行为干预。本书的后续内容将对这些研究范式和研究结果进行详细介绍,其中也包括在我国进行的本土化研究。

第三阶段:确切性研究。在确立方法的基础之上,进行"确切性"研究。这需要在严谨的实验设计和控制之下,建立可信度高的研究结果,也就是将研究内部效度最大化。这一阶段的研究的特点是在预实验研究的基础之上,将研究的范围扩大,并增加研究的内容,但这都在对可能影响研究的核心变量之间的关系的相关变量进行控制的前提下进行。为了实现这一目标,通常需要选出一些特定的人群,或者目标人群中的一部分样本进行研究。这些挑选或者招募来的被试往往参与动机较强,对研究的依从性较高,因此,这个阶段的研究依然具有较强的实验室情境的特征。

第四阶段:有效性研究。在可行性研究获得令人信服的研究结论之后,需要将研究的范式和方法在实践中进行检验,也即在更为自然的环境中进行推广。这个阶段需要尽量将被试置于自然的条件下,而不是理论假设中理想的实验室条件下。因此,具有更强的"田野研究"(field study)的特征。这个阶段的研究已经开始检验研究的结论是否可以从理论向实践应用转化了。

第五阶段:推广性研究。如果研究的结果在一定范围内得到了应用,那么接下来考虑的问题应当是如何将其向更大的范围进行推广。这自然是进行健康促进研究的最终目标,是政策制定者和大众最为关心的部分,也是研究工作的最终价值所在。然而,这也恰恰是近些年来才得到重视的部分。如果说前期的可行性研究更为关注研究结果的科学性和严谨性,也就是研究的内部效度,那么这个阶段的研究则更为关注研究结果的可推广性和普及性,也就是研究的外部效度。

三、需要考虑的效度的种类

效度是研究的基础,只有具有了良好的效度,一个研究才是严谨可信的。

对于干预研究来说更是如此。人们在评价一个研究的意义时,往往关注这个研究是否对于理论有所验证或者补充,是否具有应用和推广价值。然而,人们不应当忘记,评价研究的理论和实践贡献的基础是,该研究的设计、实施和结论推导都是科学严谨的,也就是说,该研究具有良好的效度。

一个体力活动干预研究的效度与一个量表效度的评价有共同之处,它们都需要有严谨规范的标准和程序来评价该量表/研究所要解决的测量/检验的目标是否准确。但两者也是有所不同的,通常来说,一个量表的效度更关心该测量工具是否能够真正地测量研究目标涉及的心理或者行为变量,这可以通过因子分析、校标指标对照等标准化的统计分析方法进行检验。而对于一项行为干预研究而言,效度指的是一个研究是否可以准确地反映或者捕捉(Vallance et al.,2007)一个研究者所预想的测量、评价和检验的研究问题。这里就行为干预研究的效度问题,而非量表问卷的效度问题进行讨论,这类研究的效度往往包括了内在效度(internal validity)和外在效度(external validity)。

内在效度也常常与结构效度(construct validity)放在一起进行考量和讨论,指的是研究的效果在多大程度上是由研究的实验因素(例如锻炼行为干预)导致,而非一些其他的外在因素所产生的。而结构效度指的是能够在多大程度上将干预的效果归结于不同组别之间的差异,这一般是实验干预组与不接受干预的对照组之间的对比。在一些特定情况下,也有着不同实验分组之间的对比,例如一些实验研究(Hu et al.,2007;Jerome et al.,2002;McAuley,Talbot,Martinez,1999)对自我效能进行实验干预,实验对象被随机分为高自我效能和低自我效能组,两组都是实验组,都接受自我效能的干预影响,所不同的是高自我效能组的被试接受的是正面积极的反馈(提高自我效能),而低自我效能组接受的是负面反馈(降低自我效能)。在这里,两个实验组的自我效能在干预前后都发生了改变,结构效度考量的是两组之间的自我效能的改变是否存在差异,这种差异是否可以解释之后一些因变量,例如运动愉悦感(Hu et al.,2007)、情感反应(Jerome et al.,2002)和感受状态(McAuley,Talbot,Martinez,1999)方面的组间差异。当然,内在效度还关注在这个干预实验研究中,以上因变量的组间差异是否由自我效能的变化所导致,而非其他可能应用这些指标的心理(如焦虑、人格)、行为(如过往锻炼经验)和人口学(如年龄、性别)变量所导致。

显然,这一概念和量表的结构效度是不一样的。对一个量表而言,结构效度更多的是指该测量工具的结构是否与所指向的心理概念的假设模型相一致,例如基于身体自尊的多维度模型而编制的身体自尊量表(physical self-perception profile,PSPP)。它包括一个主量表——身体自我价值感,以及四个分量表——运动技能、身体状况、身体吸引力和力量。对其结构效度进行检验时,可以通过对收集的问卷数据进行分析,判断上述理论假设的身体自我概念多层级结构是否与数据相符。

对行为理论的结构效度进行的检验与这个方法有所不同，但基本原则有一定的相似性，即注重考察不同概念/变量之间的结构性关系是否成立，尤其是需要考察这一结构性关系是否在一定时间跨度内成立，也就是是否具有时间上的稳定性。

在评价一项行为干预研究的内在效度和结构效度时，有很多问题需要注意：首先，研究的设计、干预程序、测量方法都需要经过严谨科学的考量和评估，这样可以保证研究中不同实验分组之间产生的差异是真正受到干预手段的影响。其次，在研究过程中，对于干预的过程评价是基于适当有效的评价手段而做出的。做到以上两点就可以确保实验干预可以按照预定设计的程序和方法真正得到施行，这样可以有效地避免"三类错误"的产生，尤其是避免研究者得出"实验干预无效"的结论，而实际上没有效果并非实验干预的问题，而是干预未能得到正确有效的实施。

外在效度指的是行为干预研究的结果在多大程度上可以被应用到其他的特定人群、情境、文化背景之中，也就是研究的可推广性（Kriemler et al.，2011）。外在效度所关注的是研究结果在研究情境和研究受众方面的可推广性，这一属性对于将研究成果从理论向实践转化非常关键，因此往往是健康行为领域的政策制定者以及实践者最为关心的问题。

在这里，也需要考虑一个重要问题：研究中内在效度和外在效度如何平衡？研究者的目标往往是追求研究的结果既具有科学性和严谨性（内部效度），也具有推广性（外部效度）。换言之，好的研究往往是内部效度和外部效度都高的高质量研究。然而，在现实操作中，这两者往往并不统一，存在此消彼长的关系。这一点很容易理解：如果要获得较高的内部效度，追求研究的严谨性，那么往往需要严格限定研究的环境、对象、测量范围等，这当然就使得研究的结果并不一定适用于其他的条件和对象，外部效度就被牺牲了。反之，如果希望研究的结果能够最大范围地应用于大众的健康促进工作，很多需要进行控制的变量（性别、年龄、参与意愿等）就不能过多控制，这又会使得研究的严谨性大打折扣。因此，很多时候，研究者需要在研究的内部效度和外部效度之间寻找一个平衡，然而做到这一点并非易事。

另外，一些研究者也认为，对于一项行为干预研究而言，在不同的研究阶段，对于不同类型效度的关注也需要有所不同。例如，在研究的初期阶段，往往更为重视研究结果的内部效度，也就是研究中各变量的控制，以及研究结果的严谨性。而在确立研究的理论模型和应用策略之后，在进行研究结果的转化研究（translational research）时，则可能需要更多考量研究是否可以推广和应用，也即外部效度。

总结而言，当前研究者所提出的行为干预评价的关键在于，对行为干预研究的评价需要分步骤进行，其最终目标是对基于理论的干预工作获取足够的信息,从而能够回答 40 余年前戈登·保罗(Gordon Paul)就已经提出的问题:"什么干预方式、对什么人群、由谁实施、在什么条件下、针对什么因变量是最为有效的? 而效果是如何产生的?"

如果依据 Green 和 Kreuter(1999)提倡的原则,在青少年体力活动行为研究中,涉及行为的解释和干预的模型构建、效果对比等效度相关问题时,应该明确考虑并指明研究的内在效度和外在效度问题。从中英文文献的梳理中可以看到,在高水平的干预研究中,对于研究各变量的控制(内部效度)以及研究的可应用性(外部效度)往往提供了足够的信息,可以完成具体的考量,并明确检验。在这一点上,我国的儿童青少年体力活动研究依然普遍存在重视程度不够抑或理解不深的现象,还有待进一步规范和深入探索。

第四章　儿童青少年体力活动行为理论的构建、整合、应用与检验

体力活动行为以及锻炼行为理论的构建、整合、应用与检验,是体力活动促进领域研究和实践的核心主题,研究者们对这一主题的研究关注和热情经久不衰。可以预见的是,理论的探索和完善工作在将来也会长期持续。体力活动本身是一种健康行为,对体力活动进行解释、预测和干预的理论模型基本上都来自健康行为研究领域,这些理论包括计划行为理论、健康信念理论、跨理论理论、社会生态理论、社会认知理论等。在应用于体力活动行为研究的实践时,这些理论模型都各自表现出了其优点和缺点,目前尚没有哪个理论可以做到全面兼顾系统性、准确性和实用性,并且得到研究者和实践者的一致认可。究其原因,体力活动是包含多种要素的个体行为,但受外在环境的影响很大。无论是个体的情绪与思维,还是外部环境的文化和经济因素,都处于动态变化的过程之中,这既给研究者们从理论视角理解和干预体力活动行为带来了挑战,也带来了丰富的研究问题和广阔的研究前景。

在儿童青少年体力活动领域,国内外对于体力活动行为理论的实证研究众多,也不乏系统性的综述。为了避免重复而使得要点不清,本章的讨论所关注的重点是我国儿童青少年人群中体力活动行为理论的优势和不足,以及相关理论和实际研究中存在的问题,讨论新的研究趋势和进展,尤其是力图将理论与实践应用相结合,探讨在我国的文化和社会背景下,这些理论应该如何构建、整合、应用与检验,从而为研究者们开展基于理论的儿童青少年体力活动干预提供有意义的参考。

在文献中,体力活动行为干预和锻炼行为干预各自关注的是体力活动行为和锻炼行为,两者是包含与被包含的关系,虽然在定义和外延上存在差异,但涉及的理论基本一致。因此,本章将体力活动行为理论和锻炼行为理论的名称交叉使用,涉及研究的介绍时,以所引用的研究原文中使用的名称为准。

第一节　体力活动行为理论的研究应用概述

促进儿童青少年的体力活动和身心健康,核心在于有效地解释、预测和干

预体力活动这一健康行为。这些工作的开展往往需要成熟的行为理论为行为干预提供指导和基础框架，这些理论虽然存在着关注侧重点的不同、切入角度的差异，但都认可人们的体力活动行为的可调控性，认为该行为可以通过在不同层面上影响人们的认知、环境、意愿、情绪等指标而发生积极改变，这也正是体力活动行为理论研究的基础。

　　从社会心理学的角度而言，诸多实证研究已经证实，人们体力活动水平的提升在很大程度上可以通过有效的政策调控、宣传促进、目标设置等方法手段得以实现。如很多学者发现，青少年本身及其父母对于体力活动的态度、动机、过往锻炼经验、社会支持、自我效能（Trost et al.，2001；Dishman et al.，2004；McAuley，Blissmer，2000）等都是与青少年身体锻炼水平高度相关的社会心理学因素。在客观分析这些青少年身体锻炼的相关和影响因素的基础之上，很多实证研究有针对性地对这些可调控的心理和认知指标（如自我效能、社会支持、愉悦感等）进行正面引导和强化，通过学校、社区和家庭等渠道对儿童青少年实施了体力活动干预/锻炼干预项目，多数的干预成功地提高了儿童青少年体力活动和锻炼参与水平，并带来了一系列身体（如骨密度、体成分等）和心理（如自尊、生活质量等）状态的积极变化（Dishman et al.，2004；Lubans，Foster，Biddle，2008；Ramirez，Kulinna，Cothran，2012）。

　　然而回顾这些干预研究，人们发现一个普遍的现象是，这些研究中有一半以上并未明确干预是基于何种行为理论开展的。这便回到了上一章中提到的一个核心争论，也即拉塞尔·格拉斯哥和彼得·考夫曼关于研究中基于理论的实证证据与基于实证证据的理论检验相较之下孰轻孰重的轻重缓急之争。显然，一部分学者坚信行为干预只有得到理论的指导方有较大可能成功应用。而另一部分学者则不这么认为，或者他们并不愿太多讨论体力活动行为干预中的行为理论问题，而将关注点集中于干预对因变量（如体质、体成分等指标）产生的影响，这一点在我国对儿童青少年的一些干预研究中也有所体现（殷恒婵等，2012）。这些研究强调干预过程中运动方案的设计，以及强度、频率等因素的控制，虽然也纳入了一些心理因素的考量，但这些因素更多作为一些健康指标，也就是作为因变量来评价干预的健康促进效果，并不涉及具体的行为理论。但有一点无可否认：实际上个体的行为是由心理因素所驱动的，无论是更为普遍的体力活动行为，还是专门性、有目的的锻炼行为，在时间跨度较大的行为干预中，干预对象的心理与行为处于动态变化过程中，研究者和实践者都需要考虑心理和行为因素的评价与干预，而不能认为制定了锻炼方案，干预对象就会理所应当地完全执行。一个行为干预是否起作用，关键在于其是否使得干预对象的体力活动行为真正发生了显著的改变，在此基础上，对行为干预是否带来身体素质、自尊、疾病发病率等身心健康指标的积极改变进行评价才有价值和实际意义。换言之，一些行为干预并未带来体力活动和锻炼行为真正的积极改变,而报告身心健康指标的积极变化,这只能说明这些健康指标的改变是由其他因素引起的,和行为干预本身无关。因此,要促使健康行为真正提高行为干预效果,需要在干预过程中应用正确的行为干预策略,而行为理论则是行为干预策略的合理提炼和系统总结,既是行为干预实践经验的概括性描述,也应当可以在行为干预实践中得到反复检验。

国内外不少学者(Prestwich et al.,2014;沈梦英,毛志雄,张一民,2010)均指出,行为干预的核心在于应用正确的方法提高目标行为。影响个体行为的因素众多,包括环境、心理、体力活动的特征等方面的因素(Sallis,Prochaska,Taylor,2000)。心理因素是干预过程中需要关注的核心因素。这是因为一方面,个体的行为归根结底由心理因素所决定,即使是环境因素,也需要通过个体的主观感知才能对其行为产生影响;另一方面,心理因素是可以进行调控和调节的,而只有实验干预中至少一个因素可以通过干预进行调节和操控,一个实验干预才具有可操作性和可检验性。因此,在体力活动干预的过程中需要确定干预对象的心理因素,在行为干预过程中对其进行评价与调整,这将最终决定干预的质量,然而这恰恰在我国儿童青少年的体力活动行为研究中长期以来存在缺失。这也能从一个侧面解释为什么同样的干预方案会在不同研究、不同群体中存在显著差异。

在以学校为背景的干预(school-based intervention)中,这一问题对于研究结果的影响相对较小,因为干预对象的活动可以通过学校的安排得以统一。而在课下和校外的时间,儿童青少年的体力活动行为存在更多的自主性和不确定性,干预过程中对心理因素的测评和调整成为影响体力活动干预成败的关键因素,这也使得从锻炼心理学研究的视角,应用系统合理的行为理论尤为重要。

体力活动行为干预基本上都会涉及与行为相关的心理指标,并讨论这些指标在干预中发挥的作用。举例而言,Dishman 等(2006)讨论了目标设置和自我效能在高中女生的体力活动水平的纵向变化趋势中所起的中介作用,而他的研究团队进行的其他研究分别检验了愉悦感(Motl et al.,2006)、自我效能(Dishman et al.,2004)在基于学校背景开展的干预中,对体力活动行为促进起到的中介作用;同样,Lubans 等(2008)也对体力活动干预中一些中介变量的作用进行了研究。这些研究的特点是,讨论了一些重要的心理指标对于体力活动行为变化的中介或者调节作用,这些指标正是一些锻炼行为理论中的核心变量,如自我效能、目标设置、社会支持是社会认知理论(Bandura,1997)的关键指标,行为意向是计划行为理论的关键指标(Ajzen,1991),而 Lubans、Foster 和 Biddle(2008)的研究中涉及的动机是自我决定理论的重要变量。只不过这些研究测量并讨论了这些指标与行为之间的关系,却未通过结构方程模型等模型检验的方式验证与之对应的锻炼行为理论,因此,人们通常并不将其视为专门性的锻炼行为理论研究,只是将其视为为相关理论的构建和应用研究提供支持。当然,这种支持并不具有足够强的系统性。

　　显而易见,这些研究者并不倾向于对一个理论进行完整的验证。原因在于,对于理论的完整验证往往需要对各项指标的全面考量和测评,对于有的行为理论而言,如计划行为理论,涉及的变量并不多,对理论的检验相对容易。而另一些理论体系涉及的变量颇多,如社会生态模型(Bronfenbrenner,1994)试图涵盖个体、人际、组织、社区和政策多个层次的变量,使得一个研究难以全面覆盖这些不同层面的因素,并加以定性的测量,更难以做到只干预其中个别因素,并对其他变量进行控制,这也是在文献中较少见到对社会生态理论进行全面应用和检验的实证研究的重要原因。

　　众所周知,健康行为理论的产生一部分来自实践观察,一部分来源于实证检验和修正。上文曾论及,理论和实践之间往往存在鸿沟。Glanz、Rimer 和Viswanath(1997)曾指出,在健康行为领域,对一个理论模型进行全面检验的成功范例往往有限,这需要研究者对理论的内涵有着精深的把握,对研究的设计有着严谨的思路,对涉及的指标有着准确的测量和控制。而且为了获得更为强有力的证据,论证因果关系,研究者还需要进行时间跨度较大(往往长达半年甚至数年)的纵向研究,甚至是随机分组的实验研究,要完成高质量的研究,需要耗费大量人力、物力,并非易事。

　　因此,在体力活动行为研究领域,全面的行为理论模型的构建和检验的成功范例数量实则有限。在儿童青少年的体力活动行为研究,尤其是干预研究中,学者对于行为理论全面检验的尝试也较为审慎。虽然有一些研究对计划行为理论(Dishman et al.,2006)、跨理论模型、社会认知理论(Ramirez,Kulinna,Cothran,2012)的检验较为成功,但这些研究也指出了这些理论检验和应用中存在的问题,例如对体力活动行为的解释度往往不高、同一个理论框架下理论模型存在不同的变体、需要整合其他理论变量等。

　　在我国儿童青少年的群体中,对体力活动行为理论进行检验和调整,甚至尝试重新构建的研究不少。对其进行梳理不难发现,很多研究存在一些突出的问题,主要包括:

　　第一,当前的行为理论研究依然以解释性的横断面和纵向调研为主,注重通过相关和回归分析、验证性因子模型、结构方程模型构建等方式,对理论所假设的各个变量之间的关系进行检验。然而,真正基于理论框架设计行为干预的手段和方法,将理论应用于实践,具有实践指导意义的行为干预研究偏少。

　　第二,将"基于理论的行为干预"简单化为对理论所包含的核心变量的测量,而非对这些变量的真正干预,因此难以检验这些变量的改变是否带来行为的提升。虽然一些研究提出以明确的理论为基础开展干预,但对理论的内涵并未深入了解,只是简单测量了其中的几个变量。这样的做法并不能真正体现理论对于干预设计的指导作用。举例而言,以社会认知理论为基础的锻炼干预,需要强调的重点是如何提升自我效能这一核心变量的水平,也就是如何帮助干预对象提高对于完成行为的信心,从而帮助其开始和坚持该行为,发挥自我效能对于行为的预测和调整作用。这一工作需要深刻理解自我效能提升的概念,明晰地知晓 Bandura(1986,1997)所提出的理论架构中对于自我效能来源的论述,才能找到和实施合理的促进自我效能提升的行为方法(提供反馈、榜样作用等)。而部分研究在实验设计方面系统性和针对性不足,仅仅是对理论中涉及的一些变量进行测评,以变量测评代替模型检验,并未真正把自我效能等社会认知理论的核心变量作为干预过程中重点关注的对象,也就没有应用到该理论的精髓,无法体现这一理论对行为干预的指导意义。

第三,一些体力活动干预研究注重评价行为干预对身心健康指标产生的效果,但对于这一效果产生的内在机制较少关注。而实际上,行为变化产生的内在机制和途径,尤其是那些可以进行调控的心理过程,才是理论探索所要把握的要旨,是指导实践应用的核心,对这一问题的重视不足,也是当前的研究中亟须加强的方面。

需要明确的一点是,当前体力活动相关的行为理论多数是舶来品,源自西方。在体育科学学科,尤其是对行为理论进行重点关注的锻炼和运动心理学领域,西方的研究起步早,分类明确齐全,研究范式成熟。长期以来,我国在各个人群进行的基于理论的体力活动干预研究以引入和验证西方的锻炼行为理论为主。但应当看到,在心理与行为科学的研究中,理论的应用也应当考虑文化和社会背景的差异。我国文化中更多强调集体主义的成分,有研究认为同辈压力(peer pressure)在东方文化中对于青少年行为的影响作用更为显著(Bandura,2004)。而这些体现文化和社会差异的因素,既可能直接作用于体力活动行为,也可能通过行为理论中自我效能、社会支持等心理变量的中介作用影响体力活动行为。从当前的研究来看,对这些文化差异如何影响行为理论在我国人群中的有效性和适用性的关注并不充分。

中国改革开放 40 余年来,经济发展取得巨大成功,也带来了社会和文化的变革,进而影响人们生活的各个方面。中国的社会和文化变革的速度远远超过同时期的西方国家。因此,对于体力活动这一受社会环境影响极大的行为而言,即使在全球化的背景下,也应当认识到中国儿童青少年的体力活动干预所面临的独特问题,而非亦步亦趋地模仿西方的理论探索和应用。在健康行为理论应用于我国儿童青少年的过程中,应当充分考虑文化、社会变革因素的影响,在我国的社会文化背景下进行儿童青少年的体力活动理论研究。

笔者梳理了我国针对儿童青少年群体在体力活动干预研究中曾应用到的部分有代表性的行为理论,这些理论各有其优势和不足,在表 4.1 中笔者进行了简要阐述。如此众多的理论摆在研究者和实践者面前,使得他们不得不思考一个现实的问题:针对特定的干预对象,我们如何选择正确的理论来指导实践?

表 4.1　代表性的体力活动行为理论优势/劣势以及我国儿童青少年群体中代表性的研究

理论名称	提出者	优势／劣势	代表性中国儿童青少年群体的研究
健康信念模型（HBM）	Becker，1974	优势：①对疾病应对或保健性质，以及其持续时间同较长的体力活动行为有较好的预测作用（熊明生，2004；王芸等，2009）。②强调对行为的健康效益的主观解读比客观现象本身更能促进行为的改变；考虑到了锻炼本身行为的收益和代价，使得模型具有一定的合理性。劣势：①变量过多，使人们难以确定起核心作用的变量。②概念之间关系不够清晰（熊明生，2004；杨剑，2016）	田小琴（2015）：健康信念感及价值感知对青少年阳光体育运动参与的影响研究
保护动机理论（PMT）	Rogers，1983	优势：①注重认知的调节过程，将其分为威胁评价和应对评价两个过程，有利于干预的实施。②增加了自我效能感，增强了理论的预测力。③更关注长期的健康行为。①考虑到环境和社会准则对个人行为的影响（王芸等，2009）。劣势：①保护动机理论过于注重认知的作用，健康行为的发生并不需要如此复杂的考虑。②保护动机理论是以规避威胁作为出发点，限制了理论在任何体力活动中的应用	—
计划行为理论（TPB）	Ajzen，1991	优势：①模型具有较好的简洁性，易于理解和操作。②提出了从态度到行为的中介机制，较好地解释了意图的形成机制，形成了合理的行为解释结构模型。③能够有效预测意志力控制下的行为（杨剑，2016）。劣势：①TPB的各个变量之间无法对意图和行为之间关系进行详细的说明（冯玉娟、毛志雄，2014）。②对各变量之间关系的界定还存在一定争议。③综合各个研究来看，行为意图对锻炼行为的解释度也不高。④预测行为是一个动态过程，但此理论是一个静态的理论模型，因此无法提供锻炼行为随时间变化的针对性干预（沈梦英等，2010）	方敏（2011）：基于计划行为理论拓展模型的青少年锻炼行为研究 方敏（2012）：青少年锻炼意向和锻炼行为的关系：中介调节作用 冯玉娟和毛志雄（2014）：高中生身体活动意向和行为的促进策略：自我决定动机对TPB的贡献

续表

理论名称	提出者	优势/劣势	代表性中国儿童青少年群体的研究
社会认知理论(SCT)	Bandura,1977	优势:①强调了个体、环境和行为三方面的相互作用组成了动态交互作用的影响关系,同时强调了认知的优先地位。②社会认知中的认知和行为调节因素对于促进个体健康行为的改变有重要作用。劣势:①从一些研究的实证支持较少(毛荣建、晏宁、周宗奎,2003)来看,该模型中的部分变量得到该模型的实证据(毛荣建、晏宁、周宗奎,2009)。②在某个特定行为的初期该理论预测力较强,但当该行为已做固化、个体熟练掌握该行为之后,该理论(杨剑,2016)的预测力有所降低	冉清泉、付道领(2013):青少年体育锻炼行为机制的结构方程模型分析,验证了自我效能与自我决定理论陈作松、周爱光(2007):环境、自我效能对锻炼行为的部境,自我效能感与中学生锻炼态度的关系
自我决定理论(SDT)	Deci,Ryan,1985	优势:①将动机作为一个连续体,依据自我决定的程度将行为的动机区分为自主动机和控制性动机,并提出了自外部动机不断内化和整合的过程。②提出了基本需求理论,较好地解释了自我动机的起源。劣势:①自我决定动机与行为意向有着更强的相关性。②没有分析随着锻炼阶段的变化,自我决定的各因素是如何发生变化的。③缺乏行为干预措施,即时性的专家反馈系统。④人类的自我决定是否具有跨文化特性。⑤基本概念缺乏明晰的界定(刘丽虹、张积家,2010)	丁维维、毛志雄和王旭(2013):中学生体育锻炼的动机机制及其对锻炼行为的促进作用:基于自我决定理论的研究孙延林等(2006):青少年体力活动中的内部动机和目标定向研究
跨理论模型(TTM)	Prochaska,Diclemente,1983	优势:①将个体行为的改变看成一个过程,而不是一个结果。②重视锻炼行为的发展阶段和个体差异:针对不同的阶段(5个阶段)采取不同的干预。③对处于不同阶段个体的干预提供了具体的策略,即变化过程。④行为的发展是螺旋式上升,有可能出现后退现象。⑤关注对行为变化结构的测量。劣势:①跨理论模型中融合了不同理论,其内部结构源自不同理论背景,各结构之间的关系较为模糊。②以同时间维度为主轴对行为的阶段变化进行描述,但是阶段划分的支持性证据较少。③过分重视行为的认知过程,忽略了环境因素对行为改变的作用(林丹华、方晓义、李晓铭,2005)。④该理论更多的是对目标行为的描述而不是预测。⑤TTM认为锻炼行为不能跳过某一阶段而进入下一阶段(沈梦英、毛志雄、张一民,2010),但实际上这一论断并不能完全解释现实中的一些特例	马勇占、毛志雄和王东升(2012):跨理论模型中自我效能和身体活动关系的中介效应方敏、孙影和赵俊红(2006):青少年锻炼行为变化的阶段模型研究方敏(2011):青少年锻炼行为阶段变化与变化过程的关系

续表

理论名称	提出者	优势/劣势	代表性中国儿童青少年群体的研究
健康行为过程取向（HAPA）理论	Schwarzer，2002	优势：①清楚地阐述了健康行为改变的序列特征，将行为分为意向阶段和决断阶段，很好地区分了性质不同的干预对象，促进干预的方法和手段简单、有效。②HAPA模型依据个体的态度对健康行为进行划分，克服了不同框架间的缺陷。③将连续性理论和阶段理论进行融合，结合了两者的优势，有利于模型的预测和干预。④区分了健康行为在不同阶段的预测和干预的不同的心理过程（Schwarzer，2002）。⑤有助于意图和意图产生之前的心理过程加工过程与干预的预测措施（Campbell，Stanley，Gage，1963）。⑥有利于模型的预测和干预加工过程的干预措施（高雯，杨丽珠，李晓溪，2012）（Chow，Mullan，2010）。⑦增加了自我效能可供操作的中介变量。劣势：①风险知觉变量并不能很好地影响对健康行为的影响并不确定。②忽略对健康行为的行为意图。③HAPA究竟属于阶段模型还是连续性模型并不确定（高雯，杨丽珠，李晓溪，2012）	曹佩雪（2010）：理论导向的青少年健康行为干预促进。周君华（2014）：不同年龄人群锻炼行为改变的调节变量探究：基于HAPA与TPB整合模型的测评
社会生态模型（SEM）	Bronfenbrenner，1977	优势：①强调了环境、社会环境、物理环境和政策对行为的影响。②从个体、社会、物场所的个体对体的影响。③强调不同层面的个体反应采用不同的干预。④提供了全面、综合性的分析框架（钟涛，徐伟，胡亮，2014）。劣势：①忽略了个体对行为的影响。②对于层次的划分存在问题（杨剑等，2014），不同的学者有不同的划分标准。③模型的因素较多，增加了系统性检验的难度（李小英，2010）。④宏观层面的干预对时间和资金的要求较高，导致实施困难（钟涛，2014）	邱茜（2015）：上海市中学生体育锻炼行为的生态学模型的研究。陈培友（2014）：社会生态视域下我国青少年体力活动促进模式研究
信息、动机和行为技巧模型（Information，Motivation and Behavioural Skills Model，IMB）	Fisher，Fisher，Harman，2003	优势：①通过信息过程促进个体采用行为，并通过行为技巧来促进个体行为的保持。②其动机阶段不仅考虑认知考虑还考虑情感因素。③强调坚持过程中个体与干预者之间相互反馈。④模型简约而且经济有效（time and cost-effective）（Zarani et al.，2010）。劣势：①IMB模型更多地关注个体动因，忽略了对社会、政治、经济背景的关注。②模型关键概念的界定高于其他动机模型，如集体主义国家中社会动机也是一个重要的动机阻止，如集体主义国家（Rongkavilit et al.，2010）。③模型主要关注的是对消极信息的阻止，而锻炼行为中有显著关注人群中有显著效果。④模型仅在某些特定人群中有显著效果，外延性还需要进一步验证	—

　　为了避免讨论过于宽泛,这里重点选取在体力活动干预研究领域最为常用的几个行为理论进行讨论:计划行为理论、跨理论模型,以及 Bandura(1997)的社会认知理论中的一些行为理论,如健康信仰理论、自我决定理论、身体自我展示理论等。其他理论并非不重要,但部分理论得到的实证研究的支持不足,影响力稍嫌不足,有的则缺乏足够的研究关注,存在检验的难度,因而在本部分暂不做讨论。讨论的目标是借鉴西方研究,结合中国国情,梳理这些理论在儿童青少年中的研究现状,讨论如何选择、整合和应用这些理论,从而为后续的儿童青少年体力活动行为以及体力活动促进研究提供理论方面的借鉴。

第二节　计划行为理论

　　计划行为理论模型最早起源于菲什宾(Fishbein)的多属性态度理论(Theory of Multiattribute Attitude)(Fishbein,1963)。在这一理论构架中,行为的结果预期决定行为态度,而行为态度被认为是行为解释中至关重要的一环。在社会心理学领域,态度是最早被研究的行为决定因素,但早期的一系列社会行为研究发现,人们的态度与表现的具体行为并不一致(段文婷,江光荣,2008),甚至部分学者认为"态度"这一概念在行为的解释和干预研究中应当摒弃,因为从态度到行为还有很长的路要走。一系列的行为实证研究证实,态度与行为的关系还受一系列其他心理因素的影响。学者们逐步加入一些与态度和行为相关的心理概念,并逐步整合和完善得出更为合理的行为理论。菲什宾和阿耶兹(Ajzen)于 20 世纪 70 年代提出了合理行为理论,后来 Ajzen(1991)对其进行完善,增加了主观控制感变量而形成了现在为人们所熟知的计划行为理论。在该理论中,核心概念包括态度、行为意向、主观规范,以及感知行为控制。后来更为完善的计划行为理论认为,行为意向是影响个体行为发生和变化最重要和最为直接的预测因素,而行为意向又是由个人对行为的态度、主观规范和感知行为控制共同决定的;另外,感知行为控制不仅决定着个体的行为意向,而且对行为的产生也有一定的预测作用(段文婷,江光荣,2008)。图 4.1 对此理论的结构进行了描述。

　　计划行为理论的优势在于,它重视态度在行为的发生和改变中的动机作用,而且在该理论中,客观环境的作用在主观规范及主观行为控制感这两个因素中都得到了体现(沈梦英,毛志雄,张一民,2010)。由于其理论模型较为简洁,便于理解、实施和测量,在体力活动行为研究领域得到了众多研究者的采纳和认可,是最早得到研究者关注和应用的理论之一,相关实证研究数量众多。一些综述和元分析(Hagger,Chatzisarantis,Biddle,2002;Godin,1996)发现,它已经被普遍运用于解释和预测成年人的健康行为和锻炼行为,并获得了一定的成功。在我国儿童青少年的研究中,这一理论也曾被用于解释体力活动行为和锻炼行为。

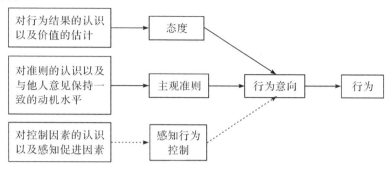

图 4.1　合理行为理论(TRA)及计划行为理论(TPB)

注:不考虑虚线箭头,各变量之间的关系体现了合理行为理论的观点,加入虚线箭头所指的关系后,该图表示计划行为理论。

康茜和王丽娟(2016)选取了上海市 353 名 7—15 岁中小学生,让他们同时完成 TPB 理论中的各个变量的问卷测量,并佩戴 1 周加速度器测量体力活动。研究发现,行为意向是青少年休闲性体力活动的唯一直接影响因素,对其行为的解释度为 8.9%,而行为态度和感知行为控制联合预测行为意向 33.2% 的变异量。这一解释度指标上存在一定的性别差异,影响男生行为意向的重要因素是态度和感知行为控制(贡献率为 40.3%),而在女生中,只有感知行为控制预测行为意向(贡献率为 27.4%)。总体上,该研究认为,计划行为理论对青少年休闲性体力活动的预测达到了中等水平。

同样,应用这一研究获得的数据,孙建翠等(2018)对儿童青少年的中高强度体力活动(moderate-to-vigorous physical activity,MVPA)进行了研究,检验 TPB 模型是否可以有效解释 MVPA 水平。结果发现,仅有 5.3% 的儿童青少年达到了世界卫生组织规定的每天至少参加 60 分钟中高强度体力活动推荐量标准。这也说明,需要研究哪些因素会影响中高强度体力活动水平,以及如何产生影响。通过回归方程分析发现,MVPA 行为意向对 MVPA 活动时间的方差解释度为 0.4%,而感知行为控制和行为态度共同预测 MVPA 行为意向 1.8% 的变异性。在这项研究中,虽然预测模型具有显著性,但其对目标行为的预测力并不高,其中核心的中介因素(行为意向)产生的解释度也非常低。

刘恋等(2017)选取 1101 名高中生为被试对象,以计划行为理论为理论框架探讨了青少年体育锻炼行为的形成机制。该研究发现,行为态度、主观规范、感知行为控制可以直接影响行为意向,从而对青少年的锻炼行为产生间接的影响。此外,感知行为控制对锻炼行为产生影响,这种影响既可以是直接的,也可以通过对行为意向的影响而间接影响锻炼行为。

综合我国儿童青少年群体中应用计划行为理论对体力活动行为开展的研究来看,研究的数量并不多,多数支持了计划行为理论在解释目标群体的体力活动行为时的合理性。但这些研究也暴露出了计划行为理论存在的一些问题。当前学者们对这一理论最主要的质疑在于,这一理论认为行为意向是行为最直接和最重要的预测因素。然而,Sheeran(2002)的分析发现,存在锻炼意图者只有53%会将意图实际转化为锻炼行为。多数情况下,对新行为的选择意向并不能导致实际的行为变化,也就是说,意向到行为之间存在鸿沟。这一点并不意外,人们并不会对某一行为产生了意向,就会马上将其付诸行动。

几项对体力活动行为理论的综述研究(毛荣建,晏宁,毛志雄,2003;司琦,2007;熊明生,周宗奎,2009)都认为,计划行为理论存在的缺陷主要体现在:总体上计划行为理论对锻炼行为的解释力偏弱。在上文提到的研究中,行为意向对于实际体力活动和锻炼行为的解释度不到10%。另外,还有相当一部分的锻炼意向的变异性没有得到解释。中外学者通过对大量计划行为理论应用于健康行为的研究的总结,都基本上认可,TPB对于健康行为无法解释的变异并不能简单归因于测量和随机误差,而应当看作是该理论设计中存在的系统因素不足而导致的解释度的缺失,例如,忽视了情感因素的作用。

因此,在过去的一些年,计划行为理论在体力活动行为研究领域中的应用一直未能取得显著进展,有一个重要的原因在于,计划行为理论的理论研究多数停留在对行为的解释和预测方面,而缺乏基于这一理论对行为的成功干预。这些研究多数是横断面研究,可以提供更有说服力的结论的纵向研究偏少,而应用计划行为理论进行行为干预的研究在近些年来更是凤毛麟角,这也体现出学者们对这一理论指导体力活动干预工作的信心缺乏。沈梦英、毛志雄和张一民(2010)就认为,这一理论的应用受到限制的可能原因之一是,这是一个静态的理论模型,而体力活动行为的变化是一个动态的过程,而该理论无法做到在一段时间的变化过程中,对影响个体行为的各个变量灵活地采取有针对性的干预策略。尤其是在针对儿童青少年群体应用计划行为理论的研究中,有一些成功之处,这种成功更多体现在研究中测量的各个理论变量之间存在显著的相关关系,而且这些关系的结构验证了计划行为理论所提出的理论架构。然而,在实际的体力活动行为干预的实践应用中得到的证据支持还有所欠缺,这些缺陷主要源自计划行为理论对于意图向行为转变的心理过程的忽视。

为了弥补这些缺陷,研究者们在认可TPB理论结构的合理性的同时,也充分认识到该理论应用中普遍发现的从意向到行为之间的鸿沟。因此,在研究的设计中就试图通过纳入一些变量,弥补该理论的不足,提高该理论对体力活动行为的预测力。

方敏和孙影(2010)对我国中学生的研究基本支持计划行为理论的理论框架,但对其进行了一些改良。具体而言,研究发现行动计划在锻炼意图和锻炼行为之间起完全中介作用,感知行为控制直接影响行动计划,且影响意图对行动计划和锻炼行为的预测力,这一结果支持了 TPB 的理论假设。在这一研究中,TPB 模型可以解释行为意图 70%以上的方差,但只能解释锻炼行为 35%的方差,这也说明该理论对于锻炼行为的解释依然存在不足之处。因此,该研究对计划行为模型进行了一定的调整,引入了行动计划概念,将锻炼行为的解释方差提高到 42%。该研究表明,行动计划对于中学生的锻炼意向和实际行为起着重要的作用。对于生活习性相对单一固定的中学生来说,帮助他们制订一份可行的锻炼计划有助于将锻炼意图转化为实际的行动。

同样,张文娟和毛志雄(2016)以计划行为理论为基础架构,将行动控制和情绪作为意向和行为之间的第三变量,来探讨青少年体力活动意向与行为的影响因素。通过对一系列模型的检验、调整和比较,研究发现,在意向与行为之间加入行动控制和情绪的因子模型能较好地预测行为,可以作为青少年体育活动行为干预的理论基础。行动控制和情绪是意向和行为之间的中介变量。由此研究者建议教师注重培养青少年的意志力,帮助学生提高自我监督和调控行为的能力。

Hagger、Chatzisarantis 和 Biddle(2002)曾对计划行为理论应用于体力活动行为的研究进行了综述,认为有必要分析计划行为理论模型中意图与行为之间的认知机制。这一观点也与 Rhodes 等(2006)的看法相符,他们建议锻炼行为理论应以 TPB 为基础,整合社会认知变量完善理论的建构。而李京诚(1999)的研究也发现,社会认知变量(自我效能和自我评价)在大学生群体中对于锻炼行为的预测能力高于 TPB 的变量。看来社会认知因素在体力活动行为的产生和坚持中起着重要的作用,这或许也可以从一个方面解释学者们对社会认知理论的广泛关注和认可。

第三节　阶段理论模型

沈梦英、毛志雄和张一民(2010)指出,一些经典的健康行为理论(例如计划行为理论和社会认知理论)都属于连续体理论,这些理论将体力活动行为的变化看作一个相对静态的过程,认为行为的变化是线性模式的。这些理论虽能够更好地解释行为意向的方差,但不能更好地解释行为的方差。为了理解体力活动改变的机制,对处于不同阶段、不同类型的个体进行有效的干预,针对连续体理论所存在的缺陷,一些学者提出了阶段理论。大量研究证实,参与者在不同的阶段存在质上的差异,基于阶段的干预能够有效地促进体力活动阶段的改变(Nigg,Courneya,1998)。

阶段理论模型的优势在于,其认为行为的改变是一个动态过程,而不是一个"全或无"的现象,这个动态过程由一系列具有特定属性的阶段组成(Marshal et al.,2003)。现有体力活动领域的研究也证实了青少年的体力活动可以被分为不同的阶段。阶段变化理论认为,人们在不同的阶段所面临的行为改变的障碍存在着一定的差异,因此,若能因个体所处阶段的不同问题和障碍而采取差异性的干预措施,会显著提升干预的有效性。对于阶段划分而言,不同的模型有不同的阶段,但是基本上都将个体分为四个大的阶段:①个体没有改变自己行为的意图,往往称为无意向阶段;②个体有改变的意图,往往称为意向阶段;③个体已经投入改变的过程,往往称为行动阶段;④个体已经开始坚持该行为一段时间,往往称为维持阶段。

阶段理论模型的优势还在于它们能够更有效地解释为何针对大众群体行为改变的干预往往存在有效性不足的问题。这些理论模型认为,应当针对大众所处的不同阶段提出更适于该阶段的干预措施,增强干预的有效性和针对性(Riemsma et al.,2003;Schwarzer,Cao,Lippke,2010)。已有大量研究证实了阶段理论在行为改变上具有高度的有效性(Prochaska,Velicer,1997)。但是也有研究发现,基于阶段理论的干预在某些时候会缺乏效度,常见的原因包括:在评估模型的有效性时,研究者选择了不同类型的证据,但是这些证据之间在质量上存在显著差异。例如,有些研究是通过随机控制对照实验(RCT)对模型的有效性进行评估,有些是采用横截面研究来评估其有效性,而有些研究自身都存在研究的效度问题。通常随机对照实验可以提供更好的内部效度,也可以提供因果关系的证据。因此在评估阶段理论模型的有效性时,最好应用随机对照分组的研究设计,采用较为严格的标准来对阶段理论模型的有效性进行评估。健康行为之间在本质上存在较大的差异,导致结果差异的其他原因可能在于有些行为更适合采用阶段理论模型,而另外一些则并非如此。因此,不同阶段的干预对于某些行为会更有效,需要明确目标行为。另外,行为改变不应该是评估阶段理论模型有效性的唯一指标。其他一些因素,诸如健康相关知识的增长等也可以作为干预有效性的指标进行考量,从而提高阶段理论模型在干预中的效度(Glanz,Rimer,Vishanath,1997)。在体力活动领域,常用的阶段理论包括跨理论模型、健康行为过程取向理论、从无活动到保持活动的四步骤模型(Four Steps from Inactivity to Activity Model,FIT 模型)等,但由于"从无活动到保持活动的四步骤模型"主要是针对成年人的锻炼行为改变,且较少有关于青少年的研究,以下仅做简单介绍。

一、主要的阶段理论模型概述

(一)跨理论模型

跨理论模型最早由美国罗德岛大学心理学教授普罗查斯卡(Prochaska)于

1983 年提出，是体力活动研究领域应用得最为广泛的阶段理论。该理论的核心概念包括了变化阶段、变化过程、决策平衡和自我效能。

TTM 将个体的行为改变分为五个变化阶段：①前意向阶段。指没有进行规律锻炼的意向（通常在 6 个月），通常个体的锻炼意向表述为"我将不会……"或"我不可能……"。②意向阶段。指想要进行有规律的锻炼（通常时间为 6 个月），表述为"我可能……"。③预备阶段。产生直接参加有规律锻炼的意向（在随后的 30 天里）和有承诺的行为变化（有时伴随小的行为变化）。表述为"我将……"。④行动阶段。正在进行有规律的锻炼，时间少于 6 个月，表述为"我正在……"。⑤保持阶段。已经进行有规律的锻炼，时间多于 6 个月，表述为"我已经……"。在这些阶段变化的过程中，个体可能前进也可能后退（毛荣建，晏宁，毛志雄，2003）。

TTM 提出的变化过程是指个体在阶段转化中用于修正自己的想法、感受和行为的技巧和策略，为行为干预提供了指导。研究证实，个体行为的变化有 10 个过程，这些过程被归纳为两个高阶因子：经验过程和行为过程。经验过程的信息来自经验和行动，从前思考阶段到准备阶段比较重要；行为过程的信息来自环境，从前思考阶段到行动阶段较为重要。

表 4.2　TTM 理论中变化过程的相关概念和定义

过程	变化过程	定义
经验过程	意识唤起	寻求新的锻炼信息以获得对锻炼的理解和反馈
	情绪体验	体验和表达不锻炼相关的情绪和情感
	环境再评价	对锻炼如何影响身体和社会环境的评价
	自我再评价	认知和情感上，对锻炼价值的再评价
	提升健康机会	形成锻炼意识并接受包含锻炼的健康生活方式
行为过程	替代性选择	用积极的锻炼行为替代久坐的行为
	帮助关系	利用他人的支持来促进锻炼行为
	强化手段	奖励自己参加和坚持锻炼的行为
	坚定自我	选择并坚持锻炼，相信自身行为能够改变
	刺激控制	控制阻止锻炼的情境和暗示

资料来源：Prochaska 和 Velicer(1997)。

决策平衡是个体对锻炼行为的代价和获益的评价，并对其进行权衡。每一获益和付出可以分为 4 种类型的概念：自我/他人的满意和实利获得及自我/他人的不满意和实利损失。研究者对研究证据进行汇总发现，对健康行为的获益和付出的权衡主要影响行为变化从早期阶段（前意向、意向、预备）过渡到行动阶段，但对于后期行动阶段的变化来说影响相对较小，这也是因为随着阶段的不断递进，个体的获益会增多，代价会减少，因此这种权衡就变得很明显，在行为改变过程中的作用就相对减弱了。

自我效能是社会认知理论中的一个核心概念，是体力活动的决定因素，也是体力活动产生的结果。实际上自我效能并非社会认知理论所专有，在很多行为理论中，自我效能都被认为是发起和保持有规律的体力活动的重要因素，在阶段理论中也同样被视为重要的指标。Marshall 等（2003）通过综述发现，自我效能在行为的阶段变化过程中，可以促进个体向更高阶段转变，同时也能有效地区分个体所处的不同阶段。

TTM 的一个重要优势在于，其关注促进锻炼行为改变的阶段特征变量，认可这些变量在不同的阶段得到的关注，以及对行为改变所起的作用都有所不同。比如，与不准备改变当前状态的个体相比，准备改变的个体更关注于锻炼的获益而不是参加规律体力活动所带来的损失；自我效能的评估在改变阶段的后期作用更为显著。在改变的过程中，认知过程在改变的初级阶段有更多的应用，行为过程在改变的后期有更多的应用。因此，这一理念得到了很多学者的拥护，人们认为如果可以确定个体所处的阶段，就可以找到个体在这一阶段的特定需求，从而有的放矢地开展行为促进工作，所以基于阶段的干预能够更有效地促进行为的改变。

此外，在该理论框架中，鉴于基于不同人群可以采取不同干预手段，TTM可以被不同类型的研究者或实践者所采用。从这个意义上而言，TTM 可以被心理学家、社工、教师以及其他类型的健康行业从业者所采用，用于促进目标人群的健康行为改变。比如，一名教师可以根据学生所处的锻炼阶段来评估学生体力活动改变的现状和需求，并采用有效对应阶段的社会心理和行为干预策略来促进其向着更高阶段改变（Norman，Smith，1995）。同时，依据个体对应阶段的需求来设计的干预不仅可以提升个体的参与率和保持率，而且可以降低个体参与困难行为的退出比例（Buchan et al.，2012）。许多体力活动领域的研究采用 TTM 来促进个体的阶段转变。多数研究发现，与控制组的被试相比，阶段改变组的个体可以更有效地达到行为阶段和保持阶段（Weinstein，Rothman，Sutton，1998）。

（二）健康行为过程取向理论

从 20 世纪 80 年代开始，德国心理学家施瓦泽（Schwarzer）在借鉴前人研究的基础上，整合了班杜拉（Bandura）的自我效能理论和 Heckhausen 与 Gollwitzer（1987）所提出的行动阶段理论（Model of Action Phases），提出了健康行为过程取向理论（Schwarzer，Lippke，Luszczynska，2011）的框架。基于大量实证研究的检验，又对模型因子做了进一步的划分，并对其关系进行了详细的阐释，形成了现在的 HAPA 理论。HAPA 理论将健康行为的变化分为两个过程：动机过程（motivational process），指行为意向的形成过程；决断过程（volitional process），指意向形成之后行动计划的制订、行为的发动及维持等过程。决断过程被分为两个亚阶段：第一个阶段，个体有去行动的意图，但是还没有真正开始尝试,被称为意图者(intenders);第二个阶段,个体已经采取了意向的行动,被称为行动者(actors)。因而,从运动锻炼的角度来看,该理论将健康行为分为三个阶段:①无意向阶段(nonintenders),即决定前阶段,没有实际行动,也没有决定要参与体育锻炼,但思想上经历着一个锻炼意向逐步发展的过程;之后,个体进入下一个阶段,也即意向期。②意向阶段(intenders),即决定后—行动前阶段,个体的锻炼意向已经形成,但是仍旧处于无运动或运动不足(没有达到所要求的锻炼标准)的状态,该阶段的主要任务是个体制订详细的锻炼计划,一旦这些计划转化为实际的行为,个体即进入行动阶段。③行动阶段(actors),个体在这个阶段经历着锻炼行为的开始、维持和恢复几个阶段(段艳平,Brehm,Wagner,2007;段艳平,刘立凡,韦晓娜,2010)。该理论阐述的行动的发展路径具体如图 4.2 所示。

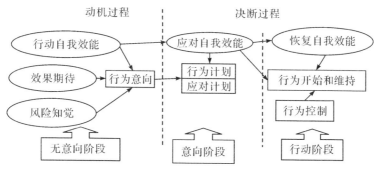

图 4.2 健康行为过程取向理论

资料来源:Schwarzer(1992)。

HAPA 模型(Schwarzer,Cao,Lippke,2010)有五个基本假设,这是与其他理论模型有着显著区别的,并作为该模型的理论研究和实践应用的基础。这些假设的具体内容包括以下几点。

(1)行为改变可以被分为两个阶段:动机阶段和行动阶段。在第一个阶段,个体的目标在于形成意图;之后进入第二个阶段,开展行动。

(2)由于行为阶段可以继续细分,因而健康行为可以划分为三个亚阶段:前意向阶段(nonintenders)、意向阶段(intenders)和行动阶段(actors)。

(3)计划(planning)是意图(intention)和行为之间的中介因子。进入行动阶段的有意图的个体想要改变自己的行为,但是可能会缺乏正确的行为管理技巧,将自己的意图转化为行为,计划是将意图转化为行为的一个关键策略。这一概念也是行动阶段理论(Heckhausen,Gollwitzer,1987)的一个重要概念,而行动阶段模型理论则是 HAPA 模型的理论来源之一。在这一理论构想中,目标、计划、自我调节和目标执行等变量都被纳入并形成了统一。

(4)该理论中存在两种心理模拟(mental simulations)。计划可以被分为行为计划(action planning)和应对计划(coping planning)。其中行为计划是指什么时候、在哪里以及如何执行;应对计划是指对障碍的预期,设计可供选择的行动方案以获得个体想要实现的目标。

(5)阶段特异性自我效能(phase-specific self-efficacy)在行为改变中发挥着重要作用。也就是说,自我效能在不同的行为阶段存在差异,这是因为在不同的阶段个体所面临的挑战不一样。这样的理论构想是和自我效能的属性相对应的。作为心理学领域的一个重要概念,自我效能的重要特点在于其具有很强的情境特异性,需要个体根据具体的情境和行为对其完成此行为的信心进行评价。因此,在行为的不同阶段,个体的认知、意愿、目标设置、计划、行动和保持行为都有所不同,也就会导致不同类型的挑战。因此会存在行为自我效能(action self-efficacy)、应对自我效能(coping self-efficacy)、恢复自我效能(recovery self-efficacy)。

根据阶段理论的假设,在相同阶段的个体面临着相同的障碍,这些障碍与其他阶段不一样。因此,HAPA 模型的阶段性特征体现在不同时期影响个体行为的社会认知因素的重要性有所不同(董文博,毛志雄,2014)。例如,在决定前阶段,风险知觉、结果期待以及行动自我效能被认为是影响锻炼意向形成的关键因素,而当个体进入决定后—行动前阶段,应对自我效能则激励个体为了应对可能出现的锻炼障碍,去制订详细的行为计划和应对计划,从而为即将开始的锻炼行为做准备。当个体进入行动阶段后,应对自我效能和恢复自我效能可以帮助个体调节其行为,克服诸多障碍,从而避免退出有既定目标的行动。该模型的连续性则体现为:在无意向阶段,个体在各种认知变量上的提高都有助于促进意向的形成,从而进入意向阶段;在形成意向之后,个体通过制订行为计划而进入行动阶段,这一过程具有延续性。需要注意的是,针对每个行为变化阶段的独特的认知或行为特征,处于不同阶段的个体应该采用不同的心理干预方法来促进行为的发生和维持(段艳平,刘立凡,韦晓娜,2010)。

在锻炼的决定前阶段,关键在于形成意图,意图形成之后,个体必须开始计划具体的行为。因此,意图的形成与行为计划可以被理解为两个不同的过程,行为计划这个过程需要在自我调节方面付出努力。行为计划提升了认知和情境之间的联系,心理模拟的过程中,对行为的模拟越仔细,该行为最终得到成功执行的可能性越大。而且 HAPA 模型与行为阶段模型不一样的地方是,HAPA 模型并不包含时间框架(time frame),它根据个体的意图和行为来划分个体的阶段。因此,个体阶段的划分可以依据个体以往的行为和未来的意图进行。在进行阶段划分之后,针对个体所处阶段的差异,应该采用具有阶段特异性的变量(stage-specific variables)进行干预,以促进有效的阶段转变的形成(Lippke et al.,2010)。

(三)从无活动到保持活动的四步骤模型

FIT 模型是近年来德国和中国的锻炼心理学学者以 TTM 为基础,针对体力活动的特点,结合实践领域的干预经验而提出的。该模型认为,个体从无活动到保持活动的行为改变过程分为六个阶段:①前考虑期,个体没有进行体力活动,也没有考虑要坚持进行体力活动;②考虑期,个体虽然考虑要进行体力活动,但没有付诸实际行动的计划;③准备期,个体此时已经开始为参加体力活动制订计划了,只是还没有实际开始行动;④探索期,个体已经开始有规律地进行体力活动,但持续的时间不足 1 年;⑤波动期,个体虽然进行体力活动,但不规律,并不是每周都进行体力活动,而且每周活动时间累计不到 120 分钟;⑥保持期,个体能够有规律地进行体力活动,持续时间 1 年以上。在上述的六个阶段中,前三个阶段为不活动阶段,后三个阶段为活动阶段(见图 4.3)。

而该模型提出的四个步骤包括:第一步是从完全的"不考虑参加体力活动"到开始"考虑进行体力活动"阶段。这个阶段通常由某些关键性事件所激发,例如体检的时候发现身体存在一些健康问题,从而促使个体开始产生体力活动的意图。第二步是从"考虑进行体力活动"到"下定决心并为活动做好计划准备"阶段。在意识到缺乏运动以后,个体开始寻找一个具体的运动目标,并制订计划。第三步是从"准备阶段"到"实际尝试性的探索阶段"。在这一阶段,个体开始有规律地增加体力活动,但是持续的时间少于 1 年。此外,个体也有可能处于活动的波动期,即体力活动无规律,并未形成稳定状态。第四步是从"体力活动行为的探索或波动期"到"体力活动行为达到稳定状态",即形成了长期的运动习惯,时间在 1 年以上。

在 FIT 模型中,体力活动的核心是指"促进健康的体力活动",这包括了业余时间的体育锻炼和日常体力活动(如步行、骑车上学/上班、爬楼梯等在日常生活中反复进行的体力活动)。FIT 模型认为,个体行为的依次递进向前推进是主要的趋势,但是行为的后退、循环、复原、停止等都有可能发生。在个体从不积极运动到有规律地进行体力活动的行为转变过程中,健康状况会随之改善,而健康状况的改善,主要体现为四个方面指标的积极改善(段艳平等,2012):①身体体质增强,指个体在特定的身体条件、社会环境或心理状况下,能够完成某项体力活动任务的一组能力。②主观良好感提升,指个体长时间的自我感觉提升为良好的状态,是一种稳定的心理状态。③健康满意度提高,指人们对健康的需求或期望健康已经得到满足的感受,该指标虽然是一种主观的评价,但在一定程度上反映了个体的实际健康状况。④不适感减少,这里提到的不适感可能有多种原因,但都体现了一种妨碍个体身心健康的主观知觉状态。FIT 模型还明确解释了与个体体力活动阶段变化相关联的健康状况指标,以及体力活动阶段改变过程的影响因素。

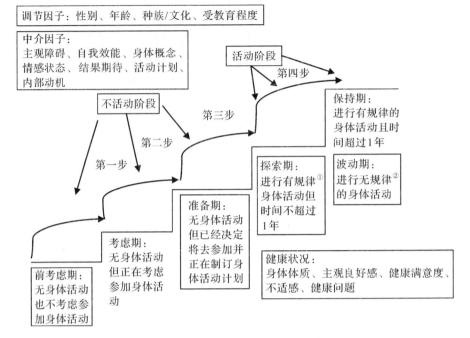

图 4.3   从无活动到保持活动的四步骤模型

注:①"规律"指每周的体力活动累计时间至少 120 分钟;②"无规律"指不是每周都进行体力活动,每周活动累计时间未达到 120 分钟。

资料来源:段艳平等(2012)。

二、阶段理论模型在青少年体力活动干预中的应用

(一)跨理论模型(TTM)在青少年体力活动干预中的应用

跨理论模型是锻炼领域中应用得最为广泛的阶段理论模型,大量研究应用该理论对锻炼行为的采纳和坚持行为进行了解释和干预,其有效性得到了充分的证实(Fallon,Hausenblas,Nigg,2005)。但也有综述研究发现,基于 TTM 的锻炼行为干预的有效性与其他理论相比并无显著优势(Adams,White,2004;Woods,Mutrie,Scott,2002)。这里存在一个值得注意的问题:一些研究宣称应用了这一理论,但实际上并未真正理解该理论的精髓,存在应用的误区,因此这些研究所完成的理论检验结果也值得商榷。Adams 和 White(2004)在探讨 TTM 在体力活动干预中的有效性时,提出鉴于 TTM 干预操作中的差异性,应该考虑的是哪些基于 TTM 的干预是有效的而不是 TTM 是否有效的问题。Nigg 和 Courneya(1998)在分析了 TTM 理论的优势和劣势之后指出,基于 TTM 理论框架的体力活动干预应该构建适合于体力活动领域的关键构念,将

TTM 中的核心概念作为一个整体来促进对体力活动产生和坚持的机制的理解，还需要更多采用长期追踪研究而不是横截面研究的方式，来实现对阶段理论的更好理解和应用。因此，有必要对 TTM 在青少年体力活动干预研究中的应用进行分析，以更好地验证理论和指导干预研究。

跨理论模型在儿童青少年群体中被证实具有一定的适用性和解释效力。Nigg 和 Courneya(1998)对 TTM 在青少年锻炼行为中的适用性进行了验证，结果发现，总体而言，TTM 在青少年体力活动研究领域得到了一定的支持，其核心架构被证实在不同的行为阶段有不同的应用价值，不同的核心概念在不同的行为阶段有着不同的重要性。但是其阶段划分的标准还需进一步确立，以区分不同人群之间是否在行为阶段划分上存在显著差异。但对于改变行为的过程而言，体力活动的体验过程似乎应该在行动之后，这与 TTM 最初的理论假设存在不一致。最初假设认为，体验过程更多地在青少年体力活动的早期阶段出现。

Haas 和 Nigg(2009)对 TTM 在儿童群体体力活动研究领域的适用性进行了验证，发现其结果与在成人和儿童青少年人群中的研究结果基本一致，大强度和中等强度的体力活动具有显著的阶段特征，但是小强度的体力活动与久坐行为阶段特征并不显著。在行为的保持阶段，儿童青少年和成人存在差异，儿童青少年有更多的短期体力活动而不是坚持较长时间的体力活动，这也是应用阶段理论对儿童青少年进行阶段理论检验的一个难点。因此，后续研究可以基于与 TTM 相对应的阶段测评来分析儿童青少年中大强度的体力活动，而不是小强度体力活动。Berry、Naylor 和 Wharf-Higgins(2005)应用 TTM 探讨了青少年退出体力活动的原因。结果发现，波动者(relapsers)多处于准备阶段，而且锻炼的自我效能不高。这一研究为后续针对波动者的体力活动干预提供了思路，表明在干预过程中需要寻求一些社会认知策略来提高其锻炼自我效能。基于 TTM 框架，Neumark-Sztainer 等(2009)在对青少年女生的肥胖干预实验中发现，在 9 个月的追踪调查中，干预组的女生久坐行为有显著的减少(Plotnikoff et al.，2013)。

TTM 理论最初是为了进行戒烟等健康行为干预而发展起来的，随后在体力活动行为研究领域得到应用并进行了一系列改善，因此，有些研究关注多个健康行为(包含体力活动)。那么，对多个健康行为的关注是否能够有效地促进体力活动的改善？研究者们在这一问题上的发现并不完全统一。Mauriello 等(2010)依据 TTM 来设计适合于个体的行为反馈策略，以促进青少年的体力活动和营养均衡等多种健康行为。结果发现，基于个性化的干预能够有效地促进多种健康行为水平的提升，而且这种提升具有协同效应。也就是说，该项目可以有效地促进健康行为之间的共变，进而减少整体非健康行为的风险。而且在 6 个月后的追踪调查中，体力活动的改变效应最显著。然而，也有研究并不支持在一个健康干预中设立过多目标，依然倾向于对体力活动等健康行为进行一对一的干预。例如，Crutzen 等(2011)对青少年体力活动促进的因素进行综述(包含 TTM 理论)发现，如果干预的目标是包含体力活动在内的多个健康行为，则促进体力活动改善的效果更差。陈福亮、杨剑和季浏(2015)对肥胖青少年基于体力活动行为的阶段进行了划分，结果发现，均衡决策和强化管理是影响他们从前思考阶段到思考阶段转化的关键因素，而决策均衡、意识提高、互助关系是影响思考向准备阶段转化的重要因素，自我再评价、自我释放、刺激控制、反条件化则是影响行为向维持转化的重要因素，并提出一系列帮助他们在行为不同阶段之间转化，从而提高体力活动行为坚持性的建议，包括建立锻炼参与奖励制度、为肥胖青少年提供实质性帮助和精神支持、肯定其锻炼的自信心、引导其进行正向和积极评价等促进肥胖青少年进行体力活动的策略。

现代技术的发展也为健康行为的干预提供了新的手段和措施，基于移动端、网络的干预也是青少年健康促进干预中的一个关注点。有研究对儿童和青少年体力活动领域的基于信息通信技术(information-communication technology)干预的研究进行了综述，发现对于儿童青少年而言，这种干预更有效，但基于理论的研究不多。Arteaga 等(2010)指出，已经有大量的研究采用不同的理论基础和手机 App 来促进成年人的体力活动，证实了 TTM 在移动干预的成人领域的有效性，但是采用 App 以促进青少年体力活动提升的不多。Chen 等(2010)基于网络对美籍华人青少年进行肥胖干预，结果发现基于 TTM 的网络干预在短期内是有效的，但是长期的效应还需要进一步的验证。Mauriello 等(2010)基于 TTM 阶段对应的 2 个月干预措施对青少年进行干预，并提供相应的反馈，以促进青少年的体力活动等多种健康行为，发现干预可以有效地促进青少年体力活动的改善。

为了检验 TTM 在不同文化中的适应性，Callaghan、Khalil 和 Morres(2010)对中国香港地区的高中生进行了调查，结果证实了 TTM 在中国文化中具有良好的适应性，自我效能、锻炼的获益和改变阶段对体力活动具有较强的预测效力，因此后续的干预可以考虑通过角色示范或者自我监控的策略来促进自我效能提升，以促进个体体力活动的改变。同时该研究也证实了替代性选择、自我再评估、坚定自我(self-liberation)是促进中国青少年阶段改变的有效认知和行为策略。Kim、Cardinal 和 Lee(2006)对 TTM 的核心概念在韩国青少年中进行了验证，结果发现，TTM 的各个变量之间存在显著相关性，这些心理社会变量可以解释青少年体力活动方差的 40.6%。Annesi、Faigenbaum 和 Westcott(2010)对非洲裔美国儿童(8—12 岁)TTM 中的自我效能、变化阶段与体力活动的关系进行验证，结果得到了证实，但是其没有选择所有 TTM 的核心变量，且 12 周的干预后体力活动没有明显的改变。

司琦等(2013)对 TTM 在我国体力活动领域的研究进行综述时指出，截至

2012 年,共有 12 项针对青少年体力活动的研究,其中以现在调查和分析为主的研究有 8 项,还有 3 项测量工具修行、检验及相关研究,仅有 1 项干预研究(以久坐中学生为研究对象)。从严格意义上来讲,很多研究无法被称为"基于阶段变化模型的研究",也无法回答整体模型如何描述、解释和说明锻炼行为的问题。

蒋志、陈伶俐和周乐山(2013)对肥胖儿童进行基于跨理论模型的体育锻炼干预发现,与控制组相比,虽然干预组在干预后身体质量指数(BMI)并没有明显变化,但体力活动的阶段发生了改变。这说明跨理论模型的干预可以促进锻炼过程向积极的方向改善,使肥胖儿童锻炼意愿增强,锻炼的次数增加,有利于改善其体质。该研究团队进一步基于跨理论模型对肥胖儿童进行体育干预发现,虽然基于跨理论模型对肥胖儿童 BMI 的干预效果还有待于进一步确认,但是体力活动的干预可以降低肥胖儿童的孤独感,提高其自尊水平(张雪燕,周乐山,李琛琛,2013)。

高艳敏等(2014)运用跨理论模型对肥胖小学生的干预研究也发现,与控制组相比,干预组小学生的体重没有得到明显改善,BMI 差异不显著,但体育锻炼行为有显著改善,锻炼次数明显增加;而体育锻炼的干预有效地改善了肥胖小学生的自尊和自我效能水平(杨剑等,2014)。除了对实验干预的关注,还有研究者开始尝试应用这些理论构建适合我国青少年体质促进的模型(曲鲁平等,2015),但该理论模型还需要进一步实证数据的支持。

(二)健康行为过程取向理论在青少年体力活动干预中的应用

健康行为过程取向理论虽然相对较新,但在过去十多年间也同样被不少研究应用于儿童青少年的体力活动行为解释和干预工作中,积累了一些实证研究证据。

基于 HAPA 模型对青少年体力活动干预的研究(Schwarzer,Cao,Lippke,2010)发现,对于没有意图参与体力活动的青少年而言,他们从资源形式的信息(resources-based messages)中获益而提升了体力活动的水平,而有意图的青少年则更多地从计划(planning)干预中获益。但与理论预期不一致的是,资源形式的信息不仅对于前意图者有益,对于意图者也一样有益,作者认为其可能的原因是:①对于青少年群体而言,HAPA 模型的评测方法还需要进一步凝练,这样才能得出确定可靠的研究结果;②计划产生的积极效应在很多研究中都得到了证实(Hagger,Luszczynska,2014),但在该研究中计划干预本身的执行存在问题;③预期效果的产生需要足够剂量的行为干预,每周 1 个小时的体力活动行为干预可能不足以引起期望的结果;④该理论中阶段变化的观点不一定适用于高中生(Schwarzer,Cao,Lippke,2010)。

Berli 等(2014)的研究发现:HAPA 模型在预测青少年的体力活动行为方面有很好的应用性。与 HAPA 模型预测一致的是,有着高效果期待和自我效能水平的个体有着更强的参与体力活动的意图,有着更高行为控制水平的青少年的体力活动水平更高。但与理论预测相反的是,风险感知与其他的 HAPA 模型变量存在负相关性,可能的原因在于对风险感知因素的测量有一定的模糊性,对这一因素还需要更为准确的测量。

劳埃德(Lloyd)领导的健康生活方式项目(Healthy Lifestyle Programme, HeLP)主要是基于 HAPA 模型对肥胖儿童进行干预(Lloyd, Wyatt, 2015),以促进其健康的生活方式为目的。该项目通过定性(访谈、焦点小组)与定量(随机控制实验)研究相结合的方法,对英格兰西南地区 6 所学校的 398 名儿童及其父母和老师进行体力活动干预。定性研究的结果发现,学生及其教师和父母较为接受相应的干预,因此干预是可行的。阶段 1 和阶段 2 的定性研究结果确定了研究的理论框架和研究的可行性。阶段 3 的定量研究实验干预发现,18 个月之后,干预组的学生有着更少的久坐行为(看电视等)和更多的中高强度体力活动(MVPA),其肥胖率(24%)没有发生显著变化,但是控制组学生的肥胖率从 26% 增长到 32%。在 24 个月时,这种差距变得更大。

Shirazipour、Latimer-Cheung 和 Arbour-Nicitopoulos(2015)基于 HAPA 模型来分析如何对存在活动障碍(mobility impairment)的青少年体育参与施加干预。通过邮件和电话对活动障碍青少年的父母进行访谈,结果发现 HAPA 对于理解父母对存在活动障碍的青少年的体育参与的支持是非常有价值的。无论是动机阶段还是决策阶段,HAPA 理论中的关键概念都能与家长自身的信念相吻合,这为活动障碍青少年体育参与的父母支持研究提供了新的方向和视角。

Denton 等(2013)设计的 HAPPY 项目(The Health and Physical activity Promotion in Youth study)首先对儿童的体力活动水平进行调查,之后分析了体力活动与健康之间的关系,继而进一步探讨了影响儿童体力活动的其他因素,并确立了 HAPA 理论作为其学校层面干预的理论基础。结果发现,学校层面的干预并没有有效地改善儿童的体力活动水平。作者认为可能的原因在于:①该研究是基于体育课的干预,而体育课的时间较少;②由于自身认知能力的限制,学生无法很好地理解相关认知概念。因而,作者提出,后续的研究有必要考虑家长、教师方面的作用,或者增加家庭、社区层面的干预,以更好地促进儿童体力活动水平的提升。

段艳平、刘立凡和韦晓娜(2010)基于 HAPA 理论对大学生体育锻炼意向进行了干预研究,干预前被试都处于前意向阶段,研究者对被试进行为期一周的准实验干预,结果发现,针对前意向个体的阶段匹配的干预对锻炼意向有促进作用。曹佃省和谢光荣(2011)基于 HAPA 理论对青少年群体中锻炼行为阶段的非连续性和社会认知变量的阶段差异性进行了检验,结果证实了社会认知变量和行为在不同阶段上的差异性,为后续基于个体行为阶段判定的干预提供了依据。作者进一步验证了行动计划在青少年行为意向与锻炼行为之间的中介效应，结果符合 HAPA 的理论预期。董文博和毛志雄(2014)对 HAPA 理论在青少年群体中的适应性进行了检验，并编制了青少年锻炼阶段量表，该量表可以有效地区分不同的阶段，且量表的信效度较高，是测量青少年锻炼阶段的有效工具。

与西方的研究相比，我国基于 HAPA 理论的研究还主要是对理论是否可以解释健康行为进行验证，但缺乏相应的长期的追踪调查和实验研究来检验该理论是否可以用于体力活动行为的促进工作。因此，后续的研究可以考虑：①对相关理论进行完善。HAPA 理论的提出是为了弥补意图和行为之间的差距，因此加入了计划作为中介因子，但是对有哪些因素对计划和行为之间的关系起中介或调节作用还需要进一步验证；另外对现有的一些新的因子如努力投入(effort investment)是否有必要纳入模型还需要进一步明确(高雯，杨丽珠，李晓溪，2012)。②加强理论的实证应用和干预。在我国青少年体力活动领域，相关学者已经开始验证 HAPA 的理论模型，并编制了相应的问卷对其中涉及的核心概念进行测量，后续还有必要对问卷进行完善，同时在考虑理论的干预时，应该尽可能完善地纳入理论中所涉及的变量，而不是有选择性地来考察变量。

(三)FIT 理论在青少年体力活动干预中的应用

FIT 理论是我国学者段艳平以及 Brehm 和 Wagner(2007)在跨理论模型的基础之上，针对当前研究中众多理论模型存在的不足，结合大量基于行为阶段划分完成的体力活动行为干预的实践经验，共同提出的"从无活动到保持活动的四步骤模型"。该模型主要关注成年人体力活动行为变化的过程及其影响因素。该理论对成年人体力活动变化过程的阶段特点，以及与行为阶段转化密切相关的健康体质因素和社会心理环境的影响因素进行了系统的描述，并编制了适用于中国和德国成年人的问卷。段艳平等人对模型的阶段有效性及对应问卷的效度进行了验证，结果证实了模型的阶段算法效度、诊断功能及服务干预功能，同时对应问卷的信效度也得到了验证。

三、阶段理论在青少年体力活动干预中的问题与展望

阶段理论在青少年体力活动干预领域的研究得到研究者们的大量关注，越来越多的干预研究验证了阶段理论模型在青少年群体体力活动行为中的适用性，但从当前积累的研究证据来看，阶段理论自身的理论架构，以及基于阶段理论进行的相关干预研究还存在不少值得深入研究之处。

第一，在实际操作中，阶段理论模型中阶段划分的灵活性较大，其确定性往

往难以把握。而且阶段理论模型的评判大多来自其阶段的划分,依据时间框架的划分忽略了对波动者的考虑(Andersen,Haraldsdóttir,1993)。当前阶段理论相关的研究已经开始关注这个问题,多数学者认为能够有效解决阶段划分问题的最佳策略是将阶段匹配和阶段不匹配的干预研究进行对比分析,但目前并没有得到一致的结果,因此还需要完成以下工作:①通过对比研究来确认阶段匹配的合理性和有效性(Rhodes,Nasuti,2011)。有对阶段进行匹配的研究已经证实了基于阶段划分进行行为解释和干预的有效性,但是阶段理论有效性的论证考虑的重点应该是阶段匹配的干预是否比阶段不匹配的干预更有效。②阶段有效性论证的研究主要是横截面研究,而体力活动的改变于个体而言是一个长时间的跨阶段行为,因而长期追踪的研究更能有效地验证阶段理论的有效性(Plotnikoff et al.,2013)。

第二,理论概念和操作过程的标准化问题值得注意。阶段理论的建立是为了更好地解释健康行为,而健康行为本身就是一个复杂的现象和概念,不同健康行为之间存在较大的差异,比如有学者认为 TTM 中的有些概念被研究证实并不适用于体力活动领域(Buchan et al.,2012)。因此,有必要:①结合体力活动领域的相关研究,对阶段理论的阶段界定和变量的测量标准化确立可操作化的程序,以推进实证和干预研究。例如,对理论的概念予以微调(fine-tuning),将计划分为应对计划和行动计划等(Schwarzer,Cao,Lippke,2010)。②在干预的过程中,确立适合于阶段理论的具有较高信效度和敏感度的指标。现有的干预研究采用的策略有较大的相似性,因此模糊了理论之间的区别,导致无法对理论的有效性进行合理的评估。③在干预的过程中,将理论的所有变量都纳入干预过程进行整体检验。一是方便检验理论中对所有涉及的变量之间关系的预测;二是避免作者依据自身的偏好来有选择地应用理论中涉及的相关概念,以局部代替整体。

第三,应当考虑阶段变化的中介或调节因子,更好地促进青少年体力活动的转变。意图和行为之间的差距是普遍存在的问题,是体力活动行为干预需要考虑的一个重要方面,也是阶段变化意欲解决的一个问题。HAPA 理论在意图与行为之间加入了计划这一变量。那么,计划和行为之间是否还存在中介或调节因素? 现已经证实努力投入(effort investment)、身体满意感、健康相关的社会控制、补偿健康信念(Fleig,2015)等因素能够影响意图和行为的关系(高雯,杨丽珠,李晓溪,2012),这些因素是否可以作为中介和调节因子纳入 HAPA 模型,也是后续值得论证的问题。

第四,阶段理论促进体力活动坚持性的应用性研究有待加强。规律的体力活动有着良好的健康效应,但现有的研究更多地关注对体力活动的干预,而较少关注和报告干预后个体是否会坚持体力活动,后续还需要更多的研究来探讨如何促进青少年体力活动的保持,以及不同的理论对于体力活动的保持是否有不同的应用价值,并需要依据影响行为坚持的因素和过程来对理论模型进行修正和验证。

第四节　社会认知理论

社会认知理论(Bandura,1986,1997)是当前在体力活动研究领域被应用得最为成功的理论之一。这一理论在预测、解释和干预健康行为、工作行为和绩效、社会参与等多个领域都得到广泛的应用,并为很多学者所推崇。这并不意外,人们在客观世界的生存和行动,都无时无刻不受到社会因素和认知因素的影响。班杜拉基于他对这些因素与人的行为之间的互动关系的精深理解,构建了社会认知理论这一系统庞大又易于阐述和应用的理论体系。这一体系与心理和行为科学,以及社会学领域的众多理论和概念有着千丝万缕的联系,但又自成一体,辨识度极高。

严格来讲,社会认知理论中核心思想的缘起并非来自班杜拉。早在 1941 年,Miller 和 Dollard(1941)就已经提出了社会学习和模仿的概念,也就是说,个体的行为在很大程度上是通过在社会情境中对他人行为进行模仿和学习来形成的。这是社会学习理论的基础,也被一些学者视为社会认知理论的雏形。然而,社会学习理论没有将非惯有反应的产生以及非强化型的延迟模仿考虑进去。1963 年,Bandura 和 Walters(1963)关于社会学习和人格发展的系列论述将社会学习理论的外延进行了扩展,融入了我们今天所熟知的观察性学习和替代性强化原则。1977 年,班杜拉发表著名文章《自我效能:达成行为改变的统一理论》(Bandura,1977)。这时他终于找到了那片缺失的重要拼图——自我信念。随着 1986 年《思想和行动的社会基础:社会认知论》一书的出版(Bandura,1986),阐释人类心理机能的社会认知理论形成了。该理论的重要基础是三元交互决定论的假设,也即行为、人的内部因素和环境三者之间存在彼此联系、相互决定的密切关系(见图 4.4)。在班杜拉看来,心理机能本质上产生于人的内部因素(如认知因素、情感因素等)、行为以及环境这三类决定因素之间的一种连续不断的动态交互作用。举例而言,人们会判断他们自身行为所产生的结果(效果期待)和是否具有完成该行为的能力(自我效能),而这种判断则深刻影响与他们的行为相关的个人(例如动机、自我管理)和环境(社会支持、环境感知等)方面的因素,这些因素又会影响和改变人的下一步行为。

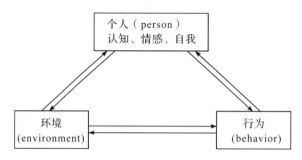

图 4.4　社会认知理论的基础:三元互动决定论

资料来源:Bandura(1997)。

　　为什么社会认知理论可以在锻炼行为的研究领域获得成功?笔者认为,长期坚持进行一定强度的锻炼并达到推荐标准,对于很多人来说是具有挑战性的任务。锻炼行为的采纳和长期坚持并非简单基于对这一行为的健康效益的认可(健康信念),或者具有实现该行为的冲动和意向,而是需要克服诸多障碍,充分调动个人的主观认知能动性,适应和塑造积极的行为促进环境来实现这一目标。在这一方面,社会认知理论具有显著的优势。

　　社会认知理论的基本假设是,人具有主体性能力或意向性能力。这一假设也成为社会认知理论的一个关键假设。社会认知理论假设人类具有自我反思和自我调节能力,认为人类不仅是环境的消极反应者,而且是环境的积极塑造者。正如班杜拉所指出的:人们不只是由外部事件塑造的有反应性的机体,而且还是自我组织的、主动进取的、自我调节的和自我反思的主体。

　　根据社会认知理论,在人类个体的适应和改变过程中,认知过程、替代性经验、自我调节和自我反思过程的核心地位应当得到认可。人并不应被视为单纯由环境所影响和塑造、由内心的潜在意识驱动的被动客体,而应当是可以主动进行自我组织、反思和调节的主体。在这一过程中,行为改变都是以一个极为重要的认知机制——自我效能——为主要中介完成的。

　　自我效能感(self-efficacy)是指人们对自身能否成功实现某个特定任务所具有的信心,也就是一个人对能成功地执行某项特定行动任务的期待,也叫自我效能期待(efficacy expectation)。自我效能直接影响到个体执行某项活动的心理过程以及心理机能的表现。根据社会认知理论,自我效能感的这种影响主要体现在四个方面,即行为选择、动机性努力、认知过程以及情感过程。

　　这四个方面都和体力活动行为的采纳和坚持息息相关。因此,应用社会认知理论理解体力活动的研究众多,其中相当多的研究集中于探讨自我效能对于体力活动行为的采纳和坚持所起的关键作用。首先,McAuley 和 Blissmer(2000)发现,自我效能和体力活动行为之间存在相互促进的交互关系。自我效能可以作为体力活动的前因(antecedent),促进体力活动的发生和坚持(McAuley,1993),也可以是体力活动行为参与的结果(consequence)。

　　自我效能之所以可以对锻炼行为产生显著的影响,其重要原因在于,在坚持进行锻炼这一具有挑战性的任务的过程中,自我效能可以充分调动人们从事这一健康行为的动力,并调节人在体力活动参与过程中的情感反应、主观感受等因素(McAuley,Courneya,1992)来克服锻炼中的困难,从而提高锻炼的坚持性和依从性。很多研究发现,自我效能更高的人在锻炼过程中对于生理反应的主观疲劳感受更为合理(Hu et al.,2007)、情感更为积极(Jerome et al.,2002),使得他们在面对体力活动挑战时具有更明确的目标、更为坚定的克服困难的决心,付出更多的努力(McAuley et al.,2005)。因此,在体力活动的坚持方面,学者们也强调一个重要的概念——障碍自我效能(barrier self-efficacy)。McAuley和Courneya(1992)的一系列研究表明,在锻炼的不同阶段,个体克服障碍的自我效能也有所不同。处在越高的锻炼阶段,障碍自我效能越高,而障碍自我效能和参与锻炼的频率和坚持性有关,这显然与上文中提及的阶段行为理论的观点有着一定的契合度。

　　当然,自我效能并非社会认知理论的唯一核心变量。Bandura(1999)还在这一理论中加入了目标设置(goal setting)、效果期待(outcome expectation)、自我管理(self-regulation)等概念。效果期待是其中的核心变量,在社会认知理论中,这一概念与自我效能是明确区分开的,并在社会认知理论的构建中起着重要作用。虽然社会认知理论是一个系统化的理论体系,包含着诸多的因素,但在很多学者看来,自我效能和效果期待是其中的两大核心支柱。社会认知理论的重要假设在于,行为的改变和维持是人们对于自身完成任务的能力的预期(自我效能)以及完成该行为所能产生的结果的预期(效果期待)所共同作用的结果。这一点并不难以理解,其基本原则很简单:人们的行动在于追求收益最大化和投入最小化,这是人类和动物活动的一个普遍存在的重要准则。Williams(2005)的综述发现,效果期待和体力活动参与在不同人群中均存在显著的相关性。此外,社会认知理论中的一些重要概念,如社会支持、目标设定、自我调节等也可能会对体力活动行为产生重要影响。

　　对本书重点关注的儿童青少年体力活动,国际上也有相当数量的实证研究和综述研究进行探讨。这些研究普遍认为,社会认知理论中的核心概念,包括自我效能、社会支持、目标设定等都是儿童青少年群体中体力活动行为的重要相关因素(Biddle,Goudas,1996;Duncan,Duncan,Strycker,2005;Van Der Horst et al.,2007),其中不乏来自纵向研究(Trost et al.,2001)的实证证据。这些研究通过一系列的实证研究,以相关分析和回归分析为主,发现以上构成社会认知理论的各个要素与儿童青少年体力活动行为存在相关性,而这种得到持续验证的相关关系为基于社会认知理论对体力活动行为进行干预提供了基础。

　　然而,这些研究并不能被视为真正的应用社会认知理论的体力活动行为研究,因为这些研究并未基于该理论的理论架构而进行,并没有通过检验这些变量之间、这些变量与体力活动行为之间的相互关系来对该理论模型进行验证。

　　需要认识到的一点是,当前多数应用社会认知理论来解释、预测和干预锻炼行为的研究有"碎片化"的趋势。也就是说,这些研究往往选取一个或者几个社会认知理论的指标进行研究,而缺乏整体的把握和探索。这样的做法忽略了一个事实:社会认知理论是基于个人、行为和环境三者之间的互动决定论,涵盖了这些方面的诸多重要因素而构建的系统理论框架。因此,研究者们需要对相对比较完整的理论模型进行检验,才能确定这一重要理论在儿童青少年人群中的应用价值。

　　Ramirez、Kulinna 和 Cothran(2012)以 479 名 4—6 年级的小学生为对象,测量了其中 5 个重要的社会认知理论变量——自我效能、效果期待、社会支持、目标设置、障碍,并通过验证性因子分析检验,发现该理论构建的理论模型可以有效地解释其中所有心理变量的方差(9%到 15%不等),以及体力活动行为的方差。然而,对体力活动行为的方差解释率偏低,仅为 2%。另外,Trost 等(2003)以及 Biddle 和 Goudas(1996)都将社会认知指标纳入对儿童青少年体力活动的解释模型中,并认可这些指标(自我效能、目标等)在预测体力活动行为的模型中所起的显著作用。但这些研究都只是应用了一些社会认知理论中提及的变量,并且纳入了其他的理论变量(动机、感知的运动能力等),并非专门性的检验社会认知理论的研究。

　　对社会认知理论对体力活动行为的解释和干预进行探索是有着实践指导意义的。我们知道,要解决我国儿童青少年体力活动参与不足的问题,需要从行为层面上提升他们完成中高强度体力活动的比例。而成功实施这一工作的前提是针对那些影响他们的体力活动行为的因素进行调整和干预,只有这样才能做到有的放矢、事半功倍。

　　很多综述回顾了儿童青少年中体力活动的相关因素(Biddle,Goudas,1996;Sallis,Prochaska,Taylor,2000;Van Der Horst et al.,2007),发现其中相当多的因素是人口学变量(年龄、性别、家庭社会经济地位等),以及人格等相对比较稳定、难以改变的指标,而行为干预的实施通常只有针对那些具有灵活性、可以调整的指标开展,才可以产生显著的效果。社会认知理论中的核心指标都是可以进行有效调节和干预的社会、认知和心理层面的指标。正是因为社会认知理论认可人在与环境进行交互影响的过程中所具有的自我调节和反思能力,它可以灵活、有效地被应用于干预研究中,并获得成功。

　　基于社会认知理论的体力活动干预研究很大一部分是围绕着对自我效能的干预开展的。这是因为,自我效能作为该理论的核心指标,被发现是调节和影响健康行为的关键机制,其影响行为的中介作用早在 Bandura(1997)的著作中就得到了阐明,并得到了广泛的研究证据支持。另外,在社会认知理论体系中,还阐述了自我效能的来源,以及如何针对这些来源对其进行调节,从而有针对性地干预目标行为。无论是对于研究者还是实践者而言,这无疑都是具有很强的指导意义的。

基于长期的理论思辨和实证研究,班杜拉总结认为,自我效能感的形成主要来源于四种不同的途径。

1. 过往经验(past experience)

影响个体自我效能感的首要因素是以往成败的经验。对于这一来源,英文中有着不同的表述,如过往经验、过往表现(previous performance)、成功经验(mastery experience)等。但无论怎样表述,指的都是针对自我效能所指向的任务本身在过去所获得的经验,尤其是成功的经验。例如,一名中学生在被选拔参加数学奥林匹克竞赛的时候,他判断自己能否成功胜任这一任务,首先会想到自己在之前的数学学习或者其他的学业考试中的表现如何。而一般来说,成功的经验有助于形成较高的自我效能感,而失败的经验则会打击个体的自信心,通常会降低个体的自我效能感。

当这名中学生认为自己在数学学习上的表现较好时,他可能会有信心认为自己在接下来更具有挑战性的奥数学习中可以表现得好,从而接受这一挑战,且按照自己的判断去学习,拿出好的表现。然而,也存在其他可能,一个自我效能感较低的人,会低估自身获取成功的能力,即使通过艰苦的努力获得成功,他们依然会怀疑自己的能力,而不去追求进一步的成功。所以,过往经验在这里只是信心构建的"原材料",很多因素对于人们如何在认知层面上接收和处理这些信息,以及生成对自我能力的判断都会产生影响,因此,还需要考虑自我效能感的其他来源。

2. 替代性经验(vicarious experience)

人们在考虑自身是否具有完成某项任务的能力的时候,往往会观察其他人的表现,从而获得替代性经验,并参照这种经验对自身完成任务的能力进行评估。这一点往往也被称为示范效应或者社会榜样(social modeling),这也是我们常说的:榜样的力量是无穷的。人们在面临一项任务时,如果看到跟自己相似的人可以成功完成,他们就会相信自己也有能力成功;相反,失败者的案例则会使个体怀疑自己进行相似活动的能力,进而会降低自我效能感。

替代性经验毕竟是间接得来的,因此对于自我效能感的塑造作用相比个体自身直接获得的过往经验要弱一些,也就是人们常说的"绝知此事要躬行"。然而,当人们对自身的能力产生怀疑的时候,或者是人们并没有多少过往经验可以借鉴的时候,替代性经验的重要性就凸显出来了(Plotnikoff et al.,2013)。

同样,以中学生参加奥数竞赛的例子来看,当他刚开始接触奥数竞赛的时候,他所接收的更多是"奥数题目很难""竞赛很激烈"等信息,对自身的能力产生怀疑不足为奇。加之他并没有参加过奥数学习,并无过往经验可以借鉴,这时候他便往往去寻求其他参加了奥数学习的同学的例子,参考他们的经验和表现,以此为基础判断自己是否具有成功参加奥数学习和比赛的能力。

班杜拉在对替代性经验进行阐述的时候强调了替代性的榜样与个体需要具有相似性,这一点是很重要的。个体和其榜样之间在年龄、性别等指标上越相似,要完成的任务的关联性越强,榜样对观察者自我效能的影响就越大;反之,如果观察者发现榜样与自己在一些特征上有着较大差异,那么榜样的行为以及该行为产生的结果在其看来借鉴价值就会大打折扣,也就不太可能对个体的自我效能感产生较大的影响。出于文化的原因,小学生更容易参照身边同伴的表现,受同辈压力(peer pressure)的影响更大。也正因如此,将西方学者班杜拉提出的社会认知理论应用于我国儿童青少年的锻炼干预研究和实践过程中,有必要充分考虑文化因素的影响。在文化背景、社会价值取向等方面有很多有价值的研究问题值得深入探索。

3. 言语劝说(verbal persuasion)

个体的自我效能也受其他人所给予的言语劝说的影响,这一来源也时常被称为社会劝说(social persuasion)。当人们得到更多鼓励和劝说,告诉他们拥有完成任务和工作的能力时,他们更有可能对自身完成该任务的能力持积极评价,并投入更多的努力,以更强的毅力坚持下来;尤其是当人们在从事一个特定任务的过程中开始对自我感到怀疑时,这样的社会说服作用就更加明显。因此,社会劝说的作用在自我效能感的形成过程中是非常显著的。在学习的过程中,学校老师对于表现良好或者有进步的学生时不时地给予言语表扬,这有助于提高学生的学习自我效能感。在以上的例子中,该中学生如果对参加奥数学习产生畏难观望心理是很正常的,但如果家长和老师认为他具有潜力,给予足够的言语鼓励,很有可能促使该同学树立学习的自信心,进而投入学习和竞赛中。

当然,言语劝说并非空洞、口号式的鼓励。有效的言语劝说必须以实际可以达成的目标为导向,对劝说对象进行扶持,提升其自信心。另外,研究者们发现,积极正面的劝说可以起到鼓励作用,而消极负面的言语劝说则可能会减弱自我效能。实际上,负面劝说的负面影响可能比正面劝说所起的作用更大、更直接。这一点在健康行为和锻炼领域已经通过实验研究得到了证实。

4. 情绪和生理状况(physiological and emotional states)

人们在考量自身是否可以完成某项特定任务的时候,往往会下意识地考虑自身的生理和精神状态是否足以支持自己完成任务。而且,生理唤醒、焦虑、抑郁、压力水平也会对自我效能的判断产生影响。

从生理状态的角度来判断自我效能是比较容易理解的。如果一个人早上需要完成30分钟的跑步计划,而在前一天他出现失眠的情况,在早上起来的时候出现头昏乏力的情况,那么这种生理状态会影响他对于完成跑步 30 分钟这种运动任务的能力的判断。同样,对于心理状态的判断也会影响人们完成任务的信心。人们在面临一项任务的时候,如果有强烈的情绪反应,往往就提供了一个评价自我效能感的重要线索,帮助人们预测是否可以成功完成该任务。如果他们产生了恐惧的负面想法,这种情感反应本身就可能降低自我效能感,而且激发更多的压力和不安,从而更容易导致他们所担心的失败表现。当然,一些生理和心理反应对于自我效能感的影响是独立于任务线索之外的,换而言之,其效果和任务本身无关。例如,当一个人沉浸在抑郁情绪中无法自拔的时候,无论是让他跑 3 公里,还是 5 公里,他都可能认为自己无力完成。因此,提升一个人的身体和精神状态,减少负面情绪,在很多情况下是增强自我效能感的重要方式。由于一个人是具备对自身的思维和感受进行调节的能力的,因此,对自身的思维和感受进行有意识的积极引导和调节,也可以进一步激发身心状态的提升。

正因为自我效能对体力活动行为的影响作用显著,并可以通过以上途径进行提升,很多体力活动干预研究关注自我效能对于体力活动行为的影响,相关的研究探索颇多。在应用自我效能等社会认知指标,针对儿童青少年进行的体力活动干预研究中,帝希曼(Dishman)的研究团队进行了一系列较有代表性的研究。首先,该团队通过纵向研究探讨了自我效能对于高中女生体力活动下降趋势的影响,并发现这一影响通过自我管理策略(Dishman et al.,2005),以及目标和行为意向(Dishman et al.,2006)的作用而产生,这为社会认知理论在中学生中的应用提供了实证基础。

随后,在一项对中学生的随机分组干预研究中,Dishman 等(2004)发现,自我效能在体力活动干预中起着中介作用,也就是说,干预可以起到促进体力活动水平的作用,而这一作用在很大程度上是通过自我效能实现的。如果自我效能不能得到有效提高,体力活动干预的效果也将大打折扣。此外,另一个重要的社会认知因素——目标,也对体力活动干预的效果起着显著的中介作用(Dishman et al.,2005)。

一个现象值得注意:社会认知理论模型的构建在不同的研究中未必相同。以其核心的自我效能指标为例,其在以体力活动为因变量的模型中处于不同位置。在 Ramirez、Kulinna 和 Cothran(2012)以及 Dishman 等(2004)的研究中,自我效能作为初始指标而存在,对其他社会认知变量(效果期待)以及因变量(如体力活动)产生直接影响,但在 Dishman 等(2005)的另一项研究中,这一变量则作为中介变量存在。

从这些研究来看,自我效能对于锻炼行为的影响,既可以是直接产生的,也可以通过其他变量间接施加。换而言之,自我效能在体力活动行为的干预中,与其他的环境、个体、行为因素产生交互作用,这一作用的表现形式可以是直接的,也可以以中介变量/调节变量的形式产生。同样,一些其他的重要社会认知指标所起的作用,也可以表现为不同的形式。

在遵循班杜拉提出的社会认知理论模型构想,充分认可个体、行为和环境的三元互动关系的前提下,对儿童青少年体力活动行为的社会认知理论模型的构建和检验存在多种可能,对于关注体力活动行为和锻炼行为理论的研究者而言,这无疑是有趣且值得深入探索的话题。但无论从理论探讨的角度如何考量自我效能和其他社会认知变量对于体力活动行为的影响,应该说,在实践层面,这些研究都肯定了自我效能在体力活动干预工作中的作用,强调了自我效能作为干预的核心变量的必要性和可能性。接下来的问题显而易见,即如何发挥自我效能这一重要变量的作用来促进体力活动行为的提升,帮助人们获得体力活动行为相关的健康收益。自我效能这一变量具有高度的情境特异性(situation-specific),因此,实践者们完全可以在研究者厘清自我效能的来源的基础上,确定调整和干预自我效能的具体应用策略和方法,应用于体力活动的干预促进实践中。

班杜拉虽然提供了基于自我效能的来源进行干预的原则和方法,但在儿童青少年群体中还需要通过实证研究来确立自我效能干预的具体方法和效果。对于自我效能的干预可以通过给予特定的行为及表现的反馈的方式来实现。多项以大学生为对象的研究对自我效能这一可调控的认知因素进行了有针对性和目的性的人为干预(Hu et al.,2007;Jerome et al.,2002;McAuley,Talbot,Martinez,1999)。具体的方法是,将被试随机分为自我效能增加组和自我效能降低组,让被试完成一次运动测试,然后无论测试结果如何,都给他们提供预设的虚假反馈。自我效能增强组的被试会被告知,他们的运动能力和同年龄、同性别的人相比是具有优势的(例如,相比同龄人而言处于最高的 20%);而自我效能降低组的被试则被告知,他们的运动能力处于同年龄、同性别人群的低位(例如,相比同龄人而言处于最低的 20%)。这种对自我效能的干预是基于自我效能的重要来源而实现的,主要包括过往的成功经验和替代性经验。这些干预研究都发现,如同预期的那样,得到积极的运动能力反馈的被试与收到消极反馈的被试相比,自我效能水平得到显著提高。但自我效能提高能否带来积极的心理情感体验,结果不尽相同。

Turner、Rejeski 和 Brawley(1997)以 46 名女性(平均年龄 18.3 岁)为对象进行互动干预,发现实验组得到更丰富积极的社会交流支持,而对照组的交流环境较为平淡。结果发现,实验组的自我效能水平相比对照组得到了显著提高,但这种提高并未带来更积极的运动激发的感情。而 McAuley、Talbot 和 Martinez(1999)以及 Jerome 等(2002)分别对 46 名大学女生和 59 名大学女生进行自我效能干预,结果均发现对高自我效能干预组进行的正向反馈成功地提高了被试的自我效能,而这种提高也使得她们比低自我效能干预组的被试有着更积极的情感反应(affective response)、更低的心理忧伤和疲劳水平。另一项研究(Hu et al.,2007)采用相同的研究方式,也发现自我效能干预可以提高高效能实验组的自我效能,并使她们对运动的体验比低效能实验组更为愉悦。另外,这一关系在高运动强度的情境中表现得比在低运动强度的情境中更为显著。这也符合社会认知理论,因为在这些研究中,被试进行的高强度运动是在跑台或者功率自行车上完成的递增负荷测试,心率和摄氧量达到了最高值,是具有挑战性的。根据社会认知理论的解释,自我效能在面临更有挑战性的任务时发挥积极作用的空间更大,对行为的预测力更强。

在我国也有研究曾依据此研究范式,对中学生进行了自我效能的实验干预研究(Hu et al.,2016)。该研究发现,中学生的锻炼愉悦感总体水平不高,但更容易受自我效能干预的影响。以上对自我效能的实验干预范式可以显著改变中小学生的自我效能水平,而自我效能的提高可以使人们从事体力活动的愉悦感高于自我效能降低组。愉悦感是和体力活动参与有着密切联系的重要指标。因此,在当前我国青少年体质持续下降的背景之下,这一结果尤有现实意义。这说明在青少年时期这一心理和体质成长的关键时期,他们对于锻炼的信心(自我效能)在认知层面上存在很大的调控空间。因此,学校、家长和教师可以多方面合作,从自我效能的来源着手,通过多种形式的鼓励、劝说、反馈、营造社会支持等方式来提升他们的锻炼信心,使其从事体育锻炼时的愉悦感更高、情感体验更为积极。在这种情况下,他们会更有可能充满动力地从事体育锻炼,从而促进其体质健康水平提升。反之,如果体育课堂表现、运动测试成绩不理想等负面信息过多地被传达给青少年,很可能打击他们的自信心,对他们投身体育锻炼、增强体质的努力是极为不利的。

殊为可惜的是,在中文期刊数据库中进行检索后发现,当前应用社会认知理论的体力活动研究几乎全部集中于大学生以及工作的人群,在我国数量庞大,并且对体力活动干预的有效心理和行为干预方法需求迫切的中小学生群体中,此类研究还极为少见,尤其缺乏对社会认知理论模型的检验,这是亟待加强的研究领域。

另外,各种研究反复证明,自我效能被反复证明与锻炼行为存在稳定、持续和较强的相关性,而且这一关系是双向的(McAuley,Blissmer,2000)。也就是说,自我效能不仅是锻炼行为的预测/决定变量(predictor/determinant),也可以是锻炼行为的结果变量(outcome)。换言之,自我效能高的个体从事体育锻炼的信心更强,更容易积极坚持锻炼;而坚持积极锻炼的行为也会帮助人们建立和增强体育锻炼的信心,这一点在青少年中也是成立的(Park,Kim,2008)。也就是说,一方面,自我效能可以对锻炼行为起到解释、预测和影响的作用;另一方面,无论是短期还是长期的体力活动参与又都将显著提高人们对于完成体力活动目标的信心,带来自我效能的增加。因此,自我效能的提高与体力活动行为的促进可能存在相互促进提高的正向循环关系。这也给研究者提供了一个思路:可以应用纵向研究的范式,对自我效能与体力活动行为之间的关系进行长期跟踪检验,这无论是对于理论的探索还是实践的应用都有着重要意义。

总体而言,社会认知理论具有对体力活动行为很强的解释力,尤其对于完成具有挑战性的锻炼任务和开始新的锻炼计划具有很强的预测能力。另外,这一理论的核心变量(如自我效能)可以应用于干预研究中,帮助人们积极地与环境进行互动,指导和调整自身的行为,实现坚持锻炼、增进健康的目标。而其他一些理论的核心变量,如计划行为理论中的行为意向、自我决定理论中的动机等变量虽然也得到了诸多关注,但相对而言,缺乏成熟的基于理论并有很强可操作性的干预范式。

当然,需要认识到,研究者们也发现了社会认知理论的一些不足。当一项技能变得熟练、任务不再有挑战性的时候,社会认知理论对于行为的解释力有所降低(Plotnikoff et al.,2013)。这提醒实践者们,当个体的行为进入了熟练稳定阶段时,考虑自我效能等社会认知理论的变量在对体力活动进行解释、预测和干预方面的作用是否进入了瓶颈期,以及在行为的巩固阶段如何有效破解这一难题。

第五节　社会生态模型

一、社会生态模型概述

人们生活在一定的自然和社会环境之中,个体的行为在很大程度上受环境因素的影响。1986 年,在加拿大渥太华召开的世界第一届健康促进大会通过的著名的《渥太华健康促进宪章》就明确提出,健康促进工作有五个领域的工作要做:①建立健康的公共政策;②创造鼓励健康行为的环境;③加强社区层面的行动;④发展个体的健康管理技能;⑤重新制定健康服务的导向,以利于健康公共服务机构更好地完成人们的健康行为促进工作,而不是仅仅停留于治疗疾病、照顾病人。不难看出,其中四个领域的内容都涉及环境和政策层面的工作。

体力活动归根结底是一种健康行为,诸多心理和行为理论都认可了环境对于个体行为的影响,而社会生态模型是这方面的突出代表。社会生态模型由美国心理学家布朗芬布伦纳(Bronfenbrenner)提出,最早用于研究发展和教育心理学中儿童发育成长的各种影响因素,关注个体的成长发育和变化的环境之间的关系。随后,McLeroy 等(1988)的研究对影响个体行为的个人和社会因素的内涵进行了进一步拓展,并将社会因素分为人际、组织、社区、公共政策等影响人们体力活动行为的不同层次。Wendel-Vos 等(2007)在其综述中,对社会生态模型的应用进行了进一步完善,将模型中的远端环境影响因素进一步细分为物理环境、社会文化环境、经济环境和政治环境。

发展至今,社会生态模型已经形成了较为完备的理论体系,并得到了学术界的广泛关注。该理论模型重点关注个体的行为会受到不同层面的环境因素(如社区环境、社会价值、政策、文化等)的影响。通过综合考虑个体内层次、人际层次、组织层次、社区层次、政策层次等对体力活动参与的影响,社会生态模型旨在更全面和细致地理解体力活动行为的影响因素。这也正是该理论体系中"生态"一词的核心要义,指的是个体与自然和社会文化环境的交互(Sallis, Bauman, Pratt, 1998),尤其强调环境因素存在不同层次。因此,个体与不同层次的环境因素之间的作用是相互的,而且是多层次的;尤为值得考量的是,这些多层次的环境因素之间也存在相互关联的关系,这些相互关系可以作用于个体内部、个体与个体之间、个体与社区和政府之间,这些交互共同形成与个体行为息息相关的一种生态,对这种生态进行适当的改变可以给个体行为带来相应的积极改变(李小英,燕子,2010)。

社会生态模型在基于对个体行为与不同层次的生态学要素相互作用关系的基础上,提供了人们对行为进行干预的指导性框架和策略。在健康心理学研究领域,McLeroy 等(1988)对该理论模型进行了发展,提出了应用于健康促进领域的生态模型,该模型已经被大量应用于吸烟、酗酒、安全性行为等健康相关行为的解释和干预工作,取得了一定的成功。

在体力活动行为的干预领域,基于社会生态模型的研究和实践应用工作还处于相对初期的起步阶段。朱为模(2009)探讨了环境因素,即社会生态模型的宏观层次的环境变量对步行等体力活动的影响。李小英和燕子(2010)基于社会生态模型的理论框架,对社会生态模型在体力活动行为领域的研究现状进行了介绍,讨论了社会支持、政策法规等不同层面的因素对于个体体力活动行为的影响,并且讨论了如何运用生态模型干预锻炼行为,以及在中国特定国情中社会生态模型的应用前景。

钟涛、徐伟和胡亮(2014)也对社会生态模型在体力活动研究领域的应用进行了讨论,依据该理论框架,他们将体力活动相关的人际因素定义为正式的和非正式的社会网络,例如社会准则(social norm)、家庭、同事、朋友提供的社会支持(social support)等;组织因素包括组织特征,包括了其中正式的和非正式的规则,例如在工作场所内设置促进体力活动的一些规则,不使用电梯、在工作间隙开展体力活动等;社区因素指有确定边界的组织机构对个体行为的影响,这包括了在居民小区设置健身设施、鼓励骑自行车上下班等;公共政策因素指地方的法规乃至国家的法律和制度,例如在城市中设立更多步行道和自行车道,将健身支出部分纳入医疗保障中,推动体医融合等。

总的来看,社会生态模型的观点被诸多学者认为具有很高的合理性、全面性和逻辑性。其突出的一个优势在于,该理论模型从个体内层次、人际层次、组织层次、社区层次和政策层次五个不同层面分别讨论了这些层次的因素对于个体体力活动行为的影响。从当前研究来看,其中个体内层次和人际层次在之前的一些锻炼行为模型(健康信念理论、计划行为理论、阶段理论、社会认知理论等)中得到的关注和解释较多,但这些理论模型对于组织、社区和政策层面的关注和考虑较少。而之前已经有大量研究证据显示,组织、社区和政策层次对于个体的体力活动行为有着重要的影响。尽管这些实证研究证据多少有些分散,并没有形成有机的证据体系,从而为社会生态模型提供系统完整的支持,但其重要性不容忽视。不少研究分别尝试将这些不同层次的要素在社会生态模型中进行整合,并应用于儿童青少年的体力活动行为研究领域。

二、社会生态模型在儿童青少年体力活动行为研究领域的应用

随着社会生态模型的不断发展和完善,学者们早已开始探讨其在解释和干预儿童青少年体力活动行为领域方面的价值。儿童体力活动研究领域的著名学者詹姆斯·萨利斯(James Sallis)是较早关注生态模型的研究者。早在 20 世纪 90 年代,其研究团队就开始关注环境和政策对于个体体力活动的影响,在其早期的综述讨论性论文中(Sallis,Banman,Pratt,1998;Sallis et al.,2006)明确提出了基于生态模型构建体力活动行为促进策略的重要意义,并提出了一些理论构想和具有可操作性的建议,其中着重讨论了社区、环境和政策对于人们体力活动行为的影响。其基本观点主要包括,鼓励人们在日常生活和工作中更多进行体力活动(例如张贴宣传语、鼓励使用楼梯等)、制定宏观的体力活动和健康促进政策等方式,都可以是有效的体力活动促进手段。另外,他们也将体力活动分为工作、交通出行、家务、闲暇四个范畴,讨论了在这几个范畴之内如何基于生态模型进行体力活动促进工作,并分别讨论了行为科学、公共政策、城市设计、公共卫生、休闲等不同领域的学者如何基于这一模型开展积极生活方式研究(active living research),并进行合作,发挥各自的作用。

通过对一些前人的研究进行总结,Sallis、Banman 和 Pratt(1998)认为,基于生态模型构建的健康促进策略是在人口学意义上进行健康行为促进的最为有效的手段。然而,他们也指出,虽然生态学因素对个体的体力活动行为可以产生重要影响,但是合理的、具体化的概念模型还较为缺乏。此外,该生态模型涉及的因素众多,使得研究者难以同时对这些变量与体力活动行为,以及这些变量之间的关系进行全面的探索。这也是该理论模型应用于体力活动行为研究的一个显著障碍,这一点在儿童青少年的体力活动研究中同样有所体现。很

多的研究主要停留在基于该理论框架的方法学探讨方面，而不是理论模型的实证检验方面。

Elder 等（2006）曾基于社会生态模型讨论了如何构建针对青少年女生的体力活动干预项目（Trial of Activity for Adolescent Girls，TAAG）。在其研究的框架中，环境和政策因素是着重考虑的因素。他们将环境层面又细分为学校和社区环境因素两个部分进行论述。其中特别提到了在学校，不仅需要对体育课程进行改造和重新设计，增加体育课程的强度，还强调了需要在社区层面加大体力活动促进工作的设计和实施力度。尤其是考虑到儿童青少年在社区度过课余的大部分时间，而且基于社区的活动可以促使家长积极参与，充分发挥家庭在青少年体力活动行为促进方面的积极作用，并且给儿童青少年一个宽松的环境，而不需要考虑成绩、考核等因素的压力，更有利于他们充分发挥自主完成体力活动的积极性。

值得一提的是，学校和社区相结合的方式被普遍认为是促进体力活动的有效方式。美国疾病控制与预防中心以及各方专家合作发布了《促进青少年终身体力活动的学校和社区项目指南》（Baranowski et al.，1997）。该指南推荐，对于儿童青少年而言，提升其整体体力活动水平的最好方式是，为其创造充满乐趣的学校、社区和家庭环境。Elder 等（2006）指出，将这三个系统有机联系起来，可以有效地提升儿童青少年的体力活动水平，这也正是与社会生态模型着重强调环境和政策因素的理念相符的。然而，值得注意的是，这些研究更多是讨论了基于社会生态模型开展儿童青少年体力活动促进工作的一些理念，但还比较缺乏基于实际的调研和干预研究所获得的实证研究证据。

同样值得注意的是，社区层面的儿童青少年体力活动行为促进工作也是我国当前的相关研究和实践领域中所相对缺乏的，这一点在城市社区中表现得尤为明显。随着城市化进程的加快，我国的城市居民人口不断增长，社区呈现人口聚集的趋势，但社区的人际交往并没有加强，反而有减弱的趋势。城市儿童在居住地的户外体力活动大量减少，这有着多方面的原因：首先，由于学业压力过大，中小学生需要将大量的时间用于文化学习，甚至疲于奔命地应付完成作业的任务（Li et al.，2007；章建成等，2012）；其次，由于居住用地资源的紧张，社区中适合儿童青少年运动锻炼的场所并不充裕，尤其是对于足球、篮球等集体项目而言，能为儿童青少年提供足够活动场地的社区并不常见；最后，随着独生子女的增加，以及邻居之间相互交往的减少，与兄弟姐妹或同伴一起玩耍进行体力活动的机会也并不多。

我国学者早已开始讨论社会生态模型是否可以用于儿童青少年的体力活动行为研究领域。苏传令（2012）从个体水平、人际水平、组织水平、社区水平和政策水平方面对社会生态模型在青少年体力活动行为中的应用进行了探讨，分别在这些水平中筛选了一些突出的因素，例如自我效能、乐趣、社会支持（包括来自父母和朋友同辈的)、学校环境、社区安全性等,并重点讨论了这些因素对儿童青少年体力活动行为的影响。

另外,董如豹(2016)从社会生态模型的视角,对美国和新西兰的身体活动促进研究进行综述和提炼,分析了不同微观系统对青少年身体活动产生影响的因素,总结了促进其身体活动的理想模式。其结论认为,家庭在青少年身体活动促进工作中发挥着非常重要的作用,强调家长需要发挥榜样示范作用。同时,学校可以通过制定身体活动促进策略、设计体育教育课程、安排课间休息等途径,建立积极的体力活动校园文化;社区则可以开展社区活动、提高环境的舒适度和安全性等工作。这些多方面、多层次的工作可以形成合力,一起有效地促进儿童青少年的体力活动行为。

韩慧和郑家鲲(2016)基于西方的青少年体力活动研究,从社会生态学角度对儿童青少年体力活动行为的影响因素进行了梳理,探讨的影响因素包括了个体因素(身体自我、自我效能等)、人际因素(社会支持、家庭结构、社会规范等)、机构因素(运动场、设施和空间设计等)、社区因素(支持性社区环境、媒体传播、建成环境等)、政策(体力活动教育政策等)。

然而,值得注意的是,当前对于社会生态模型在儿童青少年体力活动研究领域应用的理论性探讨和综述较多,我国学者发表了多篇社会生态模型视角下的青少年体力活动研究概述(洪丝语等,2018;李岩松、张春华,2017;苏传令,2012;王东敏、陈功,2017),但这些研究更多是围绕该理论的框架和应用的可行性进行探讨,只有相对比较少的一些研究对个体、人际、组织、社区和政策层面的一些因素分别进行测量。例如,有研究讨论了同辈朋友对于青少年的健康行为的重要影响(Moran et al.,2017),Sallis 等(2009)指出,社区环境和体力活动政策都直接影响儿童青少年的体力活动行为。我国学者何晓龙(2015)探讨了建成环境因素对儿童青少年中高强度体力活动的影响,考量的因素包括儿童青少年上下学通勤距离、居住小区以及学校周边的绿化、交叉路口密度、开敞空间分布、户外运动场地和设施等。结果发现,增加儿童青少年居住小区周边运动场地、运动设施和街道交叉路口的密度有助于增加儿童青少年的中高强度体力活动量。研究建议,在进行城市规划时,加强小型运动场地和设施的建设以及不同土地板块间的连通性规划。这一研究成果也与国外众多的相关研究相一致。从政策层面,多名学者讨论了青少年体育政策在青少年体力活动促进中的作用(黄珊,2016;李东斌,2014;韦云秀,2015;张锡娟,2014)。这些测量和评价显得有些分散,并没有形成整体的理论模型检验,但至少从社会生态模型所设计的各个层面上对体力活动行为的相关因素和决定因素进行了检验,这些研究证据虽然有些零散,但至少为该理论提供了依据,可视为形成该理论框架的"拼图"。

总体而言,对社会生态理论模型涉及的多个层面的因素都进行测量,并系统检验模型有效性的研究还较少。代俊和陈瀚(2018)选取了社会生态模型所涉及的个体层面、人际层面和社区层面的一些指标,包括自我效能、身体活动益处/障碍、身体活动愉悦感、家庭支持/同伴支持、社区环境,基于这些预测变量,研究者通过结构方程模型分析方法,对 2942 名青少年校外身体活动行为的多重因素及各层次因素的影响路径关系进行了检验。结果发现,青少年的身体活动愉悦感、社会支持和社区环境因素都直接影响青少年的校外中高强度身体活动量,而且这些不同层次的因素会互相影响。另外,人际(个体间)层面的同伴支持和家庭支持,以及个体层面的自我效能和活动障碍对青少年校外身体活动行为产生直接的影响;而在社区层面,社区环境通过影响自我效能、活动障碍、同伴支持和家庭支持等中介变量间接对青少年校外身体活动行为产生影响;个体层面的活动障碍、活动益处和身体活动愉悦通过自我效能对青少年校外身体活动行为产生间接的影响。该研究是为数不多的基于社会生态模型开展的针对我国青少年体力活动行为的系统性实证研究,并讨论了不同层面的因素对于青少年体力活动行为的影响,以及不同层面的因素相互之间的关系。然而,社会生态模型中的组织机构层面以及政策层面的因素也同样并未在该研究中得以体现。当然,这也正是社会生态模型实证检验研究中的难点。

三、社会生态模型的优势与不足

总体而言,社会生态模型是近些年来体力活动行为理论模型研究领域的一个重要代表。支持这一模型的学者认为,过去的一些行为理论模型(计划行为理论、社会认知理论等)都过多将注意力集中于个体内以及个体之间的心理和社会学因素,但对于更为宏观的环境和政策因素的作用重视不足。这样的担忧并不无道理,因为环境因素可以直接作用于个体行为,也可以通过影响个体内部的心理因素来改变个体行为。很多学者坚定地认为,环境对个体行为的影响既可以是直接的,也可以是间接的,通过潜移默化的方式产生。实际上,建成环境、家庭条件、媒体传播等因素对个体行为的影响可能无时无刻不在发挥作用,这种水滴石穿式的影响是缓慢而强大的,其影响力可能超乎人们的想象。因此,以个体的主观意愿对抗外部环境的努力往往是难以持久的,对于体力活动行为这种需要长期坚持的行为而言,外部环境所起的强大作用不可忽视。

实际上,社会生态模型在戒烟等健康相关行为领域的成功应用,使得越来越多学者坚定地认为,社会生态模型可以成功地应用于体力活动行为的解释和干预(Elder et al.,2006;Sallis et al.,2006)。尤其是考虑到个体的体力活动行为总是需要在一定的环境中产生,社会生态模型对于影响个体行为的环境和政策因素的重视使得该模型得到了很多学者的关注和支持。虽然很少有体力活动行为研究可以基于生态模型的框架将该模型涉及的不同层面的因素都涵盖在内,并轨进行系统全面的考量,但当前越来越多的研究还是提供了一些环境和政策影响体力活动行为的实证证据(Sallis et al.,2000;刘秀荣等,2004)。Elder 等(2006)指出,社会生态模型提供了一个系统性的理论框架,并且有可能与其他更为强调个体因素的社会心理学模型相融合,为儿童青少年的体力活动行为提供良好的解释,并为促进和干预青少年体力活动行为提供科学合理的策略和方法。

然而,社会生态模型的劣势也同样显著,主要表现为:

第一,尽管早期的体力活动行为理论从信念、态度、动机等心理学视角对体力活动行为进行了分析,但是其相对忽视了对体力活动行为产生影响的社会和环境因素的分析,导致了一定的研究局限性。近些年来,更多的学者尝试利用社会生态模型的框架对影响体力活动行为的相关因素做出更为全面系统的分析,在很大程度上是为了克服早期研究的局限性。

但与传统的社会心理学模型相比,社会生态模型给出的变量之间的关系并不明确。该模型仅仅给出在哪些层面有哪些因素需要考虑,但并没有具体讨论这些变量与个体行为之间的具体关系,也无法回答以下问题:在行为干预的实际操作过程中,有哪些因素是最值得重点考虑的? 这些因素如何施加影响? 在这些因素上施加的影响会在多大程度上影响个体行为? 如果无法回答这些问题,社会生态模型就难以在行为干预的实践中提供具体的、可操作性强的指导。

第二,传统的社会心理模型在进行理论检验的时候,可以相对容易地通过相关跟踪研究,对模型涉及的变量进行系统测量,开展令人信服的模型检验分析;同样也可以基于科学严谨的实验设计,对研究涉及的多数变量进行控制,并集中检验部分变量的改变如何影响个体的行为。而社会生态模型更多是给出一个整体框架,很难在一个研究中对该理论涉及的变量进行全面测量,并检验其中的相互关系。在基于社会生态模型进行行为干预研究的时候,也很难做到对其中多数变量进行控制,而对个别或者部分变量的作用进行有针对性的考量。

第三,对环境和政策因素的强调是社会生态模型的优势,但也恰恰是该模型存在的一个挑战。由于不同群体行为产生的环境有所区别,对其产生影响的政策的制定方式和实施途径都存在差异,这使得环境和政策对于行为的作用很难进行量化检验。尤其是政策因素,其作用的发挥是自上而下式的,往往有着滞后性和广泛性的特征,对政策进行定量研究一直是行为研究中的难点。

有一点需要认识到:个体所处的环境和习惯性行为发生地点有所区别,例如,本书所关注的儿童青少年所产生的体力活动行为,可能与老年人的体力活动行为相比,在行为发生地点(青少年更多在学校)、影响政策(青少年的行为受教育政策的影响很大)、使用的设施(更多使用学校和社区中的专门体育设施)等方面存在较大的差异。因此,社会生态模型需要对各个特定的行为、特定的人群,以及特定的问题进行有针对性的考量(Elder et al.,2006),对行为采取的干预措施也需要有所不同。传统的心理和行为模型追求模型的一致性和普适性,而社会生态模型则很难达成这一点。萨利斯等人提出,在体力活动行为促进方案的制定中,应当基于社会生态模型的理论思路,对不同的人群进行有针对性的设计,因此,他们提出了较为细致但也显得繁复的理论构想。在该理论构想中,各个层次都包含了多个因素,存在多种变量组合的可能性。虽然社会生态模型中的一些核心成分是可以在不同人群中普遍适用的,但一旦涉及通过具体的实证研究进行检验,或者用其进行行为干预实践,其普适性就表现得相对较弱。

正因如此,社会生态模型在过去数十年间,在体力活动,尤其是儿童青少年体力活动研究领域的应用存在诸多瓶颈问题。最大的缺陷在于,无论是在国内还是国际学术界,虽然在过去 20 年间,基于社会生态模型的青少年体力活动行为研究不断涌现,并在国际会议上被广泛讨论,但这些研究很多以讨论性的综述文章为主,实证研究相对较少,即使不时出现一些应用社会生态模型对体力活动行为进行解释乃至干预的研究,依然很难做到将该理论模型中涉及的个体内、人际、组织、社区、政策等不同层次的因素都涵盖在内,为这一模型提供具体全面实证研究证据的研究就更是凤毛麟角。因此,从严格意义上来说,虽然这些研究也提供了实证研究证据,但往往只触及该理论的一部分,更多是借鉴了该理论重视政策、社区、组织等外部环境因素的理念,是借鉴其思路,却难以做到像检验一些注重个体和人际因素的理论(如计划行为理论)那样,开展一个完整的理论检验,形成一个清晰地描述多变量之间关系的理论模型。之所以出现这样的局面,是因为社会生态模型涵盖的因素过于复杂,各个不同层面涉及的变量众多,以萨利斯所总结的理论框架为例,该模型在任何一个层面所包含的因素都显得过于繁复,使得变量之间关系的定量化描述变得复杂而难以实现。这是基于社会生态模型开展儿童青少年体力活动行为研究的学者所不得不面对并且着力解决的突出问题。

第六节　体力活动行为理论的总结与框架整合

对儿童青少年体力活动行为的关注由来已久,这主要是因为在行为干预领域,很多所谓的基于询证证据的实践(evidence-based practice)依然普遍缺乏足够系统和正确的行为理论作为指引(Michie et al.,2005)。有鉴于此,很多的体力活动促进研究者和实践者都尝试在行为解释和干预工作中对理论模型进行检验和应用。Ashford(2002)曾对体力活动促进的实践研究工作进行了综述,发现各类研究中涉及的行为理论多达 20 种。显然,从这样庞大的一个理论模型库中寻求研究者/实践者认为最为"合理"的力量是一件具有挑战性的事情。如同一名士兵进入一个庞大的武器库,面临着纷繁复杂的各类工具,难免感到眼花缭乱。这对于从事心理和行为科学研究的学者而言也并非易事。在McKenzie 等(2001)看来,如此多的行为理论势必带来一些实践应用方面的操作性困难。首先,研究者和实践者可能很容易按照自己的喜好去选择一些理论,如同一个士兵选择最喜欢的武器,但这并不一定适用他们所关注的群体(例如青少年)和情境(例如学校体育);其次,诸多的理论使得人们很难以一个统一的标准对这些理论进行选择、应用和检验。

本节着重讨论当前研究者们将行为理论应用于体力活动行为的解释和促进工作中的一些尝试,以及通过这些工作所获取的经验。并且在此基础上,讨论是否有可能将这些理论进行整合。实际上,如果对当前众多行为理论进行梳理不难发现,心理和行为理论虽然表述的模型关系存在很大差异,但很多的心理变量是共通的,只不过在不同的学者看来,这些变量之间的相互关系存在不同表现形式。例如,自我效能被认为是社会认知理论的核心变量,这一变量也同样在跨理论模型和社会生态模型中得以应用和阐述,并在这些理论模型中发挥着重要的作用。这如同建筑设计师可以设计出看起来形态迥异的建筑,但其使用的建筑材料可能是一样的。在学者们看来,理论模型的构建也如同人们搭积木的过程,虽然最后搭建出来的建筑姿态各异,但使用的都是一些同样的积木。这些"积木"便是人们所反复研究的变量,是理论构建的基本材料,西方学者将其称为"建筑基石"(building block)。

著名学者班杜拉就曾对理论研究中所存在的这一现象进行了讨论(Bandura,1998),他认为,在当前的行为理论研究中还存在一个问题值得关注。在心理与行为模型中,学者们所提及的心理概念名称与其内涵存在一定的不对应性,这会使得人们在理解理论模型的时候更容易产生混淆。这种问题存在不同的表现形式,一是同样的一个心理概念,在不同的理论中被命名为不同的名称,但其所指的其实是同一个概念。例如健康信念模型中,对于锻炼所带来的健康效益的信念(health belief)与社会认知理论中所提到的锻炼效果期待(outcome expectation)在所指的概念上有一定的相似之处,都涉及人们对于锻炼这种行为所能带来怎样的健康效益的判断,虽然侧重不同,但具有一定的重合度。另一种情况是学者们在理解和测量心理概念的时候可能会存在误差,这一问题也会使得人们理解和应用行为理论变得复杂甚至困难。例如,自我效能被认为是预测和影响体力活动行为的重要变量。不少研究者曾经应用身体自我效能量表(Physical Self-Efficacy Scale)(Ryckman et al.,1982)对身体自我效能进行测量。但不断有研究证据发现,这一量表测量的概念更接近自尊(self-esteem),而不是自我效能(self-efficacy)。笔者曾经应用 5 个不同的研究所采集的数据,从结构效度、效标效度等多个指标的角度对该量表的信效度进行了重新评估,通过实证数据证实，该量表的名称与其实际测量的概念并不相称，该量表所测量的数据与同一个研究中的身体自尊数据的相关性更高，并显著高于该量表与其他标准的自我效能量表之间的相关性。这一现象在不同的研究中都得到了验证。这充分说明该量表测量的是"自尊"这一概念，也就是个体是喜欢还是不喜欢自己，而不是指向"自我效能"这一概念，也就是个体是否对自己完成某特定行为有足够的信心。

因此，学者们存在一个共识：如果可以对行为理论所涉及的心理概念进行准确的定义（包括概念定义和操作性定义），并基于准确的定义进行科学化的测量，则可以尝试基于理论的"构建基石"，把不同理论的优势加以利用，弥补彼此的不足。这样的设想促使很多学者将行为模型的有效性、简洁性和可操作性相结合，寻找科学有效的理论对其在特定人群进行验证，将其与其他行为理论进行对比，并在实证检验的基础上对理论进行有针对性的适当调整，乃至整合，从而针对特定的对象（如本研究所关注的儿童青少年）进行有针对性的应用与检验。

一、不同行为理论的有效性比较

既然体力活动行为理论如此之多，研究人员和实践者们在考虑对体力活动行为进行研究和干预的过程中，自然会对这些理论进行比较，考虑孰优孰劣的问题。在体力活动行为的理论应用和检验研究领域，最初的很多研究立足于寻找"最好"的理论，理论的检验在很大程度上成为不同行为理论在行为解释以及行为干预方面的准确性的比较。在我国的儿童青少年体力活动研究领域也是如此，学者们在同一个群体中对不同的行为理论进行比较。例如，李京诚（1999）曾选取北京市 2 所高校的 199 名大学生，将合理行为理论、计划行为理论和社会认知理论在同一个样本中进行检验，并比较这些理论对大学生 4 周身体锻炼行为的预测性。在其研究中，主要考虑了这些理论的核心变量，也即行为意向、行为控制感和行为的自我效能感对行为的预测力。结果发现，合理行为理论中的态度变量能够预测未来身体锻炼参与行为的意向；而合理行为理论中的行为意向、计划行为理论中的行为控制感，以及社会认知理论中的自我效能感和行为的自我评价变量能够很好地预测个体身体锻炼参与行为的次数和时间。但如果将这三个因素合并起来，只有行为的自我效能感对身体锻炼参与行为的次数和时间的预测水平达到了显著性的要求，锻炼意向和行为控制感都没有为锻炼行为的预测做出显著性的贡献。如果将三种理论进行比较，社会认知理论的核心变量能更好地解释锻炼行为。

与之类似，李娜娜（2014）以武汉 3 所大学非体育专业的 327 名大学生为研究对象，比较了计划行为理论和跨理论模型预测锻炼行为的差异。结果发现，计划行为理论与跨理论模型均具有较好的整体匹配度，如果将两者相比较，计划行为理论拟合度更高，模型更简洁，但跨理论模型仍然有着应用价值。

相较之下，在对我国儿童青少年群体进行锻炼行为的研究中，较少有研究对不同理论同时进行比较。目前的行为理论的检验中，在对不同理论的应用性进行比较时，往往只能参考不同样本的研究所得出的结果，而由于研究样本的选取存在一定随机性，对研究的结果可能产生一定影响。如果未来研究者可以考虑在同一样本中对多种理论同时进行检验和比较，则可以为不同理论的应用价值提供更为有力的参考。

二、行为理论的调整与整合

在考虑不同的行为理论对体力活动行为的解释存在的差异问题时，研究者们所感兴趣的或许并不仅仅是这些理论在体力活动行为的解释力方面的差异，因为这种差异即使存在，也可以视为一种理论在某一人群或者某一情境下优于另外一个理论，但并不能就此断定这种所谓较优的理论就可以很好地应用于所有人群、所有场景的体力活动促进工作中，因其也可能存在缺陷。因此，研究者也在考虑行为理论研究中的另一个思路：是否可以借鉴一些理论中的变量，来弥补其他理论中的短板？

实际上，一些理论本身就有着相似之处。社会认知理论强调社会认知变量对于体力活动行为的解释作用，但这并不意味着其他的健康行为理论就忽视社会认知指标的作用。举例而言，社会认知理论中包含的一个重要概念——效果期待，指的是人们对其他人如何评价他们实施的行为可能产生怎样的结果所做的预期，以及人们是否希望他们的行为受到这种评价的引导。从某种程度上来说，这一概念和计划行为理论中的社会规范（social norms）的概念有相似之处。Bandura（1997）把效果期待划分为三个方面：身体（physical）、社会（social）和自我评价（self-evaluative）的效果期待。其中社会效果期待和社会规范虽然存在概念界定上的不同，却也有相似之处。

实际上，不少研究试图将社会认知理论融入其他理论，如计划行为理论、社会生态模型等，来提高这些理论的行为预测能力。方敏和孙影（2010）将行动计划概念纳入计划行为理论中对青少年锻炼行为进行研究，发现这一尝试可以将锻炼行为的解释方差提高到 42%。无独有偶，Plotnikoff 等（2013）着眼于计划行为理论的不足之处，对锻炼意向到行为的转换过程进行了探讨。在初始分析中，计划行为理论中的变量共解释了行为方差的 28.3%，这一比例显然并不算高。而加入计划、自我效能和社会支持后行为意向方差的解释度提高到了60%。在意向与行为的关系中，行为计划、社会支持和自我效能起到中介作用，同时朋友的社会支持有一定的调节作用。这些研究中，对计划行为理论进行补充时增加的都是重要的社会认知指标（行动计划、社会支持和自我效能）。这也印证了 Rhodes 等（2006）的观点，他们建议锻炼行为理论应以计划行为理论为基础，通过整合社会认知理论变量来完善理论的建构。

　　同样，在西方针对儿童青少年群体开展的研究中也不乏这样的案例。Dishman 等（2004）通过纵向研究探讨了自我效能对于高中女生体力活动下降趋势的影响，并发现这一影响通过目标和行为意向而产生。这一研究对计划行为理论和自我效能理论中的核心指标都有所涉及，也对这些理论进行了整合。

　　对不同的行为理论进行整合固然可以有取长补短、相互促进的益处，但从实际的研究探索和应用来看，这一做法依然存在一些问题。首先，体力活动行为理论众多，如果每次选取两个理论进行整合，这样进行配对的组合也过于繁多，会使理论探索显得过于随意。其次，不同理论有着其特定的理论框架和思路，体现了不同的学者对于体力活动行为心理成因的特定的思考，这些思考往往在核心的理念上存在不小的差异，其内生源头大相径庭。有侧重于从动机、意愿等个体因素进行探究的（如计划行为理论、自我决定理论），也有理论更加注重认同环境因素对个体行为产生的潜移默化的影响（如社会生态模型），这也或多或少体现了不同心理学流派的差异，如行为主义流派更为看重外部刺激（stimulus）对个体的影响，更倾向于基于个体对于刺激的反应（response）来解释和影响个体行为，而社会认知理论则在认可来自社会环境的刺激对于个体行为产生影响的同时，也在考虑个体如何从认知层面发挥主观能动性、主动创造有利于特定行为发生和维持的环境，并完成个体行为的自我调节。但在对不同理论进行整合的研究中，以哪个理论的思路为主线是需要思考和明确的问题。整合后产生的新的理论，其立场究竟是在哪个流派？其核心理念是什么？这些问题并不容易回答，而且往往随着来自不同理论流派的要素的混合，其逻辑主线会显得不那么清晰。这都是学者们需要明确和考虑的问题。

　　另外，如果在理论整合的过程中考虑的变量太多，面面俱到，也失去了理论的意义，因为在理论实践中无法对所有变量进行干预，需要干预的变量越多，该理论应用于实践的可操作性越容易被削弱。然而，很多理论研究者并未充分意识到这一问题，为了获得拟合度好的模型而不断在模型中加入各类变量，这实际上是理论研究者容易走入的一个误区。因此，人们需要认识到，对理论的整合一方面为完善行为理论模型提供了新的思路；另一方面，这一努力需要在符合逻辑的框架下进行，并在不同人群中进行有效的检验。通过这些工作寻找合理有效的促进体力活动的关键因素，以及围绕这些关键因素实施可行的策略，从而使得基于整合模型的锻炼行为干预工作可以付诸实践，进行有效的推广。

　　因此，本书将考虑将社会认知理论与社会生态模型相结合，取长补短，为解释和促进我国儿童青少年体力活动行为提供既有全面性和系统性，也有针对性和可操作性的理论框架。选取社会认知理论和社会生态模型进行整合的原因在于,社会生态模型的优势在于涵盖了个体水平、人际水平、组织水平、社区水平和政策水平的要素,尤其是对于环境和政策层面要素的重视是在此之前的研究中未得到充分体现的,因此在过去数十年间得到了国内外诸多研究者的关注和广泛讨论。但其劣势在于,该理论模型并未明确这些因素之间存在怎样的相互关系,它们之间如何相互作用,共同影响个体的体力活动行为的选择和坚持。如上文对当前研究的归纳部分所提到的,很少有研究者可以对该理论框架所涉及的内容进行全面系统的实证数据检验。

显然,在社会生态模型的理论框架中,研究者可以充分认可政策、组织、社区等宏观的环境因素对于个体行为不可忽视的影响,但要对行为进行准确的解释和干预,依然需要有一个更为清晰和具体的理论构建,对行为相关因素的关系进行描述,而这正是社会认知理论的一大优势。社会认知理论的优势体现在其本质上是一个介于宏观和微观之间的理论,因此往往被认为是一个中观(meso-level)层次的理论(King et al.,2002)。这一层次的理论可以对微观(如个体内部因素)和宏观(如社区环境、社会规范等)的因素都进行考量和整合。这样的做法可以使得研究者从个体内、人际和社会层面出发,充分考虑人们对于这些不同层面的因素的不同认知,从而基于个体、行为和环境三者互动决定论的理念对个体的行为进行解释,并提供具有可操作性的心理和认知指标干预策略。具体而言,人们可以从社会认知理论的视角出发,充分认可自我效能在个体选择和坚持特定行为方面所起的重要作用,并认可自我效能的可调整性,针对自我效能的四个理论来源对其进行干预,并进而对个体的情感和行为产生影响。当前已有不少研究基于以上论断和理论思路成功地通过给予预先设定好的实验反馈,完成了对自我效能的调控(Hu et al.,2016;Hu et al.,2007;Jerome et al.,2002;McAuley,Talbot,Martinez,1999)。

尤其是在一个行为对于个体具有一定的挑战性的情况下,应用该理论对行为进行解释和干预的作用就显得尤为突出了。从社会认知理论的视角,该理论的核心要素(如自我效能、效果期待等)对个体行为有着强大的解释和预测能力。在体力活动行为研究领域也是如此,无论是对体力活动行为进行解释,还是基于一定的理论框架对体力活动行为进行干预和促进,社会认知理论都在儿童青少年群体中(Dishman et al.,2004;Harmon et al.,2014;Plotnikoff et al.,2013;Ramirez,Kulinna,Cothran,2012)得到了检验,而且与其他一些社会心理理论模型相比,具有更为显著的行为预测能力(李京诚,1999)。但社会认知理论也存在一定的不足,其对于环境和政策层面因素的考虑相对欠缺。另外,当一个行为被个体所掌握并成为熟练行为之后,社会认知理论对行为的解释度会有所下降。而如果纳入社会生态模型的理论框架,运用社会认知理论对个体行为进行解释和干预的不足或者可以得到一定程度上的弥补。

综上所述,本书认为,这两个理论框架是存在共通之处,并可以进行共融和相互弥补的,也可以应用于对体力活动行为的解释以及体力活动行为的干预促进工作中。然而,这需要在儿童青少年群体中采集研究数据,进行实证检验,并根据研究结果提出具有可操作性的体力活动促进策略。具体而言,通过前期的文献梳理,研究者认为可以立足于社会生态模型所提出的五个层次,对体力活动行为相关因素进行讨论,并结合社会认知理论检验这些层面的因素是否可以对体力活动行为进行解释,以及提出具有可操作性的行为策略和方法对儿童青少年的体力活动行为进行干预促进。

从社会生态模型所提出的五个层次来看,社会认知理论和社会生态模型有可能形成良好的结合。具体而言,可以基于社会生态模型的理论框架,去涵盖一些社会认知理论中并未得到足够重视的内容(例如学校体育政策等更为宏观的因素)。与此同时,考虑到诸多儿童青少年体力活动的影响因素都是社会认知理论所涉及的一系列核心变量,例如自我效能、效果期待、情感反应、社会支持等,可以基于社会认知理论的方法,在学校、家庭和社区的情境中,运用科学、合理、可操作性强的行为管理和干预策略,开展体力活动促进研究。这两个重要理论共同提供科学系统的理论框架,帮助促进儿童青少年体力活动行为。本书的下一篇将基于实证研究,对其进行检验和讨论。

实证检验篇

第五章 导 言

在"理论探索篇"中,本书确立了将社会认知理论和社会生态模型相结合合作为本书的理论研究思路。在这一理论框架的指引下,本书设计了一系列基于问卷和访谈的调研、短期心理干预,以及长期(4个月以上)行为干预。通过收集实证研究数据,对我国儿童青少年的体力活动行为进行有针对性的解释,基于科学的行为理论进行干预。这一系列实证研究的意义主要包括:

第一,在本书的前半部分,对国内外儿童青少年体力活动行为和体力活动行为促进的理论和实践研究进行了系统的梳理,并提出了当前我国儿童青少年体力活动行为和体力活动促进中存在的问题,以及探索和解决这些问题的研究框架。首先,在体力活动行为研究方面,对体力活动行为的现状、测量评价方法手段、影响因素,以及体力活动行为理论的适用性等问题进行了梳理;其次,在此基础上,重点回顾了如何基于对体力活动行为的正确测评,选取合理的行为理论对儿童青少年的体力活动行为进行干预和促进。

其中,在体力活动行为理论的回顾部分,集中讨论了当前国内外的研究如何对体力活动行为进行理论解释,并在此基础上对体力活动行为进行干预。这部分工作作为本书的重点之一,通过系统的梳理,将社会认知理论和社会生态模型相结合。其中,社会生态模型主要提供了一个系统的概念性框架,确立了本书在对我国儿童青少年的体力活动行为进行解释和干预的过程中需要考虑哪些层面的因素。尤其是对环境和政策因素的研究,是当前的实证研究比较缺乏的。而社会认知理论不仅提供了理论的思路,也提供了具体开展体力活动行为解释和干预研究的理论方法和实施策略。相对而言,社会生态模型的框架更为宏观,而社会认知理论的理论思路则更为具体。因此,基于前期的理论探讨和思考,本书认为,这两个理论框架是存在共通之处,可以共融和相互弥补的,也可以共同应用于体力活动行为的解释以及体力活动行为的干预促进工作中。然而,这需要在儿童青少年群体中采集充分的研究数据,进行合理的实证检验,并根据研究结果提出具有可操作性的体力活动促进策略。这一工作需要层层递进,体现足够的逻辑性和合理性。

第二,在我国儿童青少年群体中进行实证研究检验需要充分考量社会认知理论和社会生态模型在我国的文化情境中的适用性。诸多学者认为,在行为理论检验的研究中需要重视文化差异的影响。

文化在体力活动行为的理论中不可忽视的一个重要原因在于，人作为具有社会属性的动物，其行为时刻受到社会文化因素的影响。Sallis 和 Owen（1999）认为，在不同的文化、种族背景下，心理指标对于体力活动的影响程度是不尽相同的。有研究发现，在美国，非洲裔女中学生在跑步机上锻炼的愉悦感比欧洲裔的同龄人要高，指出了有必要针对不同的种族背景进行锻炼干预方案的个性化制定（Robbins et al.，2004）。

以社会认知理论为例，该理论并非如很多学者所理解的那样，仅仅把目光集中于个体的认知过程和社会互动之中。就该理论核心的自我效能指标而言，社会认知理论并没有将自我效能的内涵限定于对个人能力的判断，在其理论构架中，自我效能的外延还包括了个体所感知的集体自我效能（perceived collective efficacy）。其并不是简单地将一个集体之中所有个体的自我效能相加的产物，而应当被理解为体现了一个集体之中，所有个体的自我效能之间动态的相互协调和交互而汇聚成的产物，是集体层面的效能感的体现。这一体现无论是对于这个集体，还是集体中的个人的认知、情感和行动都产生重要的作用。尽管集体自我效能以社会和集体为中心，但其发挥作用的机制和个体层面的自我效能并没有什么区别（Bandura，1997）。人们对于集体的效能感的共同信念影响着他们在多大程度上付出共同的努力，利用共同的资源，在初步进展不利的情况下持续保持投入，在处理复杂的社会问题时能抵御消极丧气的情绪，进而影响他们未来的行动和行动产生的结果。一系列的研究都证实，集体自我效能对集体行为的影响所产生的机制和个人自我效能影响个体功能的机制是一致的。正如班杜拉所指出的，"文化是多样和动态的社会系统，而不是静态的巨石（monoliths）"。随着当前社会的多元化属性日益显著，社会心理中出现了多种不同的功能，这些不同功能层面上所表现出的文化的多样性和个体差异性使得社会文化多方面的动态属性凸显出来。同样，在本书所应用的社会生态模型中，文化因素同样亦可在个体、人际、环境、组织机构和政策这些层面产生差异，对个体的行为产生不同的影响。

在过去 40 余年间，我国的社会经济和工作生活方式都在经历重大变革。加之我国传统文化和西方有着显著差异，从西方引入的体力活动行为理论在我国儿童青少年人群中未必适用，这一趋势在上文中回顾到的一些理论探索中已经初见端倪。因此，应当认识到体力活动行为作为一种具有一定社会属性的行为也同样受到文化因素的影响。对我国儿童青少年体力活动行为的研究需要考虑文化差异的作用，尤其是需要充分考虑我国的学校、家庭和社区的文化和西方国家存在的差异，而非亦步亦趋地模仿西方的理论探索和应用，要走出符合中国实际情况的儿童青少年体力活动理论探索之路。这需要在我国的文化背景中检验相关行为模型的适用性，需要实证研究数据的支持。

基于以上考虑，本书在实证研究检验部分，将遵循基于理论整合分步骤探索的研究思路来完成研究。理论探索篇的讨论梳理了当前体力活动行为和体力活动促进研究领域的一些不足,确立了将社会生态模型和社会认知理论框架相结合进行体力活动行为研究的整体思路,这些研究的思路在于完成以下几个方面的重点工作。

一、儿童青少年体力活动影响因素研究——基于社会生态模型和社会认知理论的共同视角

研究问题:在社会生态模型和社会认知理论的理论框架中,我国儿童青少年体力活动行为的影响因素有哪些? 尤其是在学校、家庭和社区情境中,会对体力活动行为产生影响的环境、组织和政策层面的核心因素有哪些?

研究必要性:基于对前期相关文献的梳理,本书认为,要对我国儿童青少年的体力活动行为进行解释和干预,首要工作是基于社会生态模型和社会认知理论,确立有哪些因素是和儿童青少年的体力活动行为存在显著相关性的。这一工作是针对某一特定人群开展体力活动行为解释和干预促进研究的基础,只有准确了解有哪些因素可能对儿童青少年的体力活动行为产生影响,才能有的放矢地开展行为干预和促进工作。西方学术界将这些与体力活动息息相关的因素称为相关因素(correlates)和决定因素(determinants)。在过去数十年间,大量研究早已针对儿童青少年群体开展了体力活动行为影响因素的探索(Bauman et al.,2012;Sallis,Prochaska,Taylor,2000;Sallis et al.,1992)。Sallis、Prochaska 和 Taylor(2000)对这些研究进行了汇总,将儿童青少年的体力活动行为影响因素分为几个大的类别:人口学因素,心理、认知和情绪因素,行为特征和技能因素,社会和文化因素。其综述研究发现,这些类别中,性别、体力活动倾向性、身体活跃意向、主观感知障碍、过往体力活动、运动项目和设施,以及户外停留时间等都是被大量研究持续证实和儿童的体力活动水平存在显著相关性的因素;而在青少年群体中,性别、种族、年龄、感知运动能力、抑郁、过往体力活动、社区体育、父母支持、兄弟姐妹体力活动等是体力活动的显著影响因素。

我国学术界对这一问题的研究开展得相对较晚,但在过去 20 年中同样有大量研究涌现(代俊,陈瀚,2018;韩会君,陈建华,2010;何晓龙,2015;孙建翠等,2018;张杰等,2014;张征,2018;章建成等,2012),研究水平不断提高,体现为越来越多研究基于合理的行为理论框架开展,使得研究的系统性和合理性得到保证。另外,对于体力活动行为以及影响因素的测量采取的工具也更为科学合理,大量研究开始应用加速度传感器等客观精确的测量设备。在一项代表性的研究中,研究者对中国 8 座城市青少年课外体育锻炼现状及影响因素进行了问卷调查,通过分析回收的 28648 份有效问卷发现,影响青少年课外体育锻炼参与选择的模型变量多达 17 个,其中对体育锻炼行为的影响力排前列的因素

包括锻炼兴趣、锻炼动机、年级、体育奖励、学校体育特色、健身的认识度、健身方法的适用性、体质测试的严整性（章建成等，2012）。代俊和陈瀚（2018）选取了社会生态模型所涉及的个体层面、人际层面和社区层面的一些指标，对2942名青少年校外身体活动行为进行了结构模型分析，结果发现青少年的活动愉悦感、社会支持和社区环境直接影响青少年的校外中高强度身体活动水平，人际层面的同伴支持和家庭支持，以及个体层面的自我效能和活动障碍对青少年校外身体活动行为产生直接影响，而社区层面的社区环境通过自我效能、活动障碍、同伴支持和家庭支持等中介变量对青少年校外身体活动行为产生间接影响，个体层面的活动障碍、活动益处和活动愉悦通过自我效能对青少年校外身体活动行为产生间接的影响。

从这些研究中不难看出，社会生态模型以及社会认知理论中涉及的多个心理指标都与儿童青少年的体力活动行为存在密切的关系。但很少有研究基于社会生态模型和社会认知理论的整合，对这些因素与我国儿童青少年的体力活动行为之间的关系进行系统全面的检验。

此外，值得注意的是，在人们所经常研究的影响因素中，一些因素是难以进行干预的，尤其是年龄、性别、所在年级等人口学因素。因此，一些学者呼吁，研究者们应当更多地将关注点放在那些可以进行改变的心理和社会学因素上，针对这些因素，应用系统和成熟的心理学和社会学方法，开展行为干预（Trost et al.，2001），方能事半功倍，获得行为干预的良好性价比。因此，在本书中，笔者尝试从社会生态模型和社会认知理论中提炼行为相关要素，将研究的重心放在那些可以干预和调节的心理、认知、社会、政策因素上，讨论我国儿童青少年群体中哪些因素可以用于对其影响体力活动行为进行干预的实践。

二、基于社会认知理论的自我效能干预对体力活动行为影响因素的影响

研究问题：确定了哪些因素会对儿童青少年的体力活动行为产生影响之后，接下来研究者需要着力探究的问题是，可以应用哪些行为干预手段和策略对这一因素开展干预。社会认知理论从个体、环境和行为的三元互动决定论出发，提供了一个系统的、被反复验证过程的行为干预框架，为研究者们深入探索个体、环境和社会等不同层次的因素如何共同作用，对特定目标行为产生影响打下了理论基础。

在这一阶段，研究者将基于实验干预研究范式，对研究对象进行随机分组干预，干预研究的第一部分工作注重研究的内部效度，应用社会认知理论关于自我效能等概念的论述，探索是否可以在儿童青少年群体中对这些指标开展心理干预，而这些心理干预是否可以转化为体力活动行为相关指标的积极变化。

研究必要性：该研究工作为短期的急性心理干预，基于严格的实验情境下

的实验范式,检验社会认知理论是否可以应用于我国儿童青少年群体中开展体力活动行为相关的心理干预。该研究核心在于验证此类研究的理论应用的正确性,也即内部效度,从而为下一步的长期行为干预研究打下基础。

三、长期体力活动行为干预——社会生态模型和社会认知理论的共同应用

研究问题:

(1)在具体的操作层面,如何应用社会认知理论对儿童青少年体力活动进行干预? 有哪些有效的行为策略可以运用? 社会认知理论和社会生态模型的结合是否具有可行性?

(2)在我国的文化和社会背景中,社会生态模型和社会认知理论在儿童青少年体力活动促进工作中的应用是否呈现不同的特征?

研究必要性:该研究工作为长期的行为干预,基于前期的研究基础,主要应用社会认知理论中对于自我效能等因素的论述,检验社会认知理论和社会生态模型的核心要素是否可以整合起来,应用于我国儿童青少年群体中的体力活动行为干预。

该部分研究核心在于验证此类研究的实践推广性,也即研究的外部效度,并总结可应用于实践的体力活动行为促进策略。

围绕上述研究问题,笔者选取了多所中小学开展了系列实证研究。在本书的实证检验篇对这些研究的结果进行报告和分析,并试图从中总结。具体的研究内容和研究路线如图 5.1 所示。

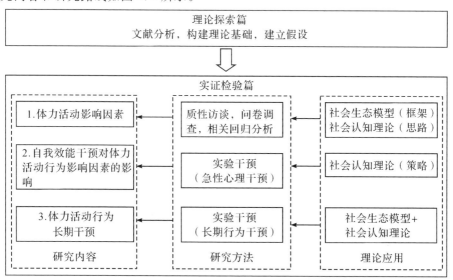

图 5.1　研究整体技术路线

第六章 儿童青少年体力活动行为
影响因素研究
——基于社会生态模型和社会认知理论的共同视角

在国际上,儿童青少年体力活动研究领域的学者们普遍认可,体力活动行为是一种复杂的行为,由多种因素共同决定(Biddle et al.,2011;Sallis, Prochaska,Taylor,2000)。如上文所述,我国学者在国家科技支撑计划课题的支持下,对八座城市青少年课外体育锻炼现状及影响因素进行了调研。研究结果显示,经济因素、政策因素、认识与方法、习惯养成、外部条件及课业压力是妨碍青少年课外体育锻炼参与行为的六个制约因素。此外,锻炼兴趣、锻炼动机、不同年级、体育奖励、学校体育特色、健身的认识度、健身方法的适用性、体质测试的严整性都被发现是影响青少年体育锻炼参与的重要因素(章建成等,2012)。

虽然从当前的研究来看,我国对儿童青少年体力活动影响因素已开展了大量探索(代俊,陈瀚,2018;戈莎,2012;韩会君,陈建华,2010;何晓龙,2015;贺刚,王香生,黄雅君,2018;康茜,王丽娟,2016;牛严君,乔玉成,2018;王东敏,陈功,2017),但部分研究缺乏理论模型的支撑,即使应用系统的理论模型的研究,也较多应用那些更多关注个体内和人际层次的因素的行为理论,如计划行为理论、跨理论模型等。虽然社会生态模型涵盖的体力活动行为的影响因素较为全面,但当前应用该模型开展的实证研究数量不多,而且鲜有研究对其包括的五个层次都进行了系统检验和深入讨论。

本研究应用社会生态模型所提出的五个层次的分类,对儿童青少年的体力活动影响因素进行调查。在这一过程中,重点讨论社会认知理论的模型思路是否可以与社会生态模型相结合,共同用于儿童青少年体力活动行为干预。这也是本研究的独特之处。本研究的工作包括两个部分的重要内容。

首先,通过质性访谈,将社会生态模型和社会认知理论相结合,从中提取我国儿童青少年体力活动行为的关键影响因素。国内外学者(Humbert et al., 2008;代俊,陈瀚,2018)都采用了社会生态模型作为研究儿童青少年的体力活动行为影响因素的理论框架。但无独有偶,他们都同样只关注了前三个层次的因素,包括个体内要素、人际因素和环境因素;而后两个层次的因素,也即组织机构层面和政策层面的因素并未涉及。究其原因,在于后两者相对难以界定,在研究中进行定量测量具有一定的难度。另外,政策和组织机构因素覆盖的面较为宽阔,难以确定其中哪些因素与某些学校/地区的儿童青少年体力活动行为变化存在直接的关系。因此,在本研究中,该部分的因素主要通过质性访谈获取。

其次,为了对上一阶段所总结的体力活动行为影响因素进行客观的检验,在本阶段的研究工作中,研究者选取了我国不同地区的学校,通过问卷调查获取了数据,检验这些体力活动行为的影响因素是否可以解释我国儿童青少年的体力活动行为。从社会生态模型和社会认知理论相结合的视角来看,个体内、人际和环境层面的因素中,有很多的要素也同样是社会认知理论所涉及的。因此,在这一部分工作中,社会生态模型和社会认知理论具有充分的实现整合的可行性。

第一节　体力活动行为影响因素的质性访谈研究

一、研究问题

通过质性访谈,将社会生态模型和社会认知理论相结合,从中提取我国儿童青少年体力活动行为的关键影响因素。

二、研究方法

(一)研究对象和访谈方式

本研究开展的访谈方式是半结构化访谈,访谈最早以专家咨询的方式,由研究负责人向 3 名运动心理学、学校体育学领域的专家进行咨询,与他们讨论选定访谈的框架和题目,制定访谈提纲。访谈提纲由一系列标准化的开放性问题组成,但整体保持半开放的结构。这样既保证研究的数据采集可以做到系统完整,也可以确保访谈对象在回答问题时有一定的灵活度。

研究团队随后选定了 1 所高中、1 所初中和 1 所小学作为访谈目标学校,共选取了 31 名在校学生、教师和学校管理者作为受访对象(见表 6.1)。在学生的选择上,确保研究覆盖儿童(6—12 岁)和青少年(13—18 岁)的全年龄段。

表 6.1 质性访谈研究的调研对象

类型	职务/角色	人数/名
教师	高中体育老师	3
	初中体育老师	3
	小学体育老师	2
家长	家长	5
学生	高中生	6
	初中生	7
	小学生	9

（二）访谈流程

（1）个人访谈。接下来由研究负责人与一名具有丰富质性访谈经验的研究生，依据访谈提纲对其他访谈对象进行一一访谈。整个访谈分为以下几个部分。

第一，对于研究目的和意义的整体介绍，解释数据的保密性以及访谈对象的权利。在这个过程中，访谈对象也会收到一份关于访谈目的、访谈流程和访谈问题的书面介绍。

第二，依据访谈提纲，引导受访者讨论有哪些具体的因素影响儿童青少年的体力活动行为。

第三，进行总结，所有的访谈对象可以对访谈的过程和问题提出问题和建议。

整个访谈过程从 20 分钟到 45 分钟不等，研究者对访谈过程进行录音，由专人将录音内容转换成文字，以便于对访谈的内容进行回溯整理。

（2）焦点小组集体访谈。本研究在 2 所学校各自开展了 1 次焦点小组（focus group）访谈。该类访谈的依据是，根据群体动力学原理，每次邀请 6～10 名 10—18 岁的受访者，围绕体力活动参与的决定因素，以及体力活动行为促进的策略和方法进行深入讨论。在焦点小组访谈实施之前，研究者列出一张清单，内容包括：一是讨论涉及的问题；二是如何收集数据，如何判定数据收集是否符合要求（供研究者参考）。

在访谈过程中，由研究者作为主持人，引出讨论话题之后，邀请受访者自由发表观点和评论，并确保所有参与者都能积极参与讨论，而且谈论的内容不偏离主题。访谈时间通常为 40～60 分钟，访谈结束的标准为信息饱和，也即获取的信息不再有新的内容出现。

（3）支持性材料收集。作为调研数据的一部分，在征得调研学校同意的情况下，研究人员也收集了学校的一些文件，包括体育课程教案、体育教师培训计划、体育部年度工作计划等，这些文件也帮助研究者对研究问题进行全面的分析。

三、研究结果

由于研究的主要目的是对所调研问题进行描述性归纳和总结，因此在调研分析的过程中，演绎性和归纳性内容分析这两种质性研究方式都得到了应用。

首先，研究团队对访谈录音所转换的文本进行检查，从而确保访谈内容记录的准确性。

其次，研究者应用演绎性内容分析方法，对访谈的内容进行梳理，目的是从访谈记录中提取访谈对象对于中小学校中体质健康政策的看法存在哪些共同的趋势。

最后，研究者应用归纳性内容分析方法，从访谈记录中归纳是否在研究者关注的问题上还存在一些新的显著的观点和论点。

在这一过程中，研究团队的成员从相应理论出发，进入内容分析过程。在内容分析中，由两名研究者分别完成归纳性和演绎性内容分析，并对上述内容分析中得出的一些关键结论和观点进行集体讨论，直到最终形成一致结论。这一方式也被质性研究所广泛应用。在研究的内容划分上，个体、人际、环境层面的问题主要来自学生，而组织机构、政策层面的问题主要来自教师和家长。

（一）个体因素

愉悦感。愉悦感一直被认为是决定人们从事特定行为的重要因素，个体采纳并反复从事特定行为的一个重要原因是从该行为中获得了愉悦的感受。在本研究中，受访者普遍表示其参与体力活动的原因是"有趣"，而且使他们感到有趣的重要原因是他们具有充分的能力和信心去参与该项活动。

在本质性研究过程中，共开展了两次焦点小组访谈，其中很多围绕体力活动参与因素的讨论集中于学生们所感知到的个人运动能力以及愉悦感。很多学生提到的关键词包括：促进体力活动参与的积极因素为"感到有乐趣""得到肯定"，而阻碍体力活动参与的消极因素包括"（担心）表现糟糕""担心搞砸""被嘲笑"。

很多学生被问到有哪些事情会阻止他们以及他们的朋友参与体力活动的时候，他们的答复是："如果这项活动没有乐趣，那么我们不会愿意参加。""如果这个运动太难了，或者我的水平不足，那么也就没意思了，我就不想参加了。"

几乎所有年龄阶段的被试都强调，他们需要感到充分的乐趣，这会让他们有更多参与体力活动的愿望。而要获得乐趣，一个重要的因素是，这项活动是他们自己所乐意选择的。一名初一女生（13 岁）说道："我希望可以从体育运动中获得自由自在、放松的感觉，而且我希望课余体育活动时间，我可以自己想玩什么就玩什么。"该观点得到了焦点讨论小组其他成员的认可。类似的讨论包括："有时候规定太多了，会让我不愿意参加运动，比如老师们总是让我们为了考试达标而不停练习跑步,但是我们又不是跑步运动员,跑步这个事情本身没太大乐趣,要一边跑一边有些好玩的才有意思,比如一边跑一边打篮球。"(高一男生,15 岁)

在小学年龄组的调研中,一名三年级小学生(9 岁)说道:"我不太喜欢运动的时候太有压力,我不太喜欢跟别人比,我喜欢自己想怎么玩就怎么玩。"看起来体力活动的竞争性与愉悦感存在联系,但是其联系在不同的被试中存在显著的差异。通常而言,在低年级的学生中,学生们喜欢进行竞争,他们喜欢参加比赛和游戏活动,这些活动具有一定的规则,而高年级(初高中阶段)的很多学生表示:"在学校学习本身就是很紧张的事情,所以参加体育活动的重要目的应该是放松身心,到了操场,可以选自己喜欢的活动去玩。"也有学生(17 岁女生,高二)表示:"不管是体育课还是课下体育活动,我都觉得可以灵活一点,喜欢比赛的同学可以去打比赛,其他同学可以自由活动。"显然,处于不同阶段的儿童和青少年,在学习和生活中所面临的压力是不同的,对于愉悦感的获取方式也存在差异。

对于愉悦感的强调与 Humbert 等(2008)的调研结果相一致。具体而言,对于多数被试而言,尤其是高年级(15 岁以上)的受访者而言,当他们感到自己具有足够的运动能力时,如果该体力活动具有良好的组织性、结构性和竞争性(例如篮球、足球等),那么儿童青少年更有可能从此类体力活动中获得快乐,从而更可能积极参与这项体力活动。而如果他们对自身的运动能力缺乏信心,那么参加竞技性强的体力活动的可能性将会降低。看起来,对自身运动能力的判断和信心是儿童青少年是否能从体力活动中获得愉快这种积极的情感体验的重要因素,而这与本研究所关注的社会认知理论的思想是一致的。从社会认知理论的视角来看,对个体运动能力的判断本质上是对个体能否成功完成特定的运动行为的能力的自信心,这是自我效能的概念。自我效能指的是一个人对完成特定的、具有明确目标导向的行为所具有的信心。自我效能理论的提出者班杜拉早已明确指出,自我效能与个体的情感状态存在显著相关性,而且这种关系是双向的,也就是说,对某项特定行为的自我效能更高的人更容易在从事该行为的时候获得积极的情感反应,而更为积极的情感反应同样可以为自我效能的形成提供来源(Bandura,1998),促进自我效能的提升。

动机。提高动机是促使人们更多参与体力活动的有效手段之一(Zhang,Solmon,2013)。上文提到的愉悦感也是人们参与体力活动的重要动机之一。动机受到多种心理和社会因素的推动,并影响着人们的体力活动采纳以及坚持,包括儿童青少年群体(Standage,Treasure,2002)。例如,在青少年群体中,动机被认为对环境因素(例如社区安全、父母的后勤保障)和体力活动之间的关系起着重要的调节作用(孙科,2013)。除了愉悦感,儿童青少年参与体力活动的动机还包括多个维度的因素,青少年参与体力活动的动机与成年人存在较大区别。Allender、Cowburn 和 Foster(2006)对 24 项质性研究进行了综述,发现通常而言,体重控制、愉悦感、寻找社会参与是成年人体力活动动机的主要来源,而对儿童青少年来说,他们的体力活动动机更多来自遵循社会规范(同辈压力)、成就感、技能掌握。Morris 和 Rogers(2004)所编制的体力活动与休闲活动动机量表(PALMS 量表)为体力活动领域的动机提供了良好的测量工具。该量表包含 8 个维度(技能、健康、交际、心理、外形、他人的期望、愉悦、竞争/自我实现)。笔者曾在我国儿童青少年群体中应用该量表,去掉了"他人的期望"这一对儿童青少年并不适用的分维度。基于这一测量框架,本研究对儿童青少年的体力活动行为参与动机开展了访谈。访谈的结果与预期的基本一致,大多数受访者提及了愉悦感、成就感、技能掌握等原因,包括:

"我参加锻炼的目的主要是掌握一项本领,这样我可以和其他同学一起出去玩。"

"我喜欢去游泳,因为学会了游泳就不用担心溺水了。"

"我觉得参加体育活动也是一种学习,以前不会打羽毛球,后来按照老师教的动作去练习,学会打了,回家可以和我爸爸打,挺有成就感的。"

值得一提的是,该部分所讨论的动机可以定义为:激发和维持个体的行动,并将使行动导向某一目标的心理倾向或内部驱力(林崇德,杨治良,黄希庭,2003)。愉悦感、成就感、社会规范也常常被视为动机的组成部分,或者说重要来源。但是它们也是独立的心理概念,可以对体力活动产生影响。在探索与体力活动的关系的时候,动机更多体现的是一种具有目标性的内部驱力。因此,在讨论体力活动的影响因素时,有必要对这些因素进行单独的讨论。

自我效能。 自我效能一直是人们在研究体力活动行为影响因素时重点关注的心理指标。McAuley 等(2000)通过对大量相关研究的回顾明确指出,自我效能既是体力活动行为的决定因素(determinants),也是其结果(consequence)。换言之,自我效能在与体力活动的关系中,既可以是解释和预测体力活动的自变量,也可以是受体力活动行为影响的因变量。而且,这一关系在各个年龄层中均可能存在。不少研究发现,在儿童青少年群体中,自我效能是解释和预测其体力活动行为的显著影响因素(Martin et al.,2011;Plotnikoff et al.,2013;李京诚,1999)。因此,本研究的访谈部分着重询问被试对于其自身运动能力的信心及其对体力活动行为的影响。从访谈结果来看,受访者对于自我效能的重要性较多地提及。代表性的论述包括:

"我认为参与一个活动最重要的是需要有自信,觉得自己可以做到的时候就愿意参与,要不然容易觉得丢人,就不会想要参与了。"(9 岁女生,小学三年级)

"参加运动的时候,一开始会有些紧张,不过多参加几次之后,觉得信心上来了就好了。就像打篮球,我以前总是学不会三步上篮,但是做成了几次之后,

就觉得没什么了，就很喜欢继续去做了。"（11 岁男生，小学四年级）

尤其重要的是，自我效能作为社会认知理论的核心认知指标，是可以通过过往经历、替代性经验、言语说服、对当前生理/身体状态的判断这 4 个途径进行调整来促进和提高的。这也为基于社会认知理论框架，从自我效能入手对体力活动行为进行干预提供了依据。

效果期待。效果期待指的是个体对于从事特定行为能产生怎样的结果所持有的期待。在社会认知理论中，"期待"（expectation）是一个重要的概念，自我效能也被学者们理解为一种对于信心的期待（efficacy expectation）。效果期待被认为是人们参与体力活动行为的重要动因，而且其期待更多表现为健康方面的收益。因此，一些其他的行为模型也引入了这一概念，只是该概念也有着不同的表现形式。例如健康信念模型中，对于体力活动的健康信念也指向了体力活动所能带来的健康效益。在本研究中，依据社会认知理论对于效果期待的解读，将其理解为体力活动所能带来的健康、社会交往等各个方面的预期。一些代表性的论述包括：

一名初中学生就表示："体育活动很重要，因为它不光让我现在保持健康的身体，还可以保障我在老了以后有健康的身体，可以想做什么事情就做什么事情。我的爷爷 70 岁了，还可以去登山，我希望可以像他一样。"（13 岁男生，初中一年级）

"我们只要买双跑步鞋、买个跳绳就可以坚持锻炼了，就可以让我们有健康的身体，这可比吃药便宜多了。"

"体育锻炼不仅可以帮助我们更加健康，还可以帮助我们放松身心，结交朋友。"

"如果坚持体育活动，可以从不良的生活习惯中解放出来，不会沉迷游戏。"

对于年龄较小的受访者而言，体力活动能带来怎样的效果更少被提及，这在一个层面上可以理解为他们对于体力活动的目的性和功利性的关注较少，另外，他们对于体力活动所产生的健康效益的知识还有所欠缺，理解较为模糊。而初中以上的受访者则开始关注，这也可以理解为其健康知识增加，社会性经验丰富，对体力活动的益处了解更多，是健康意识和社会意识觉醒的体现。

自我管理。体力活动行为作为一种健康行为，在坚持的过程中往往会遇到时间缺乏、疲劳、天气等问题的阻碍，需要个体对自我的行为进行科学的管理，需要去控制自己克制一些行为（例如吃完饭就躺在沙发上看电视），合理安排自己的时间，督促自己去主动实现具有一定目标导向的合理行为（例如在事务繁多的时候依然安排时间从事锻炼）。自我管理策略的应用一直被认为是体力活动行为能否长期坚持的关键因素。在本研究中，不少受访者意识到了自我管理的重要性。

"我自己也知道参加体育锻炼的重要性，不过我就是管不住自己，回家之后有很多作业要写,然后没有作业的时候就各种玩,总想看看电视、iPad 之类的,然后不知不觉时间就过去了,后面(几天)又是这样了。"

"学校有一些课间休息的时间,不过我喜欢发呆,我的跳绳不太好,老师和我爸妈总让我练习,但是我就是没时间,我觉得可能就是没安排好时间吧,我写作业写得太慢了。"(8 岁男生,小学二年级)

身体自我。访谈过程中,一些受访者讨论了个体的身体自我对体力活动参与行为的影响。

"我觉得参加体育锻炼的一个好处是,我的身体感觉更好,会让自己的体形看起来更好。"(15 岁女生,高中一年级)

"我的偶像是李小龙这样,虽然肌肉不是特别强壮,但是很结实,我有一根双节棍,是我 10 岁的生日礼物,我希望有一天能像他那样有漂亮的身材。"(16 岁男生,高中二年级)

"参加体育活动的好处是让男生显得更有阳刚之气,我不喜欢那些瘦瘦小小的所谓'小鲜肉'。"(15 岁男生,初中三年级)

同时,一些受访者提到了身体自我的一个重要相关指标——身体自我重要性——在体力活动中所起的关键作用。他们表示:

"体育锻炼对有的同学来说不重要,他们只专注学习,有没有好的体形他们不看重,所以就不在乎锻炼。"(14 岁男生,初中二年级)

"我们班的女生都特别怕别人说她胖,都想和明星那样脸小小的,所以我觉得要有好的身材,不应该就想着怎么不吃饭,应该多去操场锻炼。"(15 岁女生,初中三年级)

"对于我来说,我的身体状态好是很重要的,所以我去学习了健美操,一开始就是为了放松和学习技能,但是后来我发现这个运动让我充满自信,因为我的体形越来越好,好的形体对女生来说是很重要的。"(17 岁女生,高中三年级)

(二)人际因素

同辈压力。在儿童青少年阶段,个体开始逐步融入社会交往环境,对于该阶段的个体而言,朋友和同龄人的看法对其行为的选择和坚持有着显著的影响,心理学研究者将其称为"同辈压力"。一些被试提及,"如果我的朋友们都参加一项运动,而我不能参与其中的话,会显得我很无能","我参加体育活动的时候,会有意地关注我的同伴是否也会参与这些活动"。但与此同时,同辈压力也可能会成为体力活动的阻碍因素,例如:"如果我要去参加一个活动,比如踢足球,其他人都踢得很好,而我不会踢,那么我会觉得没法和他们一起玩,他们会嘲笑我的技术不行",以及"可能别人都觉得你应该和他们有一样的水平,可是如果你的水平达不到,何必自讨没趣"。

在这一点上,有被试主动讨论了同辈压力在我国文化背景中的特殊性。有被试提及:"我觉得在我们的学校里面,大家去参加体育活动都是被安排好了,没有自己的主见，我们（报）课外兴趣小组的时候，都是看别人报什么我们就报什么。"（9岁女生，小学三年级）。

"我觉得我们学校的氛围就是，做什么事情都强调服从和模仿，比如学习方面，老师和家长都给我们树立榜样，体育也是一样，别人做了，做得好了，我们就跟着做。"（13岁男生，初中一年级）

社会支持。社会支持因素是体力活动的重要影响因素，这一点在儿童青少年群体中被反复验证（Biddle et al.，2011；Sallis，Prochaska，Taylor，2000），多数研究倾向于将儿童青少年所获得体力活动相关的社会支持按照来源分为家庭支持以及朋友支持。Sallis等（1987）依据此分类设计了锻炼行为社会支持量表，该量表被广泛应用于体力活动行为相关的社会支持研究中。本访谈研究中，来自这两个方面的社会支持都被反复提及。

"参加体育活动，可以增加和同学们打交道的机会，原来和班上的一些小伙伴不太熟悉，后来大家一起在体育课上做游戏，我们一起讨论怎么可以赢下来。体育课结束后我们觉得很有意思，还继续讨论，后来大家就熟悉起来了。"

"我们住得比较近的几个同学放学后会约着在我们小区的草地上踢会儿足球，虽然时间不长，但是经常踢，我们就成了好朋友，所以我们挺乐意参加这样的活动。"

而且，社会支持也体现在实质的工具性和信息性支持方面，例如：

"原来我和×××都不太会跳绳，后来我发现是我们的技巧掌握得不好，我就和×××一起讨论怎样跳得更快。我们一块儿练习，后来越跳越好，就经常一块儿跳绳。"

在家长的维度上，体力活动社会支持比较多被提及的是言语支持和保障性支持，例如：

"我喜欢打篮球，我爸就会打，他经常带我去××大学的操场打球……如果他不带我，我就不会去了。"

"原来学游泳的时候，我很害怕呛水，我爸爸带我去游泳馆游泳的时候总是鼓励我，说他小时候学游泳也是经常喝到水，让我胆子大一点。后来慢慢地我就开始敢把头放到水里了，虽然也喝过几口水，但是慢慢地就学会了。现在我差不多每个星期都会去游泳。"

在社会支持方面，也有受访者提到了来自家庭成员支持的问题："我挺羡慕我们班上有兄弟姐妹的同学的，他们回家后可以一块儿下去锻炼，有时候我作业写完了，爸爸妈妈都忙，我一个人就懒得到楼下去锻炼了，而且和爸爸妈妈玩没有和小伙伴们玩有意思。"

（三）组织层面因素

在环境方面，被提及最多的因素是学校的体力活动环境，包括学校的环境是否可以给学生开展体力活动提供场地，是否提供锻炼氛围方面的支持。具体的讨论包括：

"我们学校课下倒是有体育活动，下午上完课了以后，老师会带着我们跑圈，不过一圈一圈地跑挺无聊的，但是也没有办法，因为操场就那么大，一个班的同学都要去运动，基本上就只能跑圈。"

"我们一到下雨天就没法上体育课，因为体育馆太小了，没法那么多人一起上体育课。"

"我觉得我们学校对体育不是太重视，体育设施都有些旧了，篮球足球也都有些破，好长时间没有换，就让人提不起兴趣来打球。"

"我们学校课外活动的时候，本来想下去玩一会儿的，不过好多同学都愿意在教室里面，想早点把作业写完，没什么人下去，我也就懒得下去了。我觉得我们缺乏课下锻炼的气氛。"

"我挺喜欢体育活动的，我觉得学习间歇去打打篮球，挺放飞自我的，回来就觉得神清气爽，头脑灵活了好多。但是我们的班主任不喜欢我们打篮球，说我们回去之后就趴在桌子上睡觉。其实也不是这样，每次在操场打球，总感觉有双眼睛盯着我们，这样感觉挺不自在的。"

学业压力。学业压力过大被普遍认为是当前我国儿童青少年体力活动水平下降的障碍因素，该因素产生于学校机构，而且是具有普遍性的问题，在这里被归纳入组织结构层面的因素。在这方面，最具代表性的讨论包括：

"我们想多参加体育锻炼啊，可是时间它不允许啊，每门课程的老师都会给我们布置一门作业，基本上写完就10点了，刷牙的力气都没有了，哪儿有力气去跑步打球啊？"

"到了下午课外活动的时候，班上很多同学都忙着赶作业，因为回家之后还要补习，一定要在学校就把老师布置的作业写完。所以如果老师不逼着我们出去活动，我们就在教室里面赶作业了，或者出去晃一下就回来赶作业，一般老师也不太会管。"

(四)社区层面

社区层面所讨论的内容主要是对学校以及家庭周边的建成环境的评价，包括健身设施、运动场馆可及性(accessibility)、居住密度、社区安全等。

"我们小区的锻炼环境？——不存在的。就几个脚踩上去晃来晃去的器材，而且都是一些老人和小朋友在上面玩，我们喜欢玩的踢足球、打篮球什么的活动很难开展。"

"我们楼下地方不大，基本上就是去跳跳绳，跑步都跑不开。"

"老师让我们回家练习跑步，不过小区里面人挺多的，狗也多，我爸妈还怕车多，不太想让我去跑步。"

但与此同时，也有一些受访者讨论了他们如何在客观体力活动环境不佳的情况下坚持进行锻炼的问题。例如：

"我们小区地方不太大，不过我爸妈给我办了游泳卡，每个星期可以去游两次。"

"我基本上都在家，铺上垫子，每天做作业的空隙，会练习跳绳差不多一千次吧，我觉得也就够了。"

(五)政策因素

政策方面的因素较多，但受访者受年龄和阅历的限制，对于我国近些年颁布的青少年体育政策的了解有限。例如："我们只知道每天锻炼一小时。然后，体育考试的成绩需要被纳入中考成绩里面，所以我们每天练习跳绳、仰卧起坐。"

"我觉得，如果这些东西没有在考试里面，我爸妈就不会督促我练习了吧。"

"到了快要中考的时候，我们同学都去××体育机构参加培训，他们会教你一些方法，比如什么技巧可以快点提高立定跳远的成绩，因为他们会手把手地教，效果比在学校要好……其他的政策，我就不太清楚了。"

第二节　体力活动行为影响因素的定量研究检验

一、研究内容

对基于质性访谈所提炼的儿童青少年体力活动行为影响因素进行问卷测量，通过定量的数据统计分析，探索这些影响因素是否在我国青少年中与体力活动行为存在相关关系。

二、研究方法

(一)研究对象

研究者在杭州和广州共6所中学和小学随机选取了四年级和五年级各2个班进行问卷发放。

(二)研究流程

研究团队由专人到各个学校进行现场问卷发放和回收。问卷的填写方式为当面填写，完成后即刻回收。共发放和回收问卷533份，剔除无效问卷之后，获得有效问卷492份，有效率92.3%。因为涉及的问题较多，问卷采取了分批填写的策略，每次填写问卷的时间不超过20分钟，从而保证被试最大限度地减少对问卷的厌倦感受，提高问卷数据的准确性。

(三)测量问卷

体力活动水平。体力活动水平通过闲暇锻炼水平量表(Godin,Shephard,1985)来测量。该量表共有两个问题:第一个问题是个体在过去的一周闲暇时间里所完成不同强度的锻炼的次数,包括高强度锻炼、中等强度锻炼和低强度锻炼,且每次锻炼时间不少于15分钟。第二个问题是个体在过去的一周里有规律地出汗的锻炼次数。根据以下公式计算出总体锻炼水平得分:锻炼水平=9×高强度锻炼次数+5×中等强度锻炼次数+3×低强度锻炼次数。该问卷简单实用,曾被广泛应用于测评各个人群的锻炼水平,具有较高的信效度,并曾在我国人群中成功应用。

体力活动自我效能。本研究通过 McAuley 和 Courneya(1993)设计的自我效能量表测量了被试在接下来6个月坚持每周进行5次40分钟以上中等程度的体力活动/锻炼而不放弃的信心。该量表有6个问题,每一个问题比上一个增加一个月的锻炼时间,一共从1到6个月不等。问题选项为100分的尺度,每10分为一级(0%=完全没有信心,100%=完全有信心),被试对他们自身成功地在每一个问题规定的时间里坚持每周锻炼5次的信心进行打分。把信心的得分相加并除以问题的数目,得出该量表的总分,范围为0~100。本研究中该量表具有很高的内在一致性(α=0.96)。

体力活动效果期待。本研究通过锻炼效果期待量表(Outcome Expectation for Exercise Scale)(Resnick et al.,2000)测量被试对于锻炼所带来的收益的期待。该量表有9个条目,要求被试根据一些对锻炼效果和收益的描述(例如,锻炼让我身体上感觉更好)进行回答,回答的选项包括完全赞同(1)、赞同(2)、不赞同也不反对(3)、反对(4)、完全反对(5)。各项条目的得分相加除以条目数即为该量表的得分。该量表具有良好的信效度(Resnick et al.,2000)。在本研究中,该量表具有很高的内在一致性(α=0.86)。

体力活动愉悦感。体力活动愉悦感通过体力活动愉悦感量表(Kendzierski,DeCarlo,1991)来评定。该量表有18个问题,通过7分的李克特量表打分,问题的指导语一般是"此刻你对于刚刚进行的活动感受如何",代表性的问题为"我喜欢这个活动—我讨厌这个活动","我觉得这个活动很让人愉快—我觉得这个活动让人不愉快"。在本研究中,该量表具有很高的效度(α=0.93)。

锻炼态度。该指标通过毛荣建编制的锻炼态度量表进行测量,问卷共分为行为态度、目标态度、行为认知、行为习惯、行为意向、情感体验、行为控制感、主观标准8个分量表,采用李克特5级评分,分数越高,对于锻炼的态度越积极正面。该问卷经检验具有良好的信效度(毛荣建,2003)。本研究中该量表总的内在一致性较高(α=0.86)。

身体自我重要性。身体自我重要性量表(The Perceived Importance Profile,PIP)用于测量被试对他们身体自我各个方面的主观感知的重要性,是身体自尊量表(Physical Self-perception Profile, PSPP)(Fox, Corbin, 1989)的相关量表。身体自尊关注的是与社会评价密切相关的"个体对自我身体各个方面感到满意或不满意的主观感受", PSPP被翻译为中文并在我国人群中得到了成功的应用(徐霞, 姚家新, 2001)。身体自我重要性则依据 PSPP 量表编制了共8个条目,反映了身体各方面对个体的重要性。其4个维度与身体自尊相一致,包括:运动技能(sport competence)、身体状况(condition)、身体吸引力(body attractiveness)和力量(strength)。每一个条目描述个体对身体自我的一个方面的重要程度的评价,例如"具有一个有吸引力的体形对我来说至关重要"。所有的条目均为1—4分李克特量表,1代表完全不正确,4代表完全正确。所有条目相加得到该量表的总分。Fox和Corbin(1989)的研究证实了身体自尊和身体自我重要性量表均具有较高的信效度。在本研究中,该量表具有较高的内部一致性($\alpha=0.82$)。

体力活动动机。动机通过青少年体力活动动机量表(PALMS-Y)进行测量,该量表基于 Morris 和 Rogers(2004)编制的体力活动动机量表(PALMS)进行改编。问卷采用李克特5点式量表,从技能、健康、外形等7个维度询问被试参与体力活动的动机。在笔者完成的一项研究(Hu, Morris, Lyu, 2019)中,该量表的信效度在我国儿童青少年中得到了实证研究数据支持,被证实具有良好的信效度。在本研究中,该量表具有良好的内部一致性($\alpha=0.91$)。

自我管理策略。研究采用体力活动自我管理策略量表(Umstattd et al., 2009)评估被试是否运用自我管理策略对自身的体力活动行为进行管理,共计12个条目,例如"在出门在外时,我有目的地计划保持活跃的体力活动的方法"。在本研究中,该量表具有良好的内部一致性($\alpha=0.82$)。

锻炼社会支持。锻炼社会支持通过萨利斯编制的锻炼和饮食行为社会支持量表(Sallis et al., 1987)进行测量,其中锻炼部分包含10个条目,评估在过去3个月中,朋友和家庭成员分别对被试的锻炼行为给予的口头和行为上的支持。在10个条目上,被试根据朋友和家庭成员在这些方面所给予的锻炼行为方面的支持分别评价一次,评价的依据主要是从朋友和家庭成员处得到支持的频率。量表使用了里克特式5点计分法,从1(从不)到5(总是)。范例条目包括"和我一起锻炼"和"给我有益的锻炼提醒"。因此该量表可以分别计算出社会支持(家庭)和社会支持(朋友)的得分。在本研究中,该量表总体上显示了较好的内部一致性($\alpha=0.82$ 和 $\alpha=0.91$)。

学校体力活动环境。环境因素通过 Robertson-Wilson、Lévesque 和 Holden(2007)编制的学校体力活动环境量表来测量。本量表用于学生对所在学校的体力活动环境进行评价,共包括两个维度:一个维度(12个条目)侧重于评价学校的环境是否对开展体力活动"友好",主要包括体育场地、器材、课程等方面,例如"室内活动场馆条件好";另外一个维度(8个条目)主要由学生对所在学校开展体力活动的社会氛围进行评价,例如"我们学校的老师认为参与体力活动是重要的"。在本研究中,该量表具有较高的内部一致性($\alpha = 0.86$)。

社区步行环境。社区层面的因素主要关注社区体力活动环境,通过简约版社区步行环境量表(Neighborhood Environment Walkability Scale,NEWS)(Cerin et al.,2006)进行测量。步行环境量表内容包括配套生活设施便利情况、道路情况、美化情况、交通情况和治安情况。每个条目使用1—5级评分,分别代表非常同意(非常好)、比较同意(比较好)、一般、有点不同意(不太好)、非常不同意(非常不好)。本研究采用的量表由周热娜等(2011)进行了中文版的修订和检验,在本研究中具有良好的信度($\alpha = 0.81$)。

政策知晓程度和政策重要性。本研究选取5个具有代表性的青少年体质健康政策,测量青少年对政策的了解程度和感知重要性。对每个政策,被试回答"我对该政策知晓的程度是……"以及"我认为该政策的重要程度是……"。所有条目使用1—5级评分,选项从非常不了解/非常不重要到非常了解/非常重要。在本研究中,政策知晓程度($\alpha = 0.87$)和政策重要性均具有良好的内部一致性($\alpha = 0.85$)。

三、研究结果

(一)体力活动影响因素与体力活动行为的相关分析

本研究首先通过Spearman相关回归分析(结果具体见表6.2)发现,与青少年体力活动行为存在显著相关关系的因素包括以下五个方面。

(1)个体内因素。锻炼自我效能($r = 0.53$,$p < 0.01$)、效果期待($r = 0.46$,$p < 0.01$)、愉悦感($r = 0.46$,$p < 0.01$)、自我管理策略($r = 0.37$,$p < 0.01$)、锻炼态度($r = 0.54$,$p < 0.01$)、身体自我重要性($r = 0.18$,$p < 0.01$)、动机($r = 0.33$,$p < 0.01$)都和体力活动行为存在非常显著的相关关系,这些指标多数都是社会认知理论中的核心指标。这充分说明,如果青少年对自身的运动能力感到自信,对体力活动的结果有着积极的期待,从体力活动中可以获得愉悦感受,具有充分的锻炼动机和积极的态度,关注自己的身体自我水平,能运用自我管理策略,则更有可能参与体力活动。值得注意的是,这些指标都被证实是可以通过合理的行为干预策略进行调控的心理和认知指标。这一结果也为后续的心理干预实验研究奠定了良好的基础。

(2)人际因素。无论是来自家人的支持($r = 0.18$,$p < 0.01$)还是来自朋友的支持($r = 0.26$,$p < 0.01$),都与体力活动行为显著相关,说明家长和朋友如果能给青少年提供有效的支持,对他们坚持进行体力活动是有帮助的。与预期并不一致的是,同辈压力($r = -0.07$,$p = 0.23$)与体力活动行为的关系并不显著。

表 6.2　青少年体力活动行为影响因素一览

变量	个体内因素						
	自我 效能	效果 期待	身体自我 重要性	愉悦感	动机	自我管 理策略	锻炼 态度
体力活 动行为	0.53**	0.46**	0.18**	0.46**	0.33**	0.37**	0.54**

变量	人际因素				组织因素		社区 因素	政策因素	
	同辈 压力	社会支持 (家人)	社会支持 (朋友)	社会支持 (总分)	学校体力 活动环境	学业 压力	社区步 行环境	政策知 晓程度	政策感知 重要性
体力活 动行为	−0.07	0.18**	0.26**	0.25**	0.23**	0.10	0.38**	−0.06	0.03

注:* 代表 $p<0.05$;** 代表 $p<0.01$。

(3)组织因素。青少年如果能感知到学校体力活动环境是积极的,则其体力活动行为水平会更高($r=0.23,p<0.01$),而学业压力与体力活动行为之间的相关关系并没有如预期的那样显著($r=0.10,p<0.01$),说明对于儿童青少年而言,如果身边的外部环境是积极的,有着良好的体育锻炼氛围,则他们更可能参加体力活动;虽然学业压力会挤占儿童青少年的体力活动时间,但个体依然可以通过良好的时间管理和应用自我调节策略等方式为体力活动留出时间。当然,也可能因为学业压力普遍较大,所以在这一项指标上被试的回答具有高度的同质性,使得该因素并没有与体力活动行为产生显著的相关关系。

(4)社区因素。由于问卷长度的限制,在社区因素方面,本研究仅仅选取了儿童青少年体力活动领域被大量应用的社区步行环境量表。该量表测量的是一个社区在多大程度上适合居民外出步行,但其体现的是社区的环境是否鼓励人们外出进行锻炼,与其相关的体力活动行为并不局限于步行锻炼。在前人的研究中,该量表的得分和社区居民的总体体力活动行为也有着显著的相关性。在本研究中,这一因素与青少年的体力活动水平呈现非常显著的正相关关系($r=0.38,p<0.01$)。说明身处在体力活动方面更为活跃的社区环境中的儿童青少年更有可能开展体力活动。

(5)政策因素。本研究尝试对青少年的政策知晓程度和政策感知重要性进行评价,然而结果发现,政策知晓程度($r=-0.06$)和政策感知重要性($r=0.03$)都与体力活动行为没有显著相关关系($p>0.05$)。这在很大程度上可能是因为,对于儿童青少年来说,政策因素与个体的体力活动行为的关系较为遥远(distal),和其他更为相近(proximal)的因素相比,这些因素和体力活动之间的关系就更弱一些。

(二)体力活动行为影响因素的回归分析

在相关关系分析的基础上,本研究选取了与体力活动行为显著相关的一系列影响因素指标,纳入回归方程,分析这些指标是否可以有效预测儿童青少年的体力活动行为,并进一步确定其中对体力活动行为起到关键作用的因素。

作为预测变量纳入体力活动行为回归分析的指标包括:体力活动愉悦感、自我效能、效果期待、身体自我重要性、体力活动动机、自我管理、锻炼态度、社会支持(家人)、社会支持(朋友)、同辈压力、学校体力活动环境、学业压力、社区步行环境、政策知晓程度、政策感知重要性。

从回归分析的结果(见表 6.3)来看,该回归方程可解释锻炼支持体力活动行为变异的 45%($\Delta F = 11.97$, $p < 0.01$)。该模型中,对体力活动行为起显著预测作用的因素包括锻炼自我效能($\beta = 0.52$, $p < 0.01$)、体力活动愉悦感($\beta = 0.27$, $p < 0.05$)、锻炼态度($\beta = 0.40$, $p < 0.01$)、社会支持(朋友)[$\beta = 0.13$, $p = 0.05$(边缘显著)],而其他变量对体力活动行为的预测作用并不显著。这些结果在很大程度上验证了一点,之前相关关系分析中所确定的各项体力活动影响因素对于体力活动行为是具有预测力的。

在回归分析中,由于本模型纳入的预测变量较多,各个变量之间存在相互作用关系,因此需要考虑的重要问题是,有哪些因素是对体力活动行为的预测作用更为突出的? 从当前的体力活动行为回归分析结果来看,以上的这些影响因素中,对体力活动行为贡献度最为突出的指标是锻炼自我效能、体力活动愉悦感、锻炼态度以及社会支持。

表 6.3　体力活动影响因素预测体力活动的多元回归分析

变量	β	t	p
愉悦感	0.272	1.813	0.071
自我效能	0.517**	3.245	0.001
效果期待	0.060	0.761	0.448
身体自我重要性	−0.052	−0.493	0.623
动机	−0.029	−0.350	0.726
自我管理策略	0.088	1.102	0.272
锻炼态度	0.400**	−5.679	0.000
社会支持(家人)	−0.033	−0.529	0.597
社会支持(朋友)	0.126*	1.951	0.052
同辈压力	0.001	0.027	0.978
学校体力活动环境	0.099	0.841	0.401
学业压力	−0.002	−0.028	0.978
社区步行环境	−0.072	−0.810	0.419
政策知晓程度	0.043	0.725	0.469
政策感知重要性	0.075	1.244	0.215

注:* 代表 $p < 0.05$;** 代表 $p < 0.01$。

第三节　体力活动行为影响因素的总结讨论

在本研究部分，研究者应用了社会生态模型对体力活动行为影响因素的 5 层次划分的结构，结合社会认知理论对于个体、环境和行为的三元互动决定理论的论述，确定了我国儿童青少年群体中一系列的体力活动影响因素。

在质性研究部分工作，基于对访谈文本的编码分析，研究者提炼了每个层面对体力活动行为起到重要影响的重要因素。通过质性访谈资料的整理可以看到，影响儿童青少年体力活动参与的突出因素包括体力活动愉悦感、自我效能、效果期待、身体自我重要性、体力活动动机、自我管理策略的应用、锻炼态度、社会支持（包括来自家人和朋友的支持）、同辈压力、学校体力活动环境、学业压力、社区环境等，而政策因素虽然较少提及，但有一定的体现。而且从对学校老师和管理者的访谈来看，他们普遍认为，儿童青少年体育政策对于学校体育工作的开展有着重要的指导和规范作用，也对儿童青少年的体力活动水平起到重要的推动作用。但从本研究的相关分析结果来看，这些因素和体力活动行为的关系并不足够强。这在很大程度上可能是因为基层的儿童青少年对于政策因素的理解和感知依然是有限的，相对体力活动行为而言，这个层面的因素和体力活动是相对比较远端的。当然，还有一个重要的原因在于，当前的很多研究对于政策因素的测量并不够准确。从当前国内外的研究来看，多数学者普遍认可青少年体质健康政策对于青少年体力活动促进的积极作用，然而，当前研究中存在的一大挑战是如何准确地评价和测量针对青少年体力活动促进的政策因素，尤其是如何测评其执行力和执行效果。

总体而言，基于以上的总结和归纳，本研究尝试从社会生态模型的 5 个层次入手，着重选取社会认知理论的一些核心指标，对儿童青少年体力活动行为影响因素进行定量的分析检验，并尝试对儿童青少年的体力活动行为进行解释。研究结果与质性访谈研究的结论大致吻合，初步验证了在体力活动行为的解释方面，社会认知理论和社会生态模型的思路可以存在共同之处，为后续的体力活动行为干预打下了理论基础，并提供了实证证据的支撑。

一、个体内因素

从研究结果来看，访谈中被提及最多的因素主要集中在个体内因素，其中最受关注的因素是愉悦感。该因素在国际上的大量儿童青少年体力活动研究中被反复提及。学者们普遍认为，获得乐趣是个体参与体力活动的关键因素，更为重要的是,该因素是可以进行有效的调整和干预的。我国的学者和体育部门管理者也认为,儿童青少年应当学会在体育运动中获得乐趣,这是促进他们更多参与体力活动的关键因素。但一直以来,我国学术界对于儿童青少年体力活动愉悦感的实证研究相对较少,直到近些年才开展对体力活动愉悦感中文版量表在儿童青少年群体中的检验和修订工作(孙紫琪,2014)。很多的研究将注意力集中于行为意向等因素对儿童青少年体力活动的影响方面,却很少有研究对体力活动行为的重要影响因素如何应用于体力活动行为促进实践进行探索。当然,一些研究认为,兴趣是促使青少年进行体育锻炼的重要因素(章建成等,2012),但需要认识到的是,虽然兴趣与愉悦感在内涵上存在一定的联系,但两者并非等位概念。本研究无论是通过质性访谈还是定量分析,都证实了愉悦感与体力活动行为存在显著的相关性,尤其考虑到在回归分析中纳入了体力活动行为的多个相关因素的情况下,愉悦感对于体力活动行为的预测能力依然是显著的,这就充分说明从体力活动中获得乐趣,对青少年采纳和坚持体力活动行为起着关键的推动作用,而这恰恰是当前我国儿童青少年体力活动研究被忽视的领域。

自我效能作为体力活动行为的重要决定因素,被大量研究者证实可以对儿童青少年的体力活动行为产生显著的影响(Dwyer et al.,2012;McAuley,Blissmer,2000),并在青少年的体力活动行为干预研究中被证实可以对体力活动行为起到中介作用(Dishman et al.,2004)。值得注意的是,这一因素并非只存在于社会认知理论中,在跨理论模型等重要的锻炼行为理论中,该因素也得到了反复的应用和验证(Nigg,Courneya,1998)。在质性访谈部分,该因素所起的作用被大量提及,尤为重要的是,在受访者讨论愉悦感、动机、锻炼态度、同辈压力等因素的作用时,很多人都提到,对于自身的运动能力的判断是影响他们是否获得愉悦感、是否具有足够的动力克服运动过程中的障碍、是否对锻炼有着积极的态度的重要因素。换言之,当青少年对自身的能力感到自信时,他们更喜欢体力活动,也能更为积极地面对同辈压力。在定量研究阶段,本研究发现,在多个体力活动行为的影响因素中,自我效能对体力活动行为的预测能力是最为突出的。作为社会认知理论的核心变量,自我效能在影响个体行为方面的作用被学者们广泛认可,这种作用既可以是直接的,也可以通过影响情感反应、动机、态度等体力活动相关变量而间接产生。社会认知理论提供了自我效能来源的合理解释,这也给研究者在体力活动行为的研究领域,针对体力活动自我效能进行干预,从而促进体力活动行为提供了广阔的研究和实践空间。

锻炼态度与体力活动行为之间的关系很早就得到了国内外学者的关注。我国学者毛荣建(2003)曾针对我国青少年学生建立了锻炼态度—行为九因素模型,并基于该模型设计了锻炼态度量表,发现锻炼态度—行为九因素模型对青少年体力活动行为的解释度优于计划行为理论模型,其中不同维度的锻炼态度均可直接或者间接作用于锻炼行为。同样，张玉强和徐晓飞（2010）发现，锻炼态度对身体自我描述（体力活动行为的重要影响因素）也有着直接或者间接的影响。本研究的结果验证了这一点，锻炼态度与体力活动行为之间存在显著的强相关关系，有必要讨论如何改善青少年的锻炼态度，从而提升其体力活动行为参与水平。

动机与体力活动行为之间存在显著的相关性，提高动机被认为是促进体力活动行为的重要方式（Zhang，Solmon，2013）。动机受多个心理和社会因素驱动（Pannekoek，Piek，Hagger，2013），并随之影响体力活动的采纳和坚持（Standage，Duda，Ntoumanis，2003）。在本研究中，受访者均提到了体力活动动机的不同方面。实际上，动机本身就是多维度的心理概念，与本研究中所讨论的愉悦感、自我效能都有着密切的关系。虽然动机一直被作为儿童青少年体力活动行为的重要影响因素进行研究，但当前研究存在一个重要的不足——缺乏针对儿童青少年的动机量表。儿童青少年参与体力活动的动机与成年人有着显著的差别，这是儿童青少年体力活动研究领域的一个缺陷。在定量研究部分，我们采用了研究者依据 Morris 和 Rogers（2004）编制的体力活动动机量表（PALMS）所改编的青少年体力活动动机量表（PALMS-Y），对其体力活动参与的动机进行测量。在笔者开展的前期研究中，该量表的信效度在我国儿童青少年中得到了良好的实证研究数据支持。在本研究中，动机与儿童体力活动行为存在显著正相关性，值得在后续研究中进行关注。

在各个年龄层，体力活动行为都存在"知易行难"的问题，自我管理策略是体力活动行为的重要预测变量（Anderson et al.，2006），并在社会认知理论框架和自我决定理论框架中（Teixeira et al.，2012）都被反复应用和验证，McAuley 等（2011）证实，对自我管理策略的应用可以通过影响自我效能对个体的长期体力活动坚持性产生影响。在儿童青少年群体中，自我管理策略对体力活动行为干预项目的实施效果起着重要的中介调节作用（Dishman et al.，2005）。自我管理策略包括采取行为暗示，设置目标并安排日常活动达成目标，应用时间管理技巧等方法和手段，对自身的行为进行监督和管理，从而积极提高目标行为。在本研究中，自我管理策略在访谈中被多次提及，这些策略与体力活动行为之间的显著相关关系在定量研究部分也同样得到了证实，提示研究者在开展体力活动行为干预时可以加强目标人群对自我管理策略的学习和应用。

个体对自身身体的评价是很重要的心理概念，个体对自己身体状况、吸引力感到不满是个体从事体力活动的重要动力，这也是锻炼心理学领域的学者最早重点关注的体力活动影响因素之一。但个体对身体的自我评价发挥行为激励作用的前提是个体对自身的身体状况很看重，如果个体对自己的身体状态感到无所谓，身体自我对体力活动行为活动的影响就无从谈起。在本研究中，身体自我重要性与体力活动行为存在相关关系，这与当前国内外的一些相关研究结果是一致的。这些研究认为,身体自我可以帮助儿童青少年开展和坚持体力活动(Corbin,2002;Lemmon et al. ,2007),有必要探索如何提升儿童青少年对身体自我的重视程度,促进其体力活动水平的提高。

二、人际因素

众多前人的研究发现,社会支持是儿童青少年参与体力活动的重要影响因素(Beets,Cardinal,Alderman,2010;Cleland et al. ,2010;Laird,Fawkner,Niven,2018;Sallis et al. ,1987;Treiber et al. ,1991),但这些研究较多关注来自家长的支持对青少年体力活动行为的影响(胡亮等,2013)。实际上,在儿童青少年阶段,尤其是步入青春期之后,青少年对于同辈关系的重视程度逐渐提高,朋友对于其心理和行为的影响甚至在某些层面逐步超越家长的影响,尤其是在学校情境之中这一点体现得更为明显。在本研究的质性研究阶段,就有不少受访者提到了同学和朋友对他们是否在课外进行体育锻炼的影响是直接而且显著的。本研究发现,无论是来自家人的支持还是来自朋友的支持,都与儿童青少年的体力活动行为显著相关。说明家长和朋友如果能给青少年提供有效的支持,对他们坚持进行体力活动是有帮助的,这种支持包括信息提供、后勤保障、精神鼓励、工具性支持等多个层面,是在针对该群体进行体力活动干预时值得关注的方面。然而与预期并不一致的是,同辈压力($r=-0.07,p=0.23$)与体力活动行为的相关关系并不显著,这可能是同辈压力在体力活动行为领域的影响程度并不突出的一种表现。这也在一定程度上体现出一个问题:进行积极的体育锻炼固然被多数人认为是积极的行为,坚持锻炼这一目标导向可以引导人们产生积极的社会期许效应。然而,在当前多数学生、家长和教师把主要精力放在文化学习、过度追求升学率的时代背景下,缺乏体育锻炼固然会让人产生一定的压力,但该压力在"文化学习更重要"这一理念的稀释之下,显得并不强烈。换言之,当前对于儿童青少年来说,积极从事体育锻炼并未形成非常强烈的社会主观行为规范,教育工作者的确值得思考,一方面如何引导儿童青少年形成"以积极参与体育锻炼为荣"的支持性、激励性氛围,另一方面应当让他们充分意识到"不积极参与体育锻炼"是消极负面的表现。

三、组织因素

Martin 等(2011)对青少年所在学校的体力活动环境进行评估,发现如果青少年认为学校体力活动环境是积极的,其体力活动行为水平会更高,这也是本研究的数据分析所呈现的结果。儿童青少年在日常生活中相当大部分的时间都在学校度过,学校提供了对儿童青少年进行教育和行为塑造的重要场所,学校的环境和氛围对他们心理和行为的影响是直接而显著的。从质性访谈部分的归纳不难看出,学校的硬件设施(场馆、器材等)以及软件条件(教师的重视程度、师资能力、课外体育活动氛围)都对儿童青少年的体力活动行为产生直接的作用,在体力活动干预工作中,学校对儿童青少年的行为和心理产生的影响是不得不考虑的关键因素。实际上,在当前的文献中,基于学校(school-based)开展的体力活动行为研究和干预研究不断出现,是学者们关注的重点领域。

与之相比,学业压力与体力活动之间的相关关系并没有预期的那样显著,这可能是因为学业压力大虽然会占据青少年的大量时间,但它并不一定会阻碍个体参与体力活动行为,甚至可能在学业压力大的时候,儿童青少年依然可以通过良好的时间管理和应用自我调节策略等方式为体力活动留出时间,将参与体力活动作为一种调剂和放松的方式。从这个角度而言,学业压力与体力活动行为之间的正相关关系(虽然并不显著)是可以得到解释的。

另外,如前文所提及的那样,在当前我国儿童青少年学业压力普遍较大的情况下,这一项指标的数据分布存在较高的同质性,该因素并没有与体力活动行为产生显著的相关关系也就并不意外了。需要注意的是,这里的学业压力是儿童青少年所主观感受到的学业压力情况。当前我国的中考、高考等升学评价制度依然更多向文化学习成绩方面考核,评价方式相对比较单一,使得在各个学校和家庭中普遍存在文化学习"层层加码""超前学习"的情况,给儿童青少年造成了"学业成绩最为重要""作业永远无法做完"等印象,结合质性访谈来看,这样的主观感受和心理压力使得很多学生将"体育锻炼"视为一种和学业产生竞争的行为,认为体育锻炼会使得他们无法有足够的时间和精力完成学业的思想颇为普遍。当前教育部门已逐渐认识到和重视这些问题,开始三令五申,给中小学生的文化学习"减负"。后续研究的确有必要考虑如何缓解中小学生的学业压力。只有在至少一部分人感受到的学业压力没有那么重的情况下,才能真正理解学业压力对儿童青少年的体力活动行为会产生怎样的影响,才能确定是否应当以及如何减轻学业压力,促使儿童青少年做到有时间、没有顾虑地参与体育锻炼。

四、社区因素

儿童青少年课外在家的时间具有较高的灵活性,其在校期间体力活动不足的问题需要在课后得到弥补。然而,在世界范围内,依然普遍存在家庭和社区的体力活动时间,尤其是从事中高强度体力活动的时间不足的问题,这被认为是儿童青少年体力活动总体水平不高、体质健康状况不佳的重要原因(章建成等,2012)。在访谈中,多名学生提及,在家由于社区的场地、设施、安全等因素的限制,存在想去锻炼却受到阻碍的情况,这一问题并非我国独有。不少研究发现,建成环境(小区的道路、十字路口、社区安全等)因素对于儿童青少年体力活动的影响是显著的(何晓龙等,2017;贺刚,王香生,黄雅君,2018),社区中如果存在体力活动的制约因素,则说明需要重点关注如何改善这些条件,来促使儿童青少年更为积极主动地增加中高强度体力活动。

由于问卷长度的限制,在定量研究阶段,本研究仅仅选取了儿童青少年体力活动领域被大量应用的社区步行环境量表。虽然该量表侧重的是步行行为,测量的是一个社区在多大程度上适合居民外出步行,但其实际上体现的是社区的环境是否鼓励人们外出进行锻炼,与其相关的体力活动行为并不局限于步行。在前人的研究中,该量表的得分和社区居民的总体体力活动水平有着显著的相关性。在本研究中,这一因素与青少年的体力活动水平呈现非常显著的正相关关系。这说明对于儿童青少年而言,周边的社区环境是否适合其开展体力活动对他们的体力活动水平有着显著的影响。在我国城镇化进程中,城市人口密度不断增大,交通拥挤,机动车尾气排放增加,使得许多家庭居住的环境缺乏足够的活动空间,儿童青少年外出活动存在一定的不安全性,这些因素都是制约他们在居住的社区中开展体力活动的重要因素。虽然在国家的相关法规和政策推动下,多数居民小区的健身设施普及率很高,但一方面,这些健身设施并不完全适合儿童青少年的体育锻炼需要,加之其他年龄层的群体在课余同样加入健身设施的竞争,对于儿童青少年而言,依赖社区中有限的健身设施来提高体力活动水平颇有难度。另一方面,当前世界卫生组织对于 6—18 岁儿童青少年的体力活动推荐标准强调,需要每天累计完成 60 分钟以上中高强度体力活动,其中有氧体力活动应为主要部分。在人口高度密集的居民小区,如果儿童青少年主观感知到的社区环境并不适宜开展跑步、快走等体力活动,要在社区层面弥补在校期间体力活动的不足,达到世界卫生组织推荐的每天 60 分钟以上中高强度体力活动的标准就会变得有些困难。这也提示人们,在后续的研究中应注重个体对社区环境的感知对体力活动行为的影响,这为在社区层面开展对于运动环境的认知干预提供了一定的支持。

五、政策因素

在我国儿童青少年体力活动水平和体质水平不断下降的背景下,我国政府出台了大量旨在促进儿童青少年体力活动、提高其体质健康水平的政策,这些并行政策提高了人们对于儿童青少年体力活动不足这一问题的重视程度,但在实施过程中也存在基层知晓度低、执行力不足的现象。虽然这些政策的精神(如每天活动一小时、体育成绩纳入中考等)在很大程度上为人们所知晓,是与儿童青少年的日常学习和生活息息相关的,然而,本研究中的调研尝试对青少年的政策知晓程度和政策感知重要性进行评价,结果发现,政策知晓程度和政策感知重要性都与体力活动行为没有显著相关关系。在本研究的访谈部分，谈及体力活动相关的问题时，个体内因素得到的关注最多，而人际因素、组织机构因素和社区因素得到了不同程度的关注。政策因素被提及的频率较低，但这在很大程度上是因为受访者的年龄较小，他们对于政策因素并不敏感，知晓程度也相对较低。看起来，政策因素首先需要通过家长和老师的认识和重视，并由他们对中小学生施加影响，才能作用于该群体的实际体力活动行为。此外，需要认识到的一点是，在政策层面的研究工作中，本研究也存在一定的不足：政策因素的作用更多通过访谈获取一手资料，缺乏足够的定量数据。当然这也正是此类研究的难点，当前国内外一些研究对青少年群体开展了基于社会生态模型的体力活动行为影响因素研究（Humbert et al.，2008；代俊，陈瀚，2018），这些研究所采集的数据也更多集中于个体内和人际层面的因素，组织机构和政策层面的实证研究相对缺乏。其原因在于，这些层面的因素难以进行定量化的研究，因为这些数据与个体的因素（态度、自我效能等）不同，往往不存在一一对应的关系。以政策因素为例，国家在政策的制定和实施过程中，更多考虑的是如何作用于大样本的学生。要做到政策与目标个体一一对应，则只能考量这些个体对于政策的主观认知，而当前还比较缺乏这样的测量手段和思路。寻找合适的研究范式来厘清组织结构和政策层面的因素对个体行为的影响，是当前的一项重要工作。

总的来说，本研究的结果说明，如果青少年对自身的运动能力感到自信，对体力活动的结果有着积极的期待，从体力活动中可以获得愉悦感受，具有充分的锻炼动机和积极的态度，关注自己的身体自我水平，能运用自我管理策略，则更有可能参与体力活动。在回归分析中，本模型纳入的预测变量较多，各个变量之间存在相互作用关系，需要梳理出体力活动的相关因素中与行为关系最为密切的那些因素进行重点干预。本研究的结果提示，在这些影响因素中，对体力活动行为贡献度最为突出的指标是锻炼自我效能、体力活动愉悦感、锻炼态度以及社会支持。值得注意的是，这些因素包括了个体层面的以及环境层面的，而且都是社会认知理论中的核心指标，尤其是其中贡献度最大的自我效能，已经被前人的研究反复证实可以进行操控（Hu et al.，2016；Hu et al.，2007；Jerome et al.，2002；McAuley，Talbot，Martinez，1999），而且对其进行的心理操控可以对其他的影响因素产生影响，从而改变个体的体力活动行为水平。该阶段的研究提示我们，应当关注那些可以通过合理的行为干预策略进行调控的心理和认知指标，这一结果也为后续的心理干预实验研究奠定了良好的基础。

第七章　自我效能干预对儿童青少年体力活动影响因素的影响

——基于社会认知理论的探索

在本书初步构建的社会生态模型和社会认知理论的整体理论框架之中,首先确定了儿童青少年体力活动行为的相关心理、社会和认知因素,包括自我效能、态度、主观用力感觉等。这些心理学和社会学因素的特点在于,它们具有可调控性,这也正是人们在行为解释和干预研究中对这些因素格外关注的原因。接下来的问题显而易见:这些体力活动影响因素是否可以通过一定的策略和方法进行干预?从理论上而言,由于这些体力活动行为影响因素可以影响儿童青少年的体力活动行为,因此对影响因素的干预有可能转化为体力活动水平的提高。

本章将围绕这一主题开展一系列的实验干预研究,讨论如何通过社会心理学的策略和方法对体力活动影响因素进行干预。在这些干预研究中,我们基于社会认知理论所提出的策略和方法,选取社会认知理论的核心概念"自我效能"作为抓手,基于社会认知理论对于自我效能的概念和来源的论断,设计实验干预范式,对体力活动行为相关的自我效能进行干预。在这一系列的工作中,重点解决的问题是:

第一,在我国儿童青少年群体中,进行体力活动自我效能干预是否具有可行性?具体的策略和方法有哪些?

第二,在我国儿童青少年群体中,体力活动自我效能干预是否可以对体力活动行为的影响因素产生影响?具体而言,本研究关注的核心因素包括:情感反应和愉悦感、主观用力感觉、锻炼态度和意向。

自我效能具有高度的情境特定性和任务指向性,人们在理解自我效能时需要对其所指向的任务进行明确,而不同类型的自我效能是具有各自的独立性的。例如,一个人对于完成学业的能力的判断(学业自我效能)就与其对自身完成运动锻炼的能力的判断(锻炼自我效能)并不冲突。一个人可以对学习缺乏自信,但是对其运动的能力满怀信心。也正因如此,自我效能具有高度的可调控性,可以依据社会认知理论的思想寻求有效的心理干预策略对体力活动自我效能进行调控,从而对其他体力活动影响因素施加影响。

因此,在本研究中,在急性运动的实验情境下,首先对自我效能进行干预,这部分的干预工作是基于短期的实验范式完成的,具有一定的任务特定性和行为指向性。研究的核心是确保自我效能调控具有可操作性,同时,对自我效能的调控可以转化为体力活动行为影响因素的改变。该部分实验研究的重点是对社会认知理论进行初步检验,确保研究结果的准确性,也即研究的内部效度,这部分的内容和结果将在本章进行详细讨论。

第一节　体力活动自我效能干预的可行性论证

自我效能指的是个体对于自身是否能成功完成特定任务的信心。这一概念是社会认知理论的核心概念,从社会认知理论视角来看,对个体的特定行为(工作表现、健康行为)的干预都可以将自我效能的调控作为一个核心策略。因此,在体力活动促进领域,诸多学者早就围绕自我效能开展心理和行为干预研究,讨论是否可以在体力活动行为研究中对体力活动自我效能进行成功的调控,并通过调控自我效能来影响与行为相关的心理状态和心理过程,从而最终实现对体力活动行为的成功干预。这一工作的理论基础建立在社会认知理论对于人们应当如何理解自我效能、自我效能如何形成的科学论断之上。

一、社会认知理论对于自我效能概念的界定

社会认知理论的提出者是著名的心理学家班杜拉。实际上该理论的前身是 Miller 和 Dollard(1941)所提出的社会学习理论(social learning theory)。该理论认为,人们是在人类的社会情境下,在对社会他人他事进行学习和模仿的基础上完成个体行为的。Bandura(1977)也认同这一理念,但和纯粹的社会学习不同的是,在其提出的社会认知理论体系中,个体的学习并非简单机械的模仿,而是具有主观能动性的学习,人不仅有了解和掌握外界环境的能力,也同样有主动适应和改造环境(这里的环境既包括物理环境,也包括自然环境)的意愿和能力。

在班杜拉所阐述的社会认知理论体系中,中介"agent"的概念是非常重要的。人们通常将"中介"这一概念理解为"中间人"或者"中间物",实际上在班杜拉提出的理论体系中,这一概念也包括了"参照物"的含义。换言之,在很多情况下,人们后天习得的心理和行为要通过一定的参照物来完成,中介可以起到参照的作用,但这种参照是积极主动的,而不是被动接受的。个体不仅接受环境因素所施加的影响,也可以主动运用自己的主观能动性,对自己所处的自然环境和社会环境进行改造,从而帮助自己开始并坚持完成具有明确目标导向的

行为(例如运动锻炼)。因此,环境和个体之间的关系是积极的、双向互动的,这也是社会认知理论的三元互动决定论的基础。在这一过程中,人类的大脑所主导的认知过程在个体、行为和环境三者之间的互动关系中起着关键性的作用。认知过程涉及个体如何正确认识自身的意愿、动机和能力等因素,以及如何正确认识自己所处的环境,如何充分调动自己的认知、社会和环境资源去引发和巩固自身的积极行为,克服消极行为,从而产生积极的效果,为个体的健康发展提供动力。在这一过程中,自我效能、效果期待、态度等重要的社会认知理论指标都起着重要的作用。班杜拉提出的这一系列思想,逐步形成了今天人们所熟知的社会认知理论的系统理论框架。从这个角度来说,社会认知理论也经历了发生、发展和成熟的阶段。从"社会学习"到"社会认知"只是一词之差,但在本质上体现了思想上质的飞跃。在这些思想的指引下,研究者们在工作绩效、吸烟、戒酒、体力活动等行为研究领域进行大量探索和检验。充分的研究数据证实,社会认知理论对于个体采纳和坚持特定的行为有着显著的预测力,这包括工作绩效、饮食行为(Anderson et al.,2010)、体力活动(Glanz,Rimer,Viswanath,1997;McAuley,Courneya,1993;McAuley et al.,2003)等健康行为,而自我效能在其中发挥了重要的作用。

在社会认知理论中,自我效能是一个核心概念,指的是"个体对于其组织和完成特定的行为来达成某个具体目标的能力所具有的信心"(Bandura,1997)。这也是本研究所重点关注的指标,因为自我效能体现的是个体对是否可以完成特定的、具有高度的目标导向性的任务具有足够的信心,而这一信心对于个体是否实施特定的行为至关重要,人们往往只有充分认可自己具有完成这些行为的能力,才会具有足够的意愿和动机去完成这些行为。

换言之,自我效能关心的问题是,个体在面临具体任务时,在多大程度上有信心来成功地调动自己的生理和心理资源完成这项任务。对于个体能力的这一判断具有很强的针对性,是将个体置身于特定的情境和任务中,针对某一项特定的任务来完成自身能力的判断。这种判断来自个体自身的过往经验、他人的间接经验、他人的言语劝说,以及对自身的身心状态的评估(Bandura,1986,1997;Bandura,1999)。在这些来源中,他人的因素起着重要的影响,这也正是班杜拉所指出的,个体行为很大程度上来自社会学习,来自在特定的社会环境中根据与环境和他人的互动产生的认知过程。因此,在班杜拉的社会认知理论形成过程中,他逐渐明确和强调了中介(agent)的重要作用,中介的一大作用在于帮助人们借助某一参照物,对自身的能力形成积极正确的评价。

作为这一思想的体现,班杜拉很早就开始关注自我效能对个体的健康行为所产生的重要影响。个体的健康行为,如参加体力活动、戒烟、戒酒等,往往都需要对抗人们"好逸恶劳"的一面,需要克制并付出努力,因此往往具有挑战性。而社会认知理论的一大优势在于,对于具有挑战性的情境和困难行为具有很强的解释和干预能力,这一点在自我效能这一核心概念上得到了很好的体现。在班杜拉的理论体系中,个体如果对于自身完成特定任务(即使之前并未完成过此项任务)具有很强的自信心,并且对该任务的结果有着良好的期待(Bandura,2004),则很可能会投入时间、精力去完成这项任务,并且在面临挑战(体力活动的强度难以完成)和障碍(学习和工作压力大、时间紧张)的情况下,通过运用各种自我管理策略调动自身的主观能动性(如提高动机、态度)、运用行为策略(如目标设定)寻求支持(如家人、朋友的社会支持)、创造好的社会环境(如在办公室张贴提醒)等方式,积极主动地完成特定目标导向的行为。总的来说,在社会认知理论体系中,自我效能是在个体的自我评价信息和个体的思想、情绪、动机以及行为之间的认知中介机制(Samson,2014)。也正因如此,个体在面临特定的任务,尤其是具有挑战性的任务时,自我效能等社会认知因素所起的激励、指引作用就表现得尤为重要。对于本研究所关注的儿童青少年群体而言,进行单次的体育锻炼并不难,困难之处在于按照一定的时间、频率和强度,克服生理和心理方面的挑战,在较大的学业压力下,长期坚持进行体力活动。在面临这一挑战性任务的时候,自我效能、效果期待等社会认知指标将对行为的坚持性起到重要的作用。

二、社会认知理论对于自我效能概念形成的阐释

要对自我效能进行调控,首要的工作是厘清一个人的自我效能是如何形成的。换言之,个体依据哪些信息、通过哪些认知过程来形成自己对于是否可以完成特定任务的信心的判断?本书在第四章中就曾对社会认知理论的原理和在体力活动研究领域中的应用进行了阐述。在班杜拉提出的社会认知理论框架中,自我效能感的形成主要来源于 4 种不同的途径,在前文已有描述。在本章的实证研究部分,则着重从实验设计的实际操作层面来讨论,如何从这 4 个层面对儿童青少年的体力活动自我效能进行调控。

(一)过往经验(past experience)

帮助个体形成自我效能感的首要来源无疑是过往经验。个体在面临一项目标导向很强的任务时,总是会下意识考虑自己是否完成过此项任务。通常而言,如果已经完成过此项任务,在过往已经有过成功的经验,则有助于形成较高的自我效能感;与之相反,失败的经验则通常会降低个体的自我效能感。

根据健康心理学的研究,人们采纳体力活动这样的健康行为,并将其固化为自身的行为习惯,往往需要 6 个月的时间,因此当前的诸多体力活动行为干预研究往往将干预时间设定为 6 个月。目前的体力活动自我效能测量量表也往往以 6 个月为基准,询问被试在接下来的 1~6 个月时间内,在多大程度上有信心坚持按照推荐的频率、强度和时长坚持完成体力活动(McAuley,1993)。

在本研究中,研究对象为我国儿童青少年,多数研究对象具有一定的短期体力活动经验。然而,坚持在 6 个月时间内按照一定的频率、强度和时长完成体力活动依然是具有挑战性的任务,而且我国儿童青少年的体力活动坚持性普遍不足,并无足够的成功完成此项任务的过往经验。因此坚持长时间完成体力活动的自我效能感不高的情况较为普遍,从社会认知理论的视角出发,由于起点低,这样的情况更有利于进行自我效能操控,更可以避免天花板效应的出现。基于这样的原因,在本研究中也遵循这样的设计:让被试以长期坚持体力活动的自信心作为自我效能的考量标准(具体参见研究设计部分)。

(二)替代性经验(vicarious experience)

个体在对自身是否可以成功执行某项任务的能力进行判断时,往往将与自身条件相仿的人作为参照物而进行评估。人们将其称为替代性经验,对于儿童青少年而言,这也是榜样的力量。如果与其年龄、性别、身体条件相仿的同学或者伙伴可以完成这项任务,那么他们就会更倾向于认为自己也具有成功完成这项任务的能力。与之相反,如果同龄人都无法完成,那么他们会倾向于认为自己也同样缺乏这样的能力,表现为自我效能感不高。

在本研究中,在对自我效能进行实验性调控的过程中,研究者将会为被试设置参照物(agent),也就是为他们提供运动能力的反馈(这些反馈并不是真实的,而是预先设定的),让他们将自身的运动能力与同样年龄和性别的同学进行对比,而运动能力是后续他们评估自己是否可以长期坚持体力活动行为的基础。从社会认知理论的视角,这一策略可以为本研究所关注的体力活动自我效能提供替代性经验的参考,基于对替代性经验的调控,则可能对被试的体力活动自我效能产生干预效果。

(三)言语劝说(verbal persuasion)

在个体形成自我效能判断的过程中,他人所起的作用不可忽视。从社会认知理论的视角来看,在面临坚持体力活动这样具有一定挑战性的任务时,如果给予人们更多的鼓励和劝说,他们会更有可能对完成该任务的能力具有信心,并付出更多的努力来完成这一行为。他人的劝说一方面会直接对个体产生激励作用,另一方面也会让个体感受到来自他人的期待,从而产生期许效应。这与心理学领域著名的皮格马利翁(Pygmalion)效应是对应的。皮格马利翁效应指的是一个著名的心理学现象,往往被通俗地理解为"赞扬和期待产生奇迹"。该故事最初来自希腊神话,神话的主人公塞浦路斯国王皮格马利翁善雕刻。他用象牙雕塑了一位可爱的少女,并深深爱上了这个"少女",为其取名盖拉蒂。他祈求女神阿弗洛蒂忒能赐给他一位如盖拉蒂一样优雅、美丽的妻子。他的真诚期望感动了阿弗洛蒂忒女神,女神决定帮他,使盖拉蒂成为真实的少女,并成为皮格马利翁的妻子。人们从这一寓言故事中总结出了"皮格马利翁效应",也即期望和赞美能产生奇迹。后来将其引申为：当个体得到他人更多期望以及更多积极的评价反馈时，他们会付出更多努力来完成目标行为，取得更为积极的效果。著名的心理学家罗森塔尔和雅克布森通过一系列的教育学研究验证了这一现象，发现得到更高期望的学生比其他学生在学业表现上有了明显的提高，表现出更有适应能力、更有魅力、求知欲更强等积极倾向。因此，人们也将其称为"罗森塔尔效应"。

本研究的研究对象儿童青少年处于思想相对不成熟的阶段，认知能力有限，在体力活动方面，对自身的运动能力、客观障碍等问题的认知具有较大的局限性，可能会夸大其面临的困难和挑战。在自我效能干预实验中，有必要考虑这一因素，对以提高自我效能为目标的被试加强言语劝说，使其感受到来自他人的鼓励、期待和肯定，从而强化其自我效能，提高目标行为的坚持性和依从性。

（四）生理和情绪状态的判断（somatic and emotional states）

个体对自身的生理、心理和情绪状态的判断是评估自身是否能完成特定任务的重要参考。就本研究的实验对象而言，儿童青少年对于自身身心状态的判断具有较强的主观性，这也为对他们的体力活动自我效能进行调控提供了空间。研究者可以通过标准化的运动测试，结合运动测试仪器所给出的结果（可以是根据实验需要预先设定的），给被试产生专业和权威的主观印象，从而按照实验的需求，有目的地按照实验的设计，引导被试对其运动能力产生特定判断。具体而言，如果目的是提高其自我效能水平，则提供更为积极的反馈，使其对自身身心状态的评价更为积极，产生更高的自我效能感；反之，如果目的是降低其自我效能水平，则提供消极的反馈，使其对自身身心状态的评价更趋向消极，从而与自我效能增高的被试产生对比。在此基础上，探索自我效能干预对目标变量（情感反应、态度、意向等）所产生的影响。

综上所述，基于社会认知理论对于自我效能感的概念和来源的论述，在体力活动行为的研究范畴中，完全可以针对体力活动自我效能开展实验干预工作，并检验自我效能的干预是否影响那些可能对体力活动行为产生促进作用的重要因素。

三、自我效能干预研究的现状和亟须解决的研究问题

社会认知理论提供了一个具有高度系统性和合理性的理论框架，帮助人们理解和检验自我效能是否可以对个体的情感反应、愉悦感、态度等行为相关变量产生影响，以及这些影响是通过什么机制产生的。因此，针对体力活动自我效能和锻炼自我效能进行干预，并讨论这种干预对于体力活动愉悦感、情感反应的研究已经有所开展。从当前的研究看来，自我效能等社会认知变量对个体

健康行为的影响是完全可以通过影响体力活动行为的相关和决定因素而实现的。这一关系不仅可以从逻辑上成立，也得到了很多实证数据的支持（Bandura，2004）。

此类研究的一个代表性例子是自我效能干预对情感反应和愉悦感的影响。情感反应（affective response）指的是"对于一个特定情境/时间的情感方面的反应"（Raedeke，2007），愉悦感可以描述为一种积极的情感和心境状态，反映的是愉快、喜爱和乐趣一类的感受（Wankel，1993），它们都被学者们反复证实是体力活动行为的重要影响因素（Sallis，Prochaska，Taylor，2000）。因此，有哪些因素影响参与体力活动的情感反应和愉悦感成为行为促进研究者们所关心的重要问题。

根据社会认知理论，个体的自我效能会影响个体在从事具有挑战性的任务时的生理感受。在运动的过程中，对于完成运动的能力更具有自信的个体比那些不太具有自信的个体更容易从运动中获得更好的情感体验。另外，体力活动本身就对个体的情感状态有着积极的影响。早期大量研究就已经发现，身体锻炼会减少负面情感，并且使人们产生能量唤醒的感觉（Gauvin，Rejeski，1993；Rejeski et al.，1995）。McAuley、Talbot 和 Martinez（1999）指出，锻炼和情感之间的正向关系可以通过多种机制得到解释，包括生物化学、社会心理机制，也可能解释为个体在锻炼过程中注意力容易从负面的情绪中得以转移。而社会认知理论则可以提供一个有力的解释，因为个体对于自身能力的信心早已被证实与个体的抑郁、焦虑等情感状态存在显著相关性（Bandura，1997；Bandura，2004）。因此，对于自身运动能力的自信心判断是可以对个体的情感状态产生影响的，人们将其称为运动相关的情感反应。

早在 20 世纪 90 年代，一些学者就开始关注运动过程中锻炼自我效能和体力活动自我效能与情感状态的关系，并提供了实验证据证实对于运动能力更有信心的个体更容易在递增负荷跑台实验中获得更为积极的情感体验（McAuley，Courneya，1992），而且在一次急性运动过程中，自我效能的变化可以解释积极情感的变化（McAuley，Talbot，Martinez，1999）。然而，这些研究的证据是观察性的（observational）研究证据，要确定自我效能干预与情感反应之间的关系，还需要实验干预来提供更为有力的证据。

Turner、Rejeski 和 Brawley（1997）以 46 名女性（平均年龄 18.3 岁）为对象进行互动干预，实验组得到更丰富积极的社会交流支持，而对照组的交流环境较为平常。结果发现，实验组的自我效能水平相比对照组而言得到了显著提高。然而与预期不符的是，这种提高并未带来更为积极的运动相关的情感。对于这一结果，研究者的解释是，研究中所采用的实验干预手段存在一定的不足，还没有产生足够的自我效能提升效果，因为社会交流只是自我效能的众多来源之一，还有诸多其他因素影响着自我效能。一些研究者认为，对于自我效能的调控应当从社会认知理论中对自我效能来源的论述出发,通过更为有效的策略和手段来增强自我效能感,于是后续的一些研究者对干预实验的方法进行了总结,改进了实验范式。

McAuley、Talbot 和 Martinez(1999)通过严格设计的实验范式对其进行了验证。在这项研究中,研究者将 46 名不经常锻炼的大学女生随机分为高自我效能组和低自我效能组,在被试完成极量运动测试之后,提供了预先设定的虚假反馈。该做法旨在有目的地增强高自我效能组对其运动能力的信心,而有意降低低自我效能组对其运动能力的信心。高自我效能组的女生在极量运动测试之后,得到了积极的运动能力反馈,被告知她们与相似年龄和同性别的人相比,其运动能力处于前 20%;而与之对应的是,低自我效能组的女生则在同样的测试之后得到了消极的运动能力反馈,被告知她们与相似年龄和同性别的人相比,其运动能力处于末尾的 20%。值得注意的是,这里的高自我效能和低自我效能分组的意义在于分别"提高"和"降低"两组被试的自我效能,实际上两组的初始自我效能水平是基本一致的。正如研究者预期的那样,高自我效能组的被试在接受了积极的运动能力反馈之后,对于自身运动能力的评价更为积极,并且在一次急性的自行车蹬车运动后报告了更为积极的情感体验;相反,低自我效能组的被试的运动自我效能相对更低,情感反应也相对更为消极。

Hu 等(2007)也应用类似的自我效能调控的实验范式对大学女生进行实验研究。这一实验干预研究发现,如同假设的那样,对于运动能力进行的事先设定的反馈使得被分到高自我效能组的女生对运动的自信心得到提高,而低自我效能组的女生对于自身完成运动的信心则有所下降,说明自我效能的干预调控是成功的。与之对应的是,积极的运动能力反馈带来的自我效能提高可以转化为愉悦感的积极提升。与之类似,Jerome 等(2002)应用自我效能实验干预范式,对 59 名成年女生进行了自我效能干预,同样发现自我效能干预可以通过电脑生成的虚假反馈进行调控,而自我效能的提高可以使被试报告更为积极的感受以及更高的活力。

这一系列的自我效能实验干预研究都有力地证实了对个体运动能力的判断是可以进行调控的,而这种调控可以使得人们更为愉悦,情感状态更积极、更具有活力。这些研究的结果从体力活动行为提升的角度来看,无疑是具有重要意义的。因为个体在从事某项行为并体会到积极的感受时,会更倾向于坚持该行为。大量研究证实,愉悦感和积极情感同体力活动参与(Motl et al.,2001)以及锻炼坚持性(Bartlett et al.,2011)都存在显著的相关关系。当然,需要意识到的是,虽然大量研究讨论了自我效能干预对个体的心理指标的影响,而这些指标也与体力活动行为存在密切的联系,但应当看到,此类研究也存在一些不足。

　　首先,自我效能干预与情感反应的研究还不够系统具体,多数研究关注一个到两个变量,但是缺乏系统性的研究,没有研究者在一个研究中对体力活动行为相关的多个因素(愉悦感、情感反应、心境等)进行统一的检验。由于这些指标之间本身就可能存在显著相关,也就是存在共线性关系,这会使得研究结果的可靠性受到一定的质疑。换而言之,人们可能会质疑,愉悦感、情感反应、心境等变量会对彼此产生影响,因此这些变量的变化并不一定是自我效能的改变导致的,要对这些关系给出有说服力的解读,有必要将其放在同一个样本、同一个研究框架中进行检验。

　　其次,多数的研究目前是在成年人群之中完成的,在儿童青少年群体中进行的自我效能干预研究还比较少见。自我效能、效果期待等变量对于行为的预测能力得到了很多研究的支持,并且被用于行为干预的实践,这完全符合逻辑。在成年人的世界中,个体需要时刻面对挑战,强化个体的自我效能,提高对特定行为(例如体力活动)的收益的认知成为一种需要,社会认知理论在个体的行为和心理指标上的应用得到了反复的验证也就不足为奇。一个重要问题是,成年人的认知能力得到充分的发展,具有高度的成熟性,而对于儿童青少年而言,其认知能力并未得到充分的发展,由于年龄和阅历的限制,对于客观世界的认知还存在很大的片面性和局限性,同样的行为理论是否适用,还需要经过实证研究的检验。Robbins 等(2004)探索了青少年的体力活动自我效能、愉悦感和情感状态之间的关系。其研究发现,自我效能更高的青少年在跑台运动过程中有着更为积极的情感体验,而这种情感体验也可以预测他们对运动的愉悦感。然而,这一研究采取的是横断面研究设计,该研究的数据只能提供相关关系证据,并没有通过实验干预范式提供有力的因果关系证据。由于儿童青少年的认知能力、运动习惯、心理成熟度都与成年人有着显著的差异,因此是否可以在儿童青少年群体中开展体力活动相关的自我效能干预,这种干预是否可以在愉悦感、情感反应、心境等体力活动重要相关指标上产生影响,都有待系统的实验干预研究来探索和验证。

　　在本研究的上述章节中,通过质性访谈,研究者发现,对于多数被试而言,尤其是高年级(15 岁以上)的受访者而言,当他们对自身的运动能力感到充分自信时,参加此类体力活动获得的愉悦感会更强,更可能参与此项体力活动;反之,如果他们对自身的运动能力缺乏信心,从体力活动中获得的乐趣就会减少,参与可能性也会下降。

　　再次,我国儿童青少年群体体力活动行为的影响因素可能与西方文化背景下的儿童青少年存在不同。Sallis 和 Owen(1999)指出,心理变量对体力活动行为的影响在不同的文化和种族背景的人群中是存在差异的,Robbins 等(2004)也同样指出,有必要在不同的文化和种族背景的群体中,对体力活动促进策略进行有针对性的设计和调整。实际上,社会认知理论的应用有必要在不同的文化背景中进行一定的区分,这是该理论的构建者班杜拉认可并就此问题进行了专门阐述的。

因此,本研究以初中学生为研究对象,将其分别随机分为高自我效能干预组和低自我效能干预组,在进行运动测试后给予被试积极和消极两种截然相反的关于其运动能力的反馈,观察这种针对自我效能进行的干预是否可以对中学生的体力活动愉悦感、锻炼态度以及身体自我重要性产生影响。本研究之所以选取这些指标,是因为这些指标在上一阶段的研究中被发现与体力活动行为存在显著相关性,而且具有可以调控的属性。通过本研究,可以检验是否可以在青少年群体中通过调控其自我效能,对可能影响体力活动行为的一些因素施加影响,从而促使其更为积极地参与体力活动,为基于社会认知理论进行运动锻炼提供理论依据和实施策略的参考。

第二节 体力活动自我效能干预实验的设计与实施

一、研究问题

基于上述的论证,本研究认为,在我国儿童青少年群体中,可以运用社会认知理论的框架,借鉴前人研究的成功经验,对儿童青少年的体力活动自我效能进行干预,并讨论这些干预的结果是否可以在体力活动行为促进工作中得以成功应用。本研究需要解决的核心问题是:

首先,是否可以在社会认知理论的框架内检验体力活动自我效能干预的可行性?要完成这一目标,可以采取哪些具体策略和方法实现成功的体力活动自我效能干预?

其次,在我国儿童青少年群体中,成功的体力活动自我效能干预是否可以有效地转化为体力活动行为影响因素的提升,尤其是那些具有可调控性的因素?在上一部分的研究中,已经确定了可调控的体力活动影响因素包括:情感反应和愉悦感、身体自我重要性和锻炼态度。本研究将探索急性自我效能干预对这些心理指标的影响。

二、研究方法

(一)研究设计

本研究以儿童青少年为研究对象,采用分组实验设计。被试需要进行台阶运动测试,并在测试结束后分别给予积极和消极的运动能力反馈,也即自我效能调控干预实验,从而验证:①给予不同的运动测试反馈是否能有针对性地对体力活动自我效能进行干预;②对体力活动自我效能(进行体力活动的自信程度的判断)的人为干预是否可以产生对体力活动愉悦感、锻炼态度(进行锻炼的心理倾向)、主观用力感觉的影响。

(二)实验流程

研究者首先在杭州市某中学招募了 44 名初中一年级学生自愿进行本研究。在体育课之前,研究被试首先在教室里统一填写知情同意书和运动风险评估表,以及包括人口学变量、锻炼自我效能等指标的初测心理问卷。随后,研究人员随机按照性别匹配将研究被试分为每组 22 人的高自我效能干预组和低自我效能干预组。之后,由体育老师带领,以每批测试人数 6～8 人的方式分批在学校的体育馆按照标准化程序(杨锡让,1994)完成台阶测试,以台阶指数得分作为反映运动能力的指标。被试在完成运动测试后,进行 5 分钟放松。随后研究者以 1 对 1 的方式告诉被试他们将以台阶测试成绩为依据,给每位被试提供一个针对他们的运动表现的反馈。在确定被试清楚了解反馈的目的之后,研究人员根据事先的分组对研究对象的运动能力给予不同的虚假反馈,从而进行自我效能调控干预。

自我效能反馈为预先设定,以图表方式显示他们在运动测试过程中的心率以及台阶测试成绩,并将这些虚假数据与同年龄和性别的常模数据进行对比。那些被随机分到高自我效能组的人被告知和同年龄以及性别的人相比,他们的运动能力处于前 20%。与之相反,低自我效能组的被试被告知他们的运动能力和相似人群相比处于后 20%。在给予了虚假反馈之后,被试被要求对他们的测试结果进行总结,从而保证反馈信息得到被试的正确理解。这种实验操控方式也曾经在前人的研究里用到并被证实有效。

在运动测试的过程中,被试定期回答他们对于自身在运动过程中的主观用力感觉(RPE)。在此之后,被试再次填写了体力活动自我效能问卷,并填写了体力活动愉悦感、锻炼态度量表等问卷。所有心理量表都有较好的内部一致性($\alpha s > 0.80$)。在研究结束之后,研究者告知被试实验目的和干预的真相,并给他们真实的测试结果和解释,最后对他们的参与表示感谢。

本研究的步骤和方式通过了研究者所在大学的伦理委员会的审核,所有的被试都事先得到了一份知情同意书。

(三)测量指标

体力活动自我效能。本研究通过 McAuley 和 Courneya(1993)设计的自我效能量表测量了被试在接下来 6 个月坚持每周进行 5 次 40 分钟以上中等强度的体力活动/锻炼而不放弃的信心。该量表有 6 个问题,每一个问题比上一个增加 1 个月的锻炼时间,一共从 1 个月到 6 个月不等。问题选项共 100 分的尺度,每 10 分为一级(0=完全没有信心,100=完全有信心)。被试对他们自身成功地在每一个问题规定的时间里坚持每周锻炼 5 次的信心进行打分。把信心的得分相加并除以问题的数目,得出该量表的总分,范围为 0～100。本研究中该量表在干预前后的内在一致性都很高($\alpha s > 0.95$)。

体力活动愉悦感。体力活动愉悦感通过体力活动愉悦感量表(Kendzierski,DeCarlo,1991)来评定。该量表有 18 个问题,通过 7 分的李克特量表打分,问题的指导语一般是"此刻你对于刚刚进行的活动感受如何"。代表性的问题为"我喜欢这个活动—我讨厌这个活动""我觉得这个活动很让人愉快—我觉得这个活动让人不愉快"。在计算得分时,把 12 个反向提问的问题得分进行逆向转换,然后将它们的得分和其他所有问题得分相加,并除以问卷的条目数,得到一个范围在 0—7 的分数。在本研究中,该量表具有很高的效度($\alpha = 0.92$)。

锻炼态度。该指标通过毛荣建编制的锻炼态度量表进行测量。问卷共分为行为态度、目标态度、行为认知、行为习惯、行为意向、情感体验、行为控制感、主观标准 8 个分量表,采用李克特 5 级评分,分数越高,对于锻炼的态度越为积极正面。该问卷经检验具有良好的信效度(毛荣建,晏宁,毛志雄,2003)。在本研究中,这 8 个分量表的科隆巴赫系数分别为 0.85、0.76、0.71、0.81、0.82、0.77、0.83、0.76,这表明本研究中该量表各维度的内在一致性均在可接受范围内。

体力活动水平。体力活动水平通过闲暇锻炼水平量表(Godin,Shephard,1985)来测量。该量表共有两个问题:第一个问题是问个体在过去的一周闲暇时间里所完成不同强度的锻炼的次数,包括高强度锻炼、中等强度锻炼和低强度锻炼,且每次锻炼时间不少于 15 分钟。第二个问题是问个体在过去的一周里有规律地出汗的锻炼次数。根据以下公式计算出总体锻炼水平得分:锻炼水平=9×高强度锻炼次数+5×中等强度锻炼次数+3×低强度锻炼次数。该问卷简单实用,曾被广泛应用于测评各个人群的锻炼水平,具有较高的信效度,并曾在我国人群中成功应用。

身体自我重要性。身体自我重要性反映了身体各方面对个体的重要性。其 4 个维度与身体自尊相一致,包括:运动技能、身体状况、身体吸引力和力量。每一个条目描述个体对身体自我的一个方面的重要程度的评价,例如"具有一个有吸引力的体形对我来说至关重要"。所有的条目均为 1—4 分李克特量表评分,1 代表完全不正确,4 代表完全正确。所有条目相加得到该量表的总分。在本研究中,该量表具有较高的内部一致性($\alpha = 0.89$)。

运动能力。被试在所在学校的体育馆,由体育老师带领,按照标准化程序完成台阶测试,以台阶指数得分作为反映运动能力的指标,并由研究人员以台阶测试成绩为依据，对研究对象的运动能力给予虚假反馈，进行自我效能干预。

(四)数据分析

本研究的所有数据均通过 SPSS 22.0 软件进行统计，分析分为两大部分。

第一，分析了自我效能调控干预是否达到预期效果，采用的是 2(实验条件：高自我效能对比低自我效能组)×2(时间：测试前后对比)的重复测量方差分析。

第二，通过独立样本 t 检验来判定两个干预组之间是否在各个因变量指标上存在显著差异。统计差异的效果度用 d 值(Cohen,1988)来表示。

三、研究结果

本研究的结果报告主要分为三部分：一是对被试的基本情况进行了描述性分析和呈现。除了基本的身高、体重等信息，该部分也对不同分组的被试的实际运动能力(通过台阶测试得分体现)和运动测试的生理反应(通过台阶测试之后 1 分钟的心率情况体现)进行了对比。这是因为这两项指标是被试的运动能力和生理状态的反映，对其的主观判断是自我效能感的重要来源。二是对自我效能干预的效果进行了分析。这主要是对比了不同实验分组的自我效能在干预前后的变化是否存在组间差异，其核心是判断本研究所采取的自我效能干预策略是否有效。三是对本研究所关注的愉悦感、锻炼态度、主观用力感觉进行了组间对比，从而分析自我效能干预是否对这些指标产生了显著影响。

需要说明的一点是，本研究涉及的自我效能干预对愉悦感影响的部分研究结果已经发表于《儿童锻炼科学》(*Pediatric Exercise Science*)(Hu et al.，2016)。该研究讨论了自我效能干预对我国青少年的体力活动愉悦感的影响，但自我效能对锻炼态度、主观用力感觉等指标的影响的研究结果并未发表。如上文所述，由于体力活动愉悦感和锻炼态度等指标存在显著的相关关系，并增加了相应的数据分析和讨论，因此，在本研究的结果部分，出于研究结果讨论的系统性和完整性考虑，不可避免对这部分已发表的研究结果进行引用，引用的部分主要体现为被试的基本情况描述，以及自我效能干预对于愉悦感的影响。但对这部分结果，本书将作为前期成果进行概要描述，不占据过多篇幅，重点讨论尚未发表的研究结果。

(一)受试者基本情况

最终完成测试和问卷调查的研究被试为 44 名初一学生(年龄 14.30±1.17 岁)。各个实验中被试的基本信息参见表 7.1。首先通过一系列 t 检验发现，本研究中所应用的所有基本信息指标均无高低自我效能干预组间的差异（$p>$0.05）。这说明被试的随机分组是成功的，他们在身体素质、锻炼水平、锻炼态度等指标的基线水平上不存在自我效能分组方面的组间差异。

表 7.1 被试的基本信息

变量	高自我效能组($n=22$)	低自我效能组($n=22$)	所有人($n=44$)
	$M\pm SD$	$M\pm SD$	
年龄/岁	14.1±1.2	14.5±1.1	14.3±0.9
身高/cm	160.1±6.1	160.1±6.8	160.1±6.3
体重/kg	46.3±6.6	46.5±12.7	46.4±10.1
BMI/(kg·m^{-2})	18.2±1.8	18.3±3.9	18.3±2.9
台阶测试 1 分钟后心率/bpm	115.5±11.1	114.6±12.3	115.1±11.6
台阶测试 1 分钟后心率与最大心率比值	0.6±.01	0.6±0.1	0.6±0.1
台阶测试得分	56.0±6.2	57.6±7.0	56.8±6.6
体力活动水平	74.5±46.6	71.7±35.7	73.1±41.1
男生比例/%	50	50	50

注：以上各项指标均不存在高、低自我效能组间差异（$ps>0.05$）。

另外，前期的一系列独立样本 t 检验也发现，研究的主要指标，如 BMI、体力活动愉悦感、锻炼态度各个维度的得分、主观用力感觉，和测试前后的锻炼自我效能均不存在男生和女生之间的性别差异（$p>0.05$），说明性别对主要的指标没有影响，因此，后续的分析没有在性别因素上进行性别分组之间的对比。

（二）自我效能调控的操控核验

对台阶运动测试前后的锻炼自我效能分别进行干预分组的组间 t 检验对比发现，尽管运动测试之前高、低自我效能组的锻炼自我效能水平没有显著差异（$t_{42}=0.42, p=0.68$），却在测试之后出现了显著差异（$t_{42}=2.02, p<0.05$）。另外，通过进一步的重复方差检验发现，尽管时间主效应［$F(1,42)=0.15, p=0.705, \eta^2=0.01$］并不显著，但自我效能分组×时间交互效应［$F(1,42)=9.24, p<0.010, \eta^2=0.18$］非常显著。这表明，在进行自我效能干预后，两组被试的自我效能变化趋势存在显著不同，高自我效能组的学生对于完成锻炼的自信心在提升（$d=0.27$），而低自我效能组的学生对于完成锻炼的自信心出现下降（$d=-0.24$）。给予不同的自我效能调控使得被试的自我效能感在测试前后的变化表现出了不同的趋势，体力活动自我效能干预达到了预期的效果，是行之有效的。

表 7.2　运动测试前后自我效能得分一览

组别	n	测试前自我效能		测试后自我效能		d
		平均值	标准差	平均值	标准差	
高自我效能组	22	58.48	26.87	65.83	28.58	0.27
低自我效能组	22	55.30	23.57	49.62	24.48	−0.24
总体	44	56.89	25.03	57.73	27.55	

注:n=样本量,d=测试前后对比的效果量。

(三)自我效能调控对体力活动行为影响因素的影响

自我效能调控实验完成后,研究者对两组之间的体力活动愉悦感、锻炼态度(分为总分以及多个分维度得分)进行了对比,具体结果如表 7.3 所示。从研究结果来看,自我效能干预之后,高、低自我效能组的运动愉悦感存在显著差异($t_{42}=2.15,p<0.05$)。

进行锻炼自我效能干预之后,高、低自我效能组的锻炼态度在不同维度上存在不同的差异。存在自我效能干预分组差异的方面有行为态度($t_{42}=2.34,p<0.05$)、行为意向($t_{42}=2.50,p<0.05$)、情感体验($t_{42}=2.10,p<0.05$)、行为控制($t_{42}=1.99,p<0.05$)。而目标态度、行为认知、行为习惯和主观标准 4个维度上不存在自我效能干预分组的差异。而从总体而言,锻炼态度的总分也受锻炼自我效能干预的影响($t_{42}=2.07,p<0.05$)。此外,运动测试之后的身体自我重要性并不存在自我效能分组的差异($t_{42}=0.85,p=0.40$)。

表 7.3　不同自我效能干预分组之间的愉悦感、锻炼态度、主观用力感觉的差异对比

项目	得分范围	高自我效能组 $n=22$		低自我效能组 $n=22$		t	p
		平均值	标准差	平均值	标准差		
测试前自我效能	0—100	58.48	26.87	55.30	23.57	0.42	0.68
测试后自我效能	0—100	65.83	28.58	49.62	24.48	2.20	0.03*
体力活动愉悦感	1—7	4.99	1.17	4.23	1.11	2.15	0.03*
行为态度	8—40	21.91	5.85	18.43	3.59	2.34	0.02*
目标态度	12—60	31.81	3.97	32.38	3.98	−0.47	0.64
行为习惯	10—50	34.31	6.63	34.36	5.62	−0.03	0.98
行为意向	8—40	21.14	5.15	17.50	4.19	2.50	0.02*
情感体验	10—50	25.48	7.59	21.33	4.94	2.10	0.04*
行为控制	8—40	25.10	4.18	22.33	4.79	1.99	0.05*
主观标准	7—35	20.00	4.10	22.00	4.48	−1.51	0.14
总体锻炼态度	70—350	206.50	19.51	194.39	16.24	2.07	0.04*
身体自我重要性	4—32	22.76	3.88	23.76	3.75	−0.85	0.40

注:* 表示 $p<0.05$。

（四）自我效能干预之后体力活动行为影响因素之间的相关关系

本研究考虑的一个重要问题是，在自我效能干预完成之后，体力活动行为的一部分影响因素指标（愉悦感和锻炼态度）受到了自我效能干预的影响，出现了组间差异，而这种差异是由自我效能干预引起的，还是各个因素之间的相关关系（共线性）引起的？

表 7.4 显示了体力活动愉悦感、身体自我重要性与锻炼态度之间的相关关系。从结果来看，各个变量之间并不存在显著的相关关系，因此，体力活动愉悦感和锻炼态度（部分指标）所出现的自我效能分组的组间差异并非由这些因素之间的相互关联导致，而是由自我效能的变化所引起。

表 7.4　体力活动愉悦感、身体自我重要性与锻炼态度之间的相关关系

变量	体力活动愉悦感	身体自我重要性	锻炼态度
体力活动愉悦感	—		
身体自我重要性	0.27	—	
锻炼态度	−0.20	−0.21	—

注：所有变量之间的相关关系均不显著（$p > 0.05$）。

四、研究讨论

在体力活动行为促进领域，社会认知理论一直被广泛讨论并成功应用于儿童青少年体力活动行为的解释中（Bandura，1998；Motl et al.，2002；Plotnikoff et al.，2013；Schwarzer，Renner，2000），但将其应用于体力活动行为的实验干预的研究相对较少（Dishman et al.，2004）。体力活动行为的干预周期往往长达数月甚至数年，在这样长的时间跨度里，将社会认知理论应用于行为干预具有一定的挑战性。因此，很多学者认为，该学术研究工作可以遵循从短期到长期、从急性运动（acute exercise）到长期锻炼坚持（chronic exercise）的思路，首先开展短期的实验干预研究，论证基于社会认知理论干预的合理性。这类研究的优势在于时间较短，可以在一定的实验情境下，应用科学的实验范式，对可以控制的因素进行严格的控制，从而可以更为精确地推断自变量和因变量之间的关系，建立因果关系（causality）。这部分工作注重解决理论检验和应用研究的内部效度问题，也被视为长期行为干预的基础性工作。

近些年来，不少学者基于这一思路，围绕社会认知理论的核心变量——自我效能开展了大量的自我效能，干预对体力活动行为影响因素的影响的实验研究，验证了自我效能干预可以有效地提高被试的体力活动愉悦感（Hu et al.，2007）、情感反应（McAuley，Talbot，Martinez，1999）和心境（Jerome et al.，2002）。然而，这些研究的被试大多集中于成年人群体。而本研究首次在中国青少年中,通过自我效能干预,探索了如何有效地改变个体对于体力活动的愉悦感受和对于锻炼的态度。

(一)自我效能调控对体力活动愉悦感的影响

近些年来,愉悦感对于运动锻炼参与的重要性得到了越来越多的关注。愉悦感同体力活动参与和锻炼坚持性(Heisz et al.,2016;Johnson,Heller,1998;Wankel,1993)都存在相关性。这很容易理解,因为如果人们在体力活动中感到愉悦,则更有可能参与体力活动。因此,研究者们希望了解在运动中的情感体验受哪些因素影响,从而寻找有效的行为策略来提升人们积极的情感体验,使他们更乐于从事运动锻炼。已有不少研究通过调控自我效能的方式对成年人的体力活动自我效能进行有目的、有针对性的调控,发现这一方式可以使得被试的情感体验更为积极(McAuley,Talbot,Martinez,1999),活力更高(Jerome et al.,2002),愉悦感更强(Hu et al.,2007)。这从社会认知理论的视角可以得到充分的解释:自我效能与良好的心理情感状态显著相关;反过来,这些情感方面的反应也可能为自我效能预期值的形成提供了一个来源(Bandura,1998)。需要看到的是,自我效能作为一个认知层面的心理指标,是可以在过往经历、替代性经验、言语说服、对当前生理/身体状态的正确认识等方面进行心理和行为策略的调整,从而得到促进和提高的。

本研究发现,中学生的体力活动愉悦感水平总体不高,处于中等水平。在1—7的评分尺度上,高自我效能和低自我效能组的愉悦感平均分仅为4.99和4.23,对比之前针对大学女生(高自我效能和低自我效能组的愉悦感平均分分别为5.63和4.97)开展的研究来看,中学生的体力活动愉悦感相对较低。虽然个体的体力活动愉悦感存在一定的文化差异,但这也同样有可能是因为在沉重的学业压力之下,中学生对于目标感很强的运动(也即本研究中的台阶运动测试)并不喜欢。我国教育部早已出台相关的体质健康促进措施,对于中小学生的体育活动参与做出了"每天锻炼一小时"的规定,然而这些规定在很多地区并没有得到完全切实的执行(曲志磊,2014;孙科,2013)。Motl等(2001)曾指出,提高青少年的锻炼水平,应该从他们的锻炼情感体验、兴趣和动机入手。本研究进一步提示,对青少年进行锻炼促进工作,需要提高他们的自我效能水平,避免硬性规定的目标感太强的运动,使他们更享受运动带来的快乐。

在本研究中,自我效能干预对高自我效能组的愉悦感提升效果显著。在当前我国青少年体质持续下降的背景之下,这一结果尤为有意义。这说明在青少年这一心理和体质成长的关键时期,他们对于锻炼的信心(自我效能)在认知层面上存在很大的调控空间。因此,学校、家长和教师可以多方面合作,从自我效能的来源着手,通过多种形式的鼓励、劝说、反馈、营造社会支持等方式来提升他们的锻炼信心,使其对参与体力活动感到愉悦,从而使他们愿意参加更多的体力活动,提高其体质健康水平。反之,如果体育课堂表现、运动测试成绩不理想等负面信息过多地被传达给青少年,很可能打击他们的自信心,让其对体力活动产生抗拒心理。一些体育课的内容和课外体育活动的组织形式不可避免地存在一定的结构化特点,也需要有一定的强度,从而带来一定的挑战性。如果儿童青少年难以体验到从事体育运动的乐趣,那么对他们投身体育锻炼、增强体质将是极为不利的。

(二)自我效能干预对锻炼态度的影响

锻炼态度和自我效能都是锻炼坚持性的重要决定因素(陈作松,周爱光,2007)。尽管已有研究发现,对自我效能进行正向的实验调控可以带来积极的运动情感体验,但很少有人对自我效能和锻炼态度之间的关系进行实验研究。本研究以社会认知理论(Bandura,1997)为框架,通过实验性的探索证实了自我效能干预可以对锻炼态度产生一定的积极影响。

社会认知理论认为,自我效能是针对特定情境下完成特定行为的信心,对于行为的指向性和预测性很强。该理论指出,自我效能作为一个认知层面的心理指标,是可以在掌握性经历、替代性经验、言语说服、对当前生理/身体状态的认识等方面进行调整来促进和提高的。本研究发现,由于随机分组的实验设计,本研究中被试学生的初始自我效能不存在显著差异,而在给予预先设定的运动能力反馈后,初中生自我效能的变化随着组别而不同,对锻炼自我效能的干预达到了预期的效果。对自我效能干预组的自我效能在干预前后的变化进行对比,效果量均为中等强度,这也和之前几个具有代表性的自我效能干预研究的结果是比较一致的。显然,当初中生被告知自身的运动能力属于同龄人中的佼佼者时,他们对自己坚持进行有规律的锻炼的自信心得到了提升;反之,当他们得知自己的运动能力属于同龄人中的较低水平时,其对于完成锻炼的自信心受到明显的负面影响,出现显著的降低。研究人员通过分别给予研究被试以正向和负向反馈的方式,成功地操控了研究被试的自我效能,这有效地通过实证研究的方式,在我国中学生中验证了社会认知理论关于自我效能来源的论断,说明了在我国初中生中可以基于班杜拉对于自我效能来源的论断,有针对性地对锻炼行为相关的自信心进行干预。

自我效能的不同改变对研究被试在特定维度上的锻炼态度有影响,具体而言,在情感体验、行为态度、行为意向、行为控制这四个维度上,锻炼态度呈现出了显著的组间差异,从锻炼态度这几个维度的内涵来看,这并不难理解。情感体验是指"个体在参与锻炼时所体验到的情感体验或想到锻炼时所激发的情感",行为态度指向的是"个体对自己参与锻炼的肯定、否定或中性的评价"(毛荣建,晏宁,毛志雄,2003)。这说明提高中学生对于锻炼的自信心可以使他们对于参与锻炼的评价更为肯定,情感体验更为积极;反之,如果降低初中学生对于进行锻炼的自信心,则可能使他们更容易对于自己参与锻炼做出负面的评价,情感体验更为消极。这与 McAuley、Talbot 和 Martinez(1999)对美国女大学生进行的自我效能干预研究的结果是一致的。同时,本系列研究中观察到自我效能干预对体力活动愉悦感有着显著影响,这也与锻炼态度的情感体验维度上存在的显著组间差异是相对应的。

行为意向是指"个体是否有参与锻炼的打算,愿意在多大程度上去参与锻炼,计划为此付出多大的努力"。在本研究中,自我效能的提高还能带来初中生参与锻炼行为的意向的提升,这是以往的研究报道中所未见的。从计划行为理论的角度来看,行为的意向在很大程度上对锻炼行为具有预测作用。这说明有可能通过提升初中学生对于自身完成锻炼的自信心加强他们参与锻炼的意向,这或者也可以转化为锻炼水平和体质水平的提高。

行为控制感代表"个体对进行锻炼的难易程度的知觉,感到参与锻炼是否有充分的自主权"。这是与自我效能感产生最为直接联系的指标,很显然,对于完成锻炼的自信心的提高可以使得中学生更容易对锻炼行为的参与感到拥有充分的自主权。这意味着他们在具备锻炼参与的意愿的情况下,更容易感到能够掌控自己的锻炼行为,因此在锻炼参与的实施层面更有可能进行锻炼。

本研究也发现,自我效能干预对目标态度、行为认知、行为习惯、主观标准这四个维度没有显著影响。这可能与自我效能干预的方式和性质有关,行为习惯是指"锻炼活动成为个体的一种需要,成为一种自动化的行为模式"。从这个意义上说,行为习惯更多的是一种持续稳定的状态或者趋势,因此不太容易受到短期的自我效能干预的临时影响。目标态度是指"个体在不同的概括水平上对锻炼的肯定、否定或中性的评价",在这个指标上,本实验的结果并不符合预期,还有待其他相关研究的进一步检验。行为认知是指"个体对参与锻炼导致某种结果的确定认知,以及对这种认知的评价",而主观标准是指"个体参与锻炼所感知到的社会压力,对个体有重要影响的人(父母、长辈、亲密的朋友、同学、崇拜的偶像等)对参与锻炼的支持程度"。这两项指标更多是评价人们对于锻炼所带来的结果的判断,以及对其他人对于锻炼如何评价的判断,并不一定受自身是否可以完成锻炼这种行为的影响,这或许也可以解释在这两个维度上不存在组间差异的原因。

尽管从锻炼态度的八个不同维度上来看,自我效能的改变对锻炼态度的影响不尽相同,然而,从锻炼态度的总分来看,自我效能干预对锻炼态度有着显著影响,表现为自我效能得到提升的学生比自我效能降低的学生有着更为积极的锻炼态度。这也说明通过对中学生给予不同的运动能力反馈的方式,可以在总体上有效地影响他们对于锻炼的态度。这一结果从锻炼行为促进的角度来看是有着积极意义的,锻炼态度和锻炼行为之间存在紧密的联系。陈炳煌(2006)发现,大学生对参加体育活动的态度与每周投入课余锻炼的时间具有高度的一致性。刘正国和李莉(2011)对黑龙江省7所大学的891名在校大学生进行调研,也发现通过大学生的锻炼态度可以有效预测其锻炼行为,包括锻炼强度、锻炼时间和锻炼频率。这提示我们,积极的锻炼态度可能带来更为积极的锻炼行为参与。究其原因,这可能是因为具有更积极的锻炼态度的被试对锻炼的认可程度高,锻炼时能够产生积极的情绪体验,因此锻炼时可以承受更大的负荷,锻炼强度更大,参与锻炼的时间更长,次数也更多。

在当前我国青少年体质持续下降、锻炼行为参与普遍不足的背景之下,本研究的发现具有一定的实践应用价值。青少年处于身心都快速成长的关键时期,研究结果说明,处于这一阶段的青少年对于锻炼的信心(自我效能)在认知层面存在很大的调控空间。另外,如果可以有效地提升他们对于锻炼的信心,则很有可能在不同方面促使他们对于锻炼的态度更为积极,引导青少年学生形成正确的体育锻炼观念,培养良好的锻炼习惯。这也就是在进行行为干预的实践中,人们常说的需要先端正态度。本研究清晰地表明了可以通过给予有针对性的反馈的形式来完成这一目标,对个体的锻炼态度产生影响,而这可能最终有效地促进体育锻炼这一健康行为。

(三)自我效能干预对身体自我重要性的影响

自尊(self-esteem)是指个体对自身身体特点、个性、社会身份和行为的自我评价,是个体的心理幸福感的核心成分。自尊是一个整体概念,包括了多个维度/领域(如学业自尊、社会自尊等),其中也包括了身体自尊(physical self-esteem),也被称为身体自我价值(physical self-worth),这是体力活动心理和行为学研究广泛关注的概念。身体自我一方面可以作为因变量,用来评估体力活动所产生的心理效益;另一方面也可以是自变量,作为前因变量解释和影响个体的体力活动行为。大量研究发现,提高身体自我水平,让自己的体形变得更健康、更有吸引力是个体积极从事和坚持体力活动的一大动力(Fox,Corbin,1989),因此对身体自我的研究得到了体力活动行为研究者的极大关注。

身体自我是与社会评价密切相关的"个体对自我身体的不同方面的满意或不满意感"(徐霞、姚家新,2001)。Fox和Corbin(1989)在身体领域中建立了一个身体自我的多维等级模型,认为身体自尊包括了一个身体自我的总维度和四个分维度:运动技能、身体状况、身体吸引力和力量,并基于这一结构针对大学生编制了身体自尊量表,这一量表被广泛应用于个体对身体的自我评价研究,尤其是体力活动行为相关的研究。在确定身体自尊的结构的研究中,研究者们意识到需要重视一个重要的概念——身体自我的重要性(importance of physical self)。简而言之,个体对自身身体的评价是很重要的,会影响其心理健康、行为意向、动机等诸多方面,但这需要建立在一个前提之上,就是个体需要对身体自我感到重要,如果个体对自己的身体状况、吸引力、能力等都不看重,认为其无关紧要,那么身体自我的评价就难以影响个体的情感和行为。

当前在青少年人群中进行的身体自我研究主要集中于体力活动对身体自我的影响方面,例如曾芊和赵大亮(2007)对276名高中生和大学生的研究发现,参与体育锻炼的不同可以在不同程度上影响青少年的身体价值感,而只有达到体育人口的锻炼标准,体力活动行为才会对青少年的身体吸引力和一般自尊产生显著的影响。这在一定程度上说明,如果个体并不愿参加体力活动,那么体力活动对于身体自我的作用也并不显著存在。在国际上大量研究已证实,身体自我是促进儿童青少年采纳和坚持进行体力活动的重要决定因素(Corbin,2002;Lemmon et al.,2007),有必要从身体自我方面的视角出发,讨论通过什么方法和策略来增加儿童青少年的身体自我评价以及对于身体自我的重视程度,为促进其体力活动水平提供一个有效的途径。

本研究以我国青少年为研究对象,发现自我效能的干预对于被试的身体自我重要性并无显著影响。这可能有几个方面的原因:

首先,从研究的数据来看,研究被试的身体自我重要性已经处于较高水平,有可能存在天花板效应,难以在有限的 44 人样本中体现自我效能干预在身体自我重要性方面发挥的作用。

其次,自我效能干预所依据的是运动测试的结果,也就是说,被试需要考量的是在 6 个月的长时间设定下,自身是否具有足够的能力坚持不懈地完成体力活动,在多数被试并没有这样的过往经验的情况下,个体对其进行判断很大程度上依据的是一次台阶测试的结果,而研究者也同样依据台阶测试的结果对其进行干预,对其完成体力活动行为的信心施加影响。显而易见,从身体自我重要性涉及的四个维度(运动技能、身体状况、身体吸引力和力量)来看,只有运动技能以及力量与自我效能干预过程中所讨论的运动测试结果内容直接相关,而身体吸引力和身体状况的内容相关度较小,很有可能自我效能感的评价形成过程还没有太多涉及个体对于身体形态、身体吸引力的重要性评估。此外,重要性评价和身体自我的实际感受也并非同一维度。因此,后续研究可以从身体自我的实际评价入手,考虑自我效能调控对身体自我所产生的影响。

从当前文献回顾来看,本研究首次在中国儿童青少年群体中,应用标准的实验干预范式,基于标准化的运动测试,通过给予运动能力反馈,有效地改变了被试的自我效能水平。这些结果证实了可以基于班杜拉所提出的社会认知理论中对于自我效能的来源的论断,对体力活动自我效能进行调控,而这种调控可以带来一系列体力活动相关的心理指标的显著变化,从体力活动行为促进的角度而言,这具有重要的理论和实践意义。

从理论层面来看,这一系列研究检验了社会认知理论在我国青少年人群中应用的可行性;从实践层面而言,本研究的结果则可以应用于实际的青少年锻炼和体质健康促进工作。针对目前中小学普遍存在的锻炼参与水平,尤其是自主性的锻炼干预不高的问题,可以通过自我效能干预的方式影响他们的锻炼态度,尤其是可以有的放矢地针对中学生一些特定方面的锻炼态度(如锻炼控制感、情感反应等)进行影响。例如,教师和家长可以对锻炼水平不高、积极性不足的学生进行锻炼态度的测量，如果发现在行为态度、行为控制、行为意向、情感反应等方面的锻炼态度得分较低，可以对他们进行自我效能干预，这种干预很可能可以有效地促使他们具备更为积极的锻炼态度。

另外，在教学实践中，本研究的结果也提示，如果教师和家长过多地向学生传递其运动能力不足、体育课堂表现不佳等负面信息，很可能打击他们的自信心，使得他们在态度上对锻炼产生抵触，对他们投身体育锻炼、增强体质是极为不利的。反之，要提高中学生的体育锻炼参与，可以通过学校、家长和教师的多方配合，从自我效能的来源入手，通过多种形式的增加成功体验、鼓励参与、言语劝说、积极反馈、提供支持等策略来提升他们的锻炼信心，促进积极的锻炼，从而在行为上更多参与体育锻炼，提高体质健康水平。

五、研究的不足与展望

本研究首次在我国青少年人群中采用自我效能实验干预的方式，探索社会认知理论关于自我效能的一系列重要论断是否可以应用于体力活动行为相关的干预和促进工作中。研究采取了严格的、得到过充分应用和验证的实验范式，从体力活动行为促进的视角来看，研究结果具有一定的理论和实践意义。但必须认识到，本研究还存在一些可以提升之处。

首先，提升自我效能的方法和策略很多。在本研究中，给予自我效能干预的时间较短，尽管这种方式已经被之前的多项研究证实行之有效，但还有继续改进的空间。在本研究中给予运动能力反馈的方式应用到了自我效能来源中的几个方面，但更多集中于言语说服和对当前生理/身体状态的认识，而在应用替代性经验和掌握性经验方面的应用则略有不足，因此还可以考虑在今后的研究中实施更为强力的自我效能干预手段。

其次，本研究的被试仅仅完成了一个强度的运动测试，在体力活动方面无法对不同的强度下自我效能和各个因变量之间的关系进行差异化检验，而从当前的文献来看，这一点很有可能是有必要的。不少前人的研究都发现，之前自我效能和锻炼中的情感反应之间的关系随着强度的增加而变得更强（Treasure，Newbery，1998；McAuley，Courneya，1992），也就是说在运动强度大的情况下，自我效能对于情感体验的预测力更强。而 Hu 等（2007）发现，在亚极量强度下，自我效能干预的效果没有极量运动测试情境下的效果那么好。这说明，自我效能往往在强度大、任务难的情境下对行为参与和情感反应具有更强的预测力和指向性。

这也符合社会认知理论的观点，自我效能是针对具体任务的自信心的判断，在面临具有挑战性的任务时，自我效能的水平会影响人们是否选择完成该任务、可以在多大程度上坚持，以及付出多少努力，而在面对相对简单的任务时所起的作用则相对有限。在本研究中,中学生进行的台阶运动测试具有一定难度,但对部分运动素质相对较好的学生而言,可以相对轻松地完成测试,挑战性并不大。因此,基于这样的测试所产生的对于锻炼的自信的干预显著,但自我效能改变的效果度为中等,还可以得以加强。在今后的研究中,可以尝试采取以下一些不同的做法:①采用强度更高一些的运动测试,使得测试任务对绝大部分学生而言具有挑战性,可以更有效地干预锻炼自我效能,并研究自我效能改变对锻炼态度的影响。②可以尝试被试者佩戴心率表监控设备,通过标准化的Karvonen方程(Karvonen,1957)计算预测心率,因人而异地制定运动测试的强度,使得测试的负荷和反应符合每位被试自身的特点。③用跑台或者功率自行车,以递增负荷运动测试的方式进行运动能力测评,并告诉被试运动负荷会不断增加,坚持的时间越久,运动能力越强,而对运动测试的持续时间则可以人为控制。这样的做法可以使得测试结果对于被试而言可信度更高,自我效能干预的效果更好。另外,研究者还可以尝试采取多次长期的自我效能干预,而不是一次运动测试之后的运动能力反馈,从而从自我效能来源的多个方面应用自我效能干预的方法,提高干预的效果,为研究结论提供更具有说服力的支持。

第八章 儿童青少年体力活动
行为干预研究
——社会生态模型和社会认知理论的共同应用

第七章的自我效能干预研究解决的主要问题是如何应用社会认知理论进行急性的基于实验范式的心理干预。该部分的干预主要围绕自我效能完成，重点是确定社会认知理论的心理干预策略可以在单次的急性运动情境中对个体的体力活动相关心理因素产生影响，更多侧重于研究结果的准确性，也即内部效度的问题。然而，这一类的研究都是在实验室的情境下，应用严格控制的实验范式开展的快速干预研究。学者们普遍认同这类研究结果的科学性，但不可忽视的一点是，这些研究是基于实验室情境完成的。如果置于非实验情境，在自然的学习和生活情境中，这些研究得到的结论是否同样成立？这就是研究的外部效度问题，也被称为研究的生态学效度问题。对该问题的考虑涉及本书前述内容所讨论的理论的严谨性和广泛应用性如何权衡的问题。

此外，在前述内容中，本研究试图将社会生态模型和社会认知理论共同应用于体力活动行为的解释工作之中。从结果来看，这两个理论的结合存在可能性。但其结合并非简单停留于从各自的理论框架中提取一些变量，讨论这些变量与行为的关系，而是应当基于这两个理论相同的思路，围绕其核心元素，设计行为干预方案。因此，本研究在长期行为干预研究中，基于社会认知理论和社会生态模型对于自我效能、社会支持、自我管理、社区、政策等各个层次的指标与体力活动行为之间关系的论断，针对我国儿童青少年设计体力活动行为干预策略，开展为期 4 个月的行为干预项目，并检验其有效性。换而言之，当前儿童青少年体力活动水平不足、体质健康水平下降已经是不争的事实。本部分研究力图回答如何应对这一情况的问题，也就是从学校、家庭和社区的视角给出应该怎么办的建议。在本部分的研究工作中，着重解决的问题是理论在行为干预研究中的应用性问题，也即外部效度问题。

本部分的研究目标是：

第一，在前期的论证中，确立了在行为干预中以社会生态模型所提出的 5 个层次的要素为基本框架，在操作层面以社会认知理论为核心，提供干预的策略和方法的思路。本部分着重论证这一思路如何在长期的行为干预中实现，并试图进行检验。

第二,厘清在长期的体力活动行为干预过程中,哪些行为干预的要素是对行为干预的成效起着关键作用的。

在长期行为干预阶段,本研究的核心问题是:

第一,社会生态模型中 5 个层次要素是否都对儿童青少年的行为产生影响?

第二,每个层次中的核心要素有哪些最为显著的要素需要在长期行为干预中重点关注? 社会认知理论的策略和方法是否可以作用于这些指标? 这些指标的改变是否可以预测行为的改变?

第三,在操作层面,如何应用研究的结果来指导儿童青少年的体力活动促进工作?

值得一提的是,本研究中选取的这些指标,多数为可调整的社会心理指标,这意味着研究的结果可以为儿童青少年体力活动促进的相关各方(家长、教师、社区工作者、政策制定者)提供具有可操作性的参考,帮助他们理解如何设计一些具体的策略来促进体力活动行为。

第一节　儿童青少年体力活动行为干预
研究的总体设计

一、体力活动行为干预设计——社会认知理论和社会生态模型的共通与整合

本书在前文中已经对社会认知理论和社会生态模型这两个理论框架进行整合的可能性进行了论述。通过研究第一阶段的调研和第二阶段的短期实验干预研究,研究者对前期的访谈研究结果进行了质性分析,也对实验数据进行了定量分析,更进一步明确了两者进行整合和互为补充的可能性,并明确了开展进一步实证研究探索的思路。笔者认为,社会生态模型和社会认知理论的重要结合点在于环境因素对于个体心理、行为和终身发展的作用的认识。

生态学视角的理论和社会认知理论对于环境与行为之间关系的理解有同有异。其共同之处在于:都充分认可和强调环境因素对于个体的心理和行为具有重要的影响。而两者的区别在于:社会认知理论更为强调个体与环境之间存在双向互动决定的关系,个体对于环境因素的影响并非被动地接受,而是可以积极地改造自身所处的环境。这种改造可以是客观的,例如在家庭中购置健身设备、营造适宜健身的物理环境,也可以是通过改变自身

对于环境的认知,例如主动去发现居住地周围适宜健身的场地和设施。这一过程更多是认知过程,因为这一过程是在与环境(尤其是社会环境)交互的过程中产生的,是基于一定社会属性的认知,这也正体现了"社会认知"的核心思想。

生态学视角的理论则更多关注环境所存在的不同层次,以及这些层次之间的关系。以 Bronfenbrenner(1994)提出的人类发展的社会生态学理论模型为例,在该理论模型中,家庭、社会、政策、学校等与儿童青少年体力活动行为相关的因素都是个体发展的环境因素,都成为个体发展的一部分,环境和人的相互作用是其生态学理论的核心。而这些环境因素共同构成了一个动态的嵌套结构,也即每一系统层次都与上一个系统层次存在嵌套关系(代俊,陈瀚,2018)。按照逐级递进的关系,可以分为个体直接接触的微系统、2 个及以上互相之间存在关联的微系统组成的中系统、通过微观系统和中系统作用于个体发展的外系统,以及更为宏观的宏系统(社会环境和意识形态)。生态学系统之间的互动关系对个体的发展起着不同的作用。当然,在人的发展过程中,还存在"过程""时间"等要素的作用,这使得不同层次之间的关系显得较为错综复杂。虽然社会生态学理论也强调生态系统与外界环境始终不断交换信息,但这种交换所具有的互动决定属性并没有像社会认知理论那样获得很多关注。也正因为生态学系统存在的层次较多,这些层次之间的信息交换和相互作用较为复杂,当前很少有研究可以涉及社会生态模型中所有层面的因素,多数研究仅仅测量了一两个层面的因素。

饶是如此,社会生态模型在体力活动行为等健康行为研究领域的应用价值依然得到广泛的认可(代俊,陈瀚,2018)。一些研究者认为,这一理论虽然存在实证研究应用方面的一些困难,但其中一个重要的原因在于研究者并没有真正理解该理论的核心内容和思想要义(Tudge et al.,2009)。我国学者代俊等(2017)认为,社会生态模型的工作原理在于,该模型所讨论的多层次因素对健康行为的影响是综合性和多层面的,社会生态系统体现了"整体大于它的各部分的总和"的现代系统科学的非加和性原理(叶峻,2012),这一点对于本研究关注的儿童青少年体力活动不足问题而言,是有着重要意义的。因为这一问题虽然较多在学校体育的范畴中进行讨论,但涉及学校、家庭和社区多个层面,是一个综合性、系统性的问题,需要对多个层面的因素进行协同,共同解决。

从体力活动行为干预的操作层面来看,社会生态模型提供了系统性的框架结构,但在具体的行为干预策略方面还有所欠缺,而这正是社会认知理论的优势所在。

本书第七章讨论了围绕自我效能的行为干预理论开展心理干预,并直接影响愉悦感、锻炼态度、身体自我重要性这些与体力活动行为息息相关的心理因素。但这些干预更多是短期进行的急性干预,关注的是心理指标,而对体力活动行为的关注更应当是集中于长期、有规律的行为,因此自我效能干预对于体力活动行为的坚持性有怎样的影响,还无法从之前短期的急性干预研究中获得确切的结论,更需要应用社会认知理论对不同群体的个体进行长期的体力活动行为干预。实际上,已经有不少研究在这方面进行了一些尝试,并取得了一定的成功(Anderson et al.,2010;Dewar et al.,2014;McAuley et al.,2003;Plotnikoff,Kulinna,Cothran,2013;Ramirez,Kulinna,Cothran,2012)。然而,这些研究同样存在一定的不足:其干预项目的核心要素过于集中于个体内和人际层面,对于组织机构、社区和政策层面的因素考虑较少。这一问题也得到了一些学者的重视(Plotnikoff et al.,2013),他们普遍认为儿童青少年群体的心理和行为很大程度上受到身边的重要他人、学校环境、国家政策的影响,因此,对该群体的体力活动行为开展的研究需要加强对组织机构、社区和政策层面的外界环境因素的关注和考量。因此,社会生态模型和社会认知理论在实际的行为干预研究和实践领域存在共通互补的空间。

值得一提的是,尽管已经有大量研究对社会认知理论在儿童青少年体力活动行为干预研究中的应用进行了讨论,但在我国相关的实证研究较少,一些研究应用该理论对身体锻炼行为进行了解释(李京诚,1999),但应用该理论在儿童青少年群体中进行的行为干预研究还并不多见。

基于前期的理论论证和初步实证研究探索,在长期体力活动行为干预研究阶段,本研究拟以社会认知理论为核心的干预策略,纳入社会生态模型的要素,尤其是之前的实证研究中相对容易忽视的组织机构、社区和政策层面的要素,并对这些要素开展心理和认知干预,从而探讨如何将社会生态模型和社会认知理论的核心思想结合起来,应用于青少年体力活动行为干预的实践工作中。

总体上,本研究的行为干预策略的理论设计将遵循以下原则:

第一,以社会生态模型为总体框架,作为行为干预项目中核心要素的来源。

第二,以社会认知理论为具体行为干预策略的主要来源。具体而言,将以如何提高个体的体力活动自我效能、愉悦感和锻炼态度等显著的体力活动影响因素(见本书的第六章)为核心。

二、研究实施流程

(一)研究设计

本研究为实验干预设计,研究的核心是设计学校、家庭、社区三位一体的多成分行为干预项目,共开展一个学期(4 个月)时间。本研究团队联系了杭州的1 所中学开展实验干预工作,选取 1 个初一班级作为实验组开展行为干预,另外选取 1 个初一班级作为对照组,不施加任何干预。

　　研究者首先拜访目标学校,与学校的管理者和教师沟通交流干预研究的程序,获得对方的认可和同意。在学校教师的支持下,研究者确定了干预对象筛选的原则和具体方式,并在其帮助下与干预对象及其家长取得联系,向拟接受干预的被试提供了两份知情同意书,由其阅读同意之后,回收一份签字的知情同意书由研究者保管,另一份则由被试保管。

(二)行为干预方案

1.体力活动行为干预策略

　　研究以普通在校中学生为研究对象,为他们的体力活动提供行为上的专业指导和心理上的鼓励指引,分析并总结一系列帮助他们培养良好以及长期的身体锻炼习惯的方式方法。研究的核心是应用前期质性访谈和定量调查研究的结果,以社会生态模型为框架,以社会认知理论为内核,帮助实验对象提高其对于体力活动的自我效能感、体力活动愉悦感和锻炼态度,帮助他们培养积极的锻炼行为和社会参与习惯,并将此行为习惯固定坚持下来。在这一过程中,对进行体力活动干预的实验组应用社会认知理论关于行为调整的各项原则,如自我效能建立、效果预期、障碍克服、目标设定等来达成有效的行为干预目的,具体通过给予定期持续的教育和反馈完成。在干预的过程中,研究者采取一系列的方法和手段确保行为干预的有效性。

2.体力活动行为干预流程

　　研究者与目标学校共同确定干预研究的班级之后,共同设计了完整的行为干预方案,制订了相应的干预人员培训计划,以及制定了针对实验组的体力活动行为干预手册。干预流程的设计和手册的制定体现了本研究所讨论的社会生态模型和社会认知理论的核心理念。

　　首先,遵循社会生态模型对于行为的多层面影响因素的论述,强调对于青少年的体力活动行为促进而言,需要考虑学生个体心理、学校和家庭环境、体育教育政策等多个因素的作用,基于这一理念,研究团队将其定位为学校、家庭和社区的三位一体综合体力活动干预方案。

　　其次,从社会认知理论的视角出发,本研究将重点放在提升青少年的自我效能感上面,通过自我效能感的提升,有效地促使青少年提高体力活动参与的愉悦感受、锻炼态度和身体自我重要性等影响体力活动参与的关键指标。同时,将之前的青少年体力活动行为干预研究中很少涉及的组织机构、社区、政策指标融入干预。值得注意的是,在这些层面上,研究团队并没有试图直接改变这些指标的属性,而是将重点放在改变个体对这些指标的认知方面,通过健康教育、目标设置、监督反馈等社会心理学领域的行为干预策略,使干预对象对组织机构、社区、政策指标这些层面的感知指标发生改变。采取这种策略的原因主要有以下几点。

　　(1)如果要对组织机构、社区环境(作为建成环境的一部分)、政策等指标进行改变,将涉及场地设施改造、政策变更(至少在一个学校的层面上),牵涉面广,投入较大,超出本研究人力物力允许的范围。

(2)即使本研究可以对组织机构、社区环境、政策等指标进行改变,考虑大量的实际投入,同样的做法并不一定可以在各个地区推广,也就是缺乏研究的可推广性(生态学效度)。实际上前人的研究已经充分论证,对于个体的行为干预,是有可能将重心放在认知干预上,通过改变个体对于自身、社会环境、自然环境、组织机构、政策的认知来改变行为的(Bandura,2004;Plotnikoff et al.,2013)。

因此,本研究将体力活动行为作为一个整体进行考虑,包括了学校内的体育课程、课外体育活动,以及课下体力活动行为。通过设计合理的社会认知干预策略,在涵盖个体内、人际、组织机构、社区、政策等层面的要素的前提下,在学校、家庭和社区开展整体的体力活动干预。研究团队设计了为本研究制定的实验干预手册,结合该研究手册,干预的内容具体包括以下模块。

第一,对干预组学生的健康教育。健康教育的核心主要是确保中学生和家长充分认识体力活动对于身心健康的促进作用(效果期待),从而提高对体力活动行为的重视程度(身体自我重要性),改变其看法(态度),进而获得更强的动力(动机)来改变增加体力活动行为。该模块的内容归纳整理了国内外在运动锻炼领域的研究成果,通过通俗简洁的材料告诉研究对象及其家长锻炼对于身体和精神健康的有效促进作用,尤其是对于负面心理状态的调控和缓解作用。更为重要的是,该模块综合了国内外权威机构,如中国国家体育总局、美国运动医学学会、加拿大运动生理学会等组织和机构综合制定的健身锻炼指导纲要,向被试说明怎样才是合理地进行身体锻炼,让他们对于身体锻炼有实际、正确的认识。

第二,社会认知视角下的自我管理策略。为了帮助青少年合理对体力活动行为进行自我管理,克服懒惰、缺少时间等障碍,在行为干预的实施阶段,重点将帮助干预对象完成以下工作。

一是行为计划。本模块指导干预对象如何从技术角度和心理状态方面安排和调整自己的身体锻炼计划。具体的方面包括帮助他们制定个性化的目标并制订操作计划。通过这一过程,被试将合理地对自己参加锻炼的类型、时间、强度进行明确和具体的个人规划,也就是制定针对个人的运动处方。在学校体育情境中,被试将更多参与有组织的体育课程和课下体育活动,而在课下,体力活动的核心是积极与家庭成员一起共同发现周边适合进行体力活动的场地和设施,目标更多以行为为导向,例如以中等强度每周5天在家完成30分钟以上的体力活动,而体力活动的形式并不加以限制。

二是克服障碍。这一模块强调互动和调整,即如何根据体力活动过程中的具体问题和客观障碍进行及时的自我身心调控和行为调整。参与体育锻炼的初期往往会有一些因素,如身体不适、时间紧张、学业压力大等,影响人们锻炼的坚持性,这一模块帮助他们学习如何在日常生活中进行有效的统筹来克服这些障碍。

三是自我监督。这一模块帮助干预对象应用行为调整的原则对自己在执行体育锻炼计划过程中的坚持和有效完成程度进行监督记录。这一过程通过定期汇总报告等方式完成。

四是定期反馈。这一模块是研究者主动提供帮助与被试积极配合相结合的部分。研究人员要求研究对象每周记录填写自己的锻炼周记,定时量化报告自己在过去一周参与的锻炼和完成计划的程度。以上模块的内容根据循序渐进的原则贯穿于每4周一次共4次的反馈环节中。反馈环节将结合跟踪被试获得的身体活动水平的数据进行汇总和反馈,帮助他们回顾过去4周的进展和制定下一阶段的目标。

以上几大模块贯穿行为干预的始终,但在不同阶段各自有所侧重,例如在锻炼干预的初期,健康教育的内容所占比重较大,而在干预过程中,监督和反馈工作的过程较多。

值得一提的是,这些模块的实施在之前针对儿童青少年的基于社会认知理论体力活动干预中被证实可以有效(McAuley et al.,2003;Plotnikoff,Kulinna,Cothran,2013;Ramirez,Kulinna,Cothran,2012)提高被试的自我效能水平,是社会认知理论框架中行为干预和调整的核心成分。

(三)教师和家长的参与

上述行为的实施需要家长和教师的配合,研究团队采取以下措施确保行为干预的实施,为干预对象提供足够的社会支持,并在目标设置、障碍克服等方面为学生提供帮助,具体表现为:

第一,参与目标设定。无论是在学校还是家庭、社区情境,体育教师和家长都与学生共同参与体力活动目标的制定和行动计划的制订。研究团队为学生、教师和家长提供了基于有效目标设置的 SMART 原则(具体、可测量、行动导向、务实、有时间限定)进行目标设置的范例,其中短期目标的制定以行为为导向(例如,在接下来的2周内,我会每天回家后完成30分钟的体育锻炼),而长期目标的制定可以将行为导向和结果导向相结合(例如,通过6个月的锻炼,我会将体重控制在标准体重范围之内)。

第二,参与制订行动计划,提供社会支持。体育教师和家长都要求帮助干预对象探究如何针对制定的行动目标制定具体的体力活动参与方案,尤其是如何克服现有障碍来实现体力活动目标。

在学校情境中,研究团队要求教师帮助干预对象发现学校体力活动环境中存在的问题,并分析如何通过具体的策略来克服这些问题。例如,针对访谈中学生提出的学校体育锻炼氛围不足的问题,帮助这些学生列出改善锻炼氛围的方法(例如组成锻炼兴趣小组);针对访谈中提到的场地设施问题,帮助学校列出解决方案(例如避开高峰时间,选取其他形式的对场地要求不高的锻炼,例如跑步、跳绳、集体体育游戏等)。

学校教师和研究人员同时需要定期向学生传达我国青少年体育政策的精神,并帮助干预对象对其进行正确的理解和认识,由于相关体育政策较多,干预过程中共进行3次体育相关政策的讲解,并选取易于理解的部分,包括体质健康测试政策的规定和演变、升学考试中体育考试的要求和准备等。

在家庭和社区情境中,研究团队要求家长帮助干预对象一起在居住地进行调查,列出周边可供体力活动的场地(公园、小区道路、健身设施、游泳馆等),调查参与体力活动的最佳时间(例如哪些地区在哪些时段场地最为适合去进行锻炼、晚上在小区跑步灯光照明等条件是否合适等),制定家庭共同参与锻炼的方式(例如打羽毛球)和时间(例如晚饭之后),通过这些方式,促使家长为青少年的体力活动参与提供实际的家庭社会支持,创造好的体力活动参与氛围。

第三,参与行为监督和社会支持。体育教师和家长都要求帮助干预对象寻找如何完成行为监督,在干预手册中,干预对象需要每周完成锻炼周记,每4周由研究团队对其进行回顾,提出问题和建议,如同其他学科的作业一样,这部分需要学生完成,并由家长提供监督和帮助,由研究团队提供反馈和建议。为了做好以上工作,研究团队和体育教师多次开展讨论和培训,确保干预内容得到完善和共同的理解。

1. 干预研究的重点和难点问题以及应对方法

在行为干预实施过程中,主要的难点是如何调动研究对象的积极性参与本项研究。在进行锻炼的过程中,也许会出现部分被试及其家长无法完全按照研究人员的意图去有效完成本研究提出的任务,这是研究进行过程中将面临的主要挑战。

本研究工作的核心在于,建立学校、家庭、社区三位一体的行为干预体系,力图覆盖生态学理论中涉及的多个层面的要素,而这需要学校教师、家长和社区等不同方面的人员的共同协作,如何建立这些协作机制是干预成败的关键。根据研究者过往的研究经验,通过合理组织以上模块材料的紧凑性和接受程度、对研究具体操作人员进行统一有效的培训、加强被试和研究者的互动等手段,这些问题得到了较好的处理。

2. 干预研究前后测量的指标

干预研究中,研究者在分组的时候主要对被试的人口学因素(年龄、性别、家庭基本情况)进行了一定的匹配,从而保证在这些指标上并不存在基线水平的显著差异。在干预实施之后,对身高、体重、体力活动行为,以及研究第一阶段所确立的体力活动行为影响因素等指标进行前后对比和组间对比。对测量工具的具体描述详见本书第六章的定量研究部分。

第二节　儿童青少年体力活动行为干预的研究结果

一、研究对象

本研究团队在××省××市的 1 所中学开展体力活动行为干预。在目标学校的学校管理者和教师的支持下，选取 2 个初一班级作为实验组开展行为干预，另外选取 1 个初一班级作为对照组，不施加任何干预。

本研究最初共招募和纳入干预组 51 人、对照组 58 人，但由于在干预过程中存在脱失情况，最终的被试人数为干预组 38 人、对照组 45 人。干预组和对照组的性别分布平均，在身高、体重、父母受教育程度、家庭经济情况等方面并无显著差异。

二、实验干预结果

（一）干预前体力活动水平和体力活动影响因素的组间对比

本研究中通过独立样本 t 检验发现，实验组和对照组的被试在干预初期并无体力活动水平上的显著差异（$p > 0.05$）。同样，两组被试在体力活动自我效能、效果期待、动机、身体自我重要性、体力活动愉悦感、自我管理策略、锻炼态度、家庭社会支持、朋友社会支持、学校体力活动环境、社区步行环境和青少年体育政策感知重要性这些体力活动影响因素上并无显著的组间差异（$p > 0.05$）。这说明在本研究所关注的所有指标上，实验组和对照组在基线水平上并无差异，符合实验干预对不同组别的各个指标基线水平一致性的要求。

（二）干预前体力活动水平和体力活动影响因素的相关关系

通过相关分析，对在干预之前（基线水平）的体力活动水平之间的关系进行了检验，发现自我效能（$r = 0.24, p < 0.05$）、锻炼愉悦感（$r = 0.42, p < 0.05$）、锻炼动机（$r = 0.23, p < 0.05$）、锻炼社会支持（$r = 0.24, p < 0.05$）等社会认知变量，以及组织层面的学校体力活动环境因素（$r = 0.25, p < 0.05$）都和体力活动之间存在显著相关关系，而社区层面的步行环境因素（$r = 0.01, p > 0.05$）和政策层面的政策感知重要性因素（$r = -0.05, p > 0.05$）与体力活动之间的关系并不显著。具体结果如表 8.1 所示。

表 8.1 体力活动行为干预之前青少年体力活动行为与各个影响因素之间的相关关系一览

变量	个体内因素						
	自我效能	效果期待	身体自我重要性	愉悦感	动机	自我管理策略	锻炼态度
体力活动行为	0.24^*	0.19	-0.09	0.42^{**}	0.23^*	0.18	-0.16

变量	人际因素		组织因素	社区因素	政策因素
	社会支持（家人）	社会支持（朋友）	学校体力活动环境	社区步行环境	政策感知重要性
体力活动行为	0.24^{**}	-0.05	0.25^*	0.01	-0.05

注：* 代表 $p<0.05$；** 代表 $p<0.01$。

（三）行为干预效果：干预前后体力活动水平和体力活动影响因素的组间对比

通过一系列重复方差分析（ANOVAs）对行为干预的效果进行检验。具体结果如表 8.2 所示。

表 8.2 行为干预前后体力活动水平和体力活动影响因素的重复方差分析结果

变量	干预前		干预后		时间×分组交互效应		
	对照组	干预组	对照组	干预组	F	p	η^2
体力活动	64.96 ± 16.33	64.97 ± 15.15	$67.31.\pm17.00$	73.00 ± 18.00	5.52	0.02	0.06
自我效能	29.82 ± 14.80	25.87 ± 9.42	31.14 ± 16.34	35.44 ± 21.36	7.09	0.01	0.08
效果期待	27.02 ± 3.72	25.68 ± 4.21	22.58 ± 4.84	26.45 ± 3.90	58.78	0.00	0.42
身体自我重要性	3.71 ± 0.94	4.03 ± 0.79	3.60 ± 0.99	3.74 ± 1.06	0.35	0.55	0.00
愉悦感	3.75 ± 0.47	3.74 ± 0.56	4.68 ± 1.06	4.17 ± 1.05	4.17	0.04	0.05
动机	109.51 ± 16.72	107.26 ± 16.38	94.02 ± 29.33	$110..55\pm23.17$	8.20	0.01	0.09
自我管理策略	24.49 ± 8.57	22.03 ± 9.34	24.42 ± 9.77	27.16 ± 10.26	6.93	0.01	0.08
锻炼态度	1.80 ± 0.46	2.03 ± 0.91	2.47 ± 0.94	2.82 ± 0.95	0.25	0.62	0.00
社会支持（家人）	27.18 ± 14.20	24.68 ± 9.75	28.02 ± 13.82	29.11 ± 11.17	4.00	0.05	0.05
社会支持（朋友）	26.33 ± 12.35	26.13 ± 12.25	27.20 ± 12.01	27.03 ± 12.84	0.00	0.99	0.00
学校体力活动环境	3.94 ± 0.85	3.69 ± 1.06	4.09 ± 0.96	4.76 ± 1.64	7.65	0.01	0.09
社区步行环境	27.40 ± 7.23	26.26 ± 4.92	27.04 ± 7.05	29.76 ± 6.44	18.27	0.00	0.18
体育政策重要性	1.87 ± 0.94	1.63 ± 0.59	1.76 ± 0.57	1.55 ± 0.65	0.02	0.89	0.00

首先，在体力活动行为方面，重复方差检验结果显示，行为干预产生了显著

的时间主效应($F=18.49$,$p<0.01$,$\eta^2=0.19$),同时也产生了显著的时间×分组交互效应($F=5.52$,$p<0.05$,$\eta^2=0.06$)。说明总体上被试的体力活动水平有所提高,但相对而言,实验干预组得到的提升($d=0.48$)高于对照组的提高($d=0.14$)。

体力活动干预对各个体力活动影响因素的影响主要体现为以下几个层面。

(1)个体内层面。行为干预在自我效能指标上产生了显著的时间主效应($F=12.34$,$p<0.01$,$\eta^2=0.13$),同时也产生了显著的时间×分组交互效应($F=7.09$,$p<0.01$,$\eta^2=0.08$);同样在效果期待指标上,行为干预产生了显著的时间主效应($F=29.37$,$p<0.01$,$\eta^2=0.27$)以及显著的时间×分组交互效应($F=58.78$,$p<0.01$,$\eta^2=0.42$)。在愉悦感方面,重复方差检验结果显示,行为干预产生了显著的时间主效应($F=30.29$,$p<0.01$,$\eta^2=0.27$),同时也产生了显著的时间×分组交互效应($F=4.17$,$p<0.05$,$\eta^2=0.05$)。行为干预在自我管理策略指标上产生了显著的时间主效应($F=6.58$,$p=0.01$,$\eta^2=0.07$),同时也产生了显著的时间×分组交互效应($F=6.93$,$p=0.01$,$\eta^2=0.08$)。在这些指标上,实验组在干预之后相对对照组而言,有了更为显著的提升。

在动机指标上,行为干预的时间主效应接近显著($F=3.46$,$p=0.07$,$\eta^2=0.04$),并产生了显著的时间×分组交互效应($F=8.20$,$p<0.01$,$\eta^2=0.09$)。在身体自我重要性指标上,行为干预与时间主效应不显著($F=1.78$,$p>0.05$,$\eta^2=0.02$),同时时间×分组交互效应也不显著($F=0.35$,$p>0.05$,$\eta^2=0.00$)。在锻炼态度方面,重复方差检验结果显示,行为干预产生了显著的时间主效应($F=34.58$,$p<0.01$,$\eta^2=0.30$),但时间×分组交互效应不显著($F=0.25$,$p>0.05$,$\eta^2=0.00$)。

(2)人际层面。行为干预在家庭社会支持指标上产生了显著的时间主效应($F=8.67$,$p<0.01$,$\eta^2=0.10$),时间×分组交互效应也同样显著($F=4.00$,$p<0.05$,$\eta^2=0.05$)。说明虽然对照组从家人处获得的社会支持略有提升,但相比之下,实验组的提高更为显著。而在朋友提供的社会支持上,重复方差检验结果显示,行为干预与时间主效应不显著($F=0.22$,$p>0.05$,$\eta^2=0.27$),时间×分组交互效应也不显著($F=0.00$,$p>0.05$,$\eta^2=0.00$),说明本研究的体力活动干预只对青少年从家庭中获得的社会支持有促进作用,但并未提高其从朋友处获得的体力活动社会支持。

(3)组织机构层面。由于在前期的横断面调查研究中,学业压力与体力活动之间的相关关系并没有预期的那样显著,在干预中并未对这一指标进行测量,而只是测量了学校体力活动环境指标。在这方面,重复方差检验结果显示,行为干预产生了显著的时间主效应($F=13.66$,$p<0.01$,$\eta^2=0.14$),同时也产生了显著的时间×分组交互效应($F=7.65$,$p=0.01$,$\eta^2=0.09$)。对对照组前后的学校体力活动环境进行配对 t 检验发现,干预前后的评分并无显著差异

$(t_{44} = -0.89, p > 0.05)$，说明体力活动干预期间，未受干预的青少年对学校体力活动环境的评价并未改变，而受到干预的学生对所在学校的体力活动环境的评价有显著提高。

（4）社区层面。本研究对青少年所在社区的步行环境进行了测评，重复方差检验结果显示，行为干预产生了显著的时间主效应（$F = 12.15, p < 0.01, \eta^2 = 0.13$），同时也产生了显著的时间×分组交互效应（$F = 18.27, p < 0.01, \eta^2 = 0.18$）。对对照组前后的学校体力活动环境进行配对 t 检验发现，干预前后的评分并无显著差异（$t_{44} = 0.77, p > 0.05$），说明体力活动干预期间，未进行干预的青少年对社区的步行环境的评价并未改变，总体上该指标变化的时间主效应来自干预组的得分提高。

（5）政策层面。被试对青少年体育政策重要性的感知方面，行为干预前后的时间主效应不显著（$F = 0.72, p > 0.05, \eta^2 = 0.01$），同时时间×分组交互效应也不显著（$F = 0.02, p > 0.05, \eta^2 = 0.00$），说明无论是对照组还是干预组，对于青少年体育政策的重要性感知均无显著变化。

（四）体力活动行为影响因素的改变对体力活动行为改变的预测作用

在确定了行为干预带来的体力活动行为和一系列体力活动行为的影响因素发生了显著变化之后，本研究更为关注的问题是：体力活动行为产生的变化都是由哪些因素所引起的？因此，研究者首先计算了干预前后各个指标的变化量，并通过 Spearman 相关分析检验了体力活动变化和体力活动影响因素的变化之间的相关性。结果如表 8.3 所示。

表 8.3 体力活动行为影响因素的变化与体力活动行为变化的相关关系

变量	个体内因素						
	Δ自我效能	Δ效果期待	Δ身体自我重要性	Δ愉悦感	Δ动机	Δ自我管理策略	Δ锻炼态度
Δ体力活动行为	0.73**	0.26*	−0.17	0.34**	0.13	0.47**	0.19

变量	人际因素		组织因素	社区因素	政策因素
	Δ社会支持（家人）	Δ社会支持（朋友）	Δ学校体力活动环境	Δ社区步行环境	Δ政策感知重要性
Δ体力活动行为	0.52**	0.05	0.49**	0.34**	0.09

注：* 代表 $p < 0.05$；** 代表 $p < 0.01$。

从相关分析来看，与体力活动行为的变化存在显著相关关系的个体内因素有体力活动自我效能、效果期待、体力活动愉悦感、自我管理策略的变化。家庭社会支持的变化是与体力活动行为变化相关的人际因素，组织因素（学校体力活动环境）和社区因素（社区步行环境）层面的变化也与体力活动的变化存在显著相关性,而政策感知重要性的变化则与体力活动行为的变化不存在显著相关性。

为了进一步确定这些与体力活动行为存在显著相关性的因素在多大程度上对体力活动行为的变化有预测作用,接下来通过线性回归分析,以体力活动自我效能、效果期待、体力活动愉悦感、自我管理策略、家庭社会支持、学校体力活动环境和社区步行环境的变化为预测变量,以体力活动行为的变化为因变量,检验这些变量的变化对体力活动行为变化的解释度。

多元回归分析的结果如表 8.4 所示,该模型对体力活动行为的变化解释度达到 38.6%($p<0.01$),其中体力活动自我效能变化($\beta=0.59$,$p<0.01$)、体力活动愉悦感变化($\beta=0.20$,$p<0.01$)、家庭社会支持($\beta=0.33$,$p<0.01$)和社区步行环境($\beta=0.13$,$p<0.05$)都是对体力活动行为的变化有着显著预测力的因素。

表 8.4　体力活动行为影响因素的变化预测体力活动行为变化的多元回归分析

因素	β	t	p
Δ自我效能	0.59	8.95	0.00
Δ效果期待	−0.64	−1.01	0.32
Δ愉悦感	0.20	3.33	0.00
Δ自我管理策略	0.17	2.85	0.01
Δ社会支持(家人)	0.33	4.84	0.00
Δ学校体力活动环境	0.02	0.29	0.77
Δ社区步行环境	0.13	2.18	0.03

第三节　儿童青少年体力活动行为干预研究的总体讨论

在我国,针对儿童青少年群体开展的体力活动行为干预(在一些研究中被称为锻炼干预)在近些年来不断出现(Zhou et al.,2014;方敏,2011;殷恒婵,2014;殷恒婵等,2012),不少研究基于行为理论设计和实施体力活动行为干预。此类研究在我国呈现出数量稳步增加、质量稳步提升的态势。但从这些行为干预研究所应用的理论框架来看,在健康行为解释和干预领域被广泛关注的社会生态模型和社会认知理论并没有得到足够的应用。这一方面是因为社会生态理论所涉及的层面较广,讨论的体力活动行为影响因素较多,各个层次和因素之间的关系较为复杂,应用该理论模型进行的研究多数只能涵盖其中一到两个层次的因素,开展系统的实证研究具有一定的难度。另一方面,将社会认知理论应用于儿童青少年体力活动干预的研究更多是对行为的解释研究,在干预中应用社会认知理论的研究较少,这是因为还缺乏足够的前期实证研究,对社会认知理论中涉及的体力活动行为相关的认知干预策略在我国儿童青少年群体中进行探索,因此对这些策略应用的前期可行性研究较少。

通过前期对儿童青少年体力活动行为解释和干预理论的梳理,本研究确定了以社会生态模型为框架、以社会认知理论为行为和心理干预策略来源的思路。在研究第一阶段的横断面调研中,对应用这一思路来解释我国青少年体力活动行为的可行性进行了检验,并在研究的第二阶段开展短期实验干预研究,检验了基于社会认知理论框架进行自我效能干预来对体力活动行为影响因素施加影响的可行性。正是在这样的逐级递进的研究范式中,应用社会生态模型和社会认知理论相结合,对我国青少年进行体力活动行为干预具备了充分的理论和实践基础。

本研究通过为期 4 个月的行为干预,应用了目标设定、行为监督、社会支持等各种行为干预的策略。一方面,这些方法是在基于社会认知理论的行为干预研究中被反复应用和验证的行为策略(Bandura,2004;Plotnikoff et al.,2013);另一方面,它们所指向的变量也涵盖了社会生态模型所讨论的 5 个层次。总体上,本研究所采取的体力活动行为干预思想体现为:以提高社会认知理论的关键要素自我效能为核心,以学校、家庭和社区的结合作为干预实施的情境,实现了对干预对象整体体力活动行为的有效促进,并为如何解释体力活动行为的提升、确定具有高度可推广性的体力活动行为促进策略提供了重要的参考。

一、体力活动行为干预的效果

行为干预研究项目的成败在于被干预对象的体力活动行为是否真正得到提高。在本研究中,经过 4 个月的系统干预,实验组的体力活动行为水平得到了显著的提高,这一结果符合预期。

个体行为的改变是由多种因素所决定的,本研究着重关注在之前的调研中所确定的那些与体力活动行为存在显著相关性的因素,并对比了这些因素在干预前后产生的变化。从分析结果来看,个体内层面的因素多数都产生了与预期一致的变化。具体而言,体力活动自我效能、效果期待、体力活动愉悦感、自我管理策略应用、体力活动动机等指标都出现了显著的时间和干预分组的交互效应,也就是说,相对于对照组而言,接受了行为干预的青少年在这些指标上都有了更为显著的变化。从各个指标干预前后的变化与体力活动行为变化的相关关系分析结果中可以看出,这些变化与体力活动行为的变化是基本对应的。值得注意的是,这些指标很多都是社会认知理论中被大量应用的核心要素(自我效能、效果期待、愉悦感、自我管理策略等)。这充分说明,与健康行为相关的社会认知指标是可以通过有效的行为干预策略进行改变的。

　　诸多个体内因素看起来在青少年的体力活动行为干预中起到重要的作用,在当前的文献中占据重要篇幅,人际因素所起的作用也一直被学者们所关注。家长支持一直都被认为是影响儿童青少年体力活动参与至关重要的一环,也有学者认为,在儿童青少年阶段,随着年龄的增长,朋友和同辈对于儿童青少年行为的影响在逐步加大,家长对于儿童青少年行为的影响在慢慢减弱。在本研究中,干预并没有影响来自朋友的社会支持,这与体力活动行为水平的显著提升并不一致。相比之下,来自家庭的社会支持出现了显著的时间和干预分组的交互效应。看起来,本研究所采取的积极联络家长,建立学校、家庭和社区联动的机制是有效的。例如,研究团队在干预初期组织了集体访谈和讨论,并在干预手册中提供了行为策略方面的指导,帮助家长理解应当采取哪些措施给其子女提供体育锻炼的帮助和支持,鼓励家长和学生一起去走访居住地周边,寻找可供健身的场地和设施,并鼓励家长和学生一起共同在家庭和社区中寻找方便易行的方式开展锻炼(如打羽毛球、跑步、跳绳等)。这些类似的方法也在之前研究者的研究中得以应用(Elder et al.,2006)。在本研究中,这些做法取得了较好的效果,被试明显感受到了更多来自家庭的支持。访谈的结果也印证了这一点,通过这些策略的实施,家长的体力活动水平也可以得到提高,他们更愿意为子女的锻炼提供更多器具、后勤保障和陪伴性的支持。

　　在组织层面,由于上一阶段的研究发现学业压力与体力活动行为之间的关系并没有预期的那样显著,因此在干预研究阶段,本研究重点关注的指标是学校体力活动环境指标。该指标评估的是青少年对于所在学校的体力活动环境的评价,这一指标既是对客观的物理环境和自然环境的评价,具有一定的客观性,也是一个认知层面的指标,具有主观性。在同一所学校,由于个体的性格和喜好不同,不同的个体对同样的体力活动环境的评价是存在偏差的。同样,在社区层面,本研究关注的是对社区步行环境的评价,与对学校体力活动环境的感知一样,这一指标兼具客观性和主观性,这也为针对此指标进行心理和认知干预提供了空间。通过教师和家长的参与,研究人员帮助青少年正确认识其所处的环境,并积极应用策略,使其主动改造自己对环境的认知。这一方法被证实在体力活动的行为干预中是行之有效的。

二、体力活动行为改变的驱动因素

　　在干预前后,干预组的体力活动行为发生了显著的变化,研究者关注的核心问题是:有哪些因素驱动了这些行为变化?换言之,体力活动干预工作通过影响哪些因素产生了实际的体力活动行为变化。

　　本研究计算了体力活动行为和各个行为影响因素在干预前后的变化,通过相关关系和多元回归分析,检验了哪些体力活动行为影响因素对体力活动行为变化产生影响。研究发现,体力活动自我效能、效果期待、体力活动愉悦感、自我管理策略、家庭社会支持、学校体力活动环境变化和社区层面的因素与体力活动行为的变化存在显著相关性,而其中体力活动自我效能变化、体力活动愉悦感变化、家庭社会支持和社区步行环境都是对体力活动行为的变化有着显著预测力的因素。

自我效能体现的是个体对于完成特定行为所持有的信心,这一因素被大量研究证实与儿童青少年的体力活动行为存在相关性(Dishman et al.,2004;Plotnikoff et al.,2013),可以作为体力活动干预的重要抓手。人们通常倾向于参与一些可以带来积极的情感体验的活动,体力活动行为也是如此。在体力活动和锻炼行为研究中,很多学者早已指出,积极的情感反应(affective response)和愉悦感(enjoyment)对于体力活动行为都可以产生积极的影响。国内外的大量研究都证实,愉悦感与体力活动参与和锻炼坚持性存在显著的正相关关系(DiLorenzo et al.,1998;Kavanaugh et al.,2015;代俊,陈瀚,2018);而且体力活动干预项目如果可以成功地提高青少年体验的愉悦感,则可以有效地提高体力活动行为干预的有效性(Dishman et al.,2005)。

这一研究结果提示我们,从体力活动促进的角度来看,在个体层面,应当积极地通过各种行为干预策略来提高自我效能和愉悦感。本研究至少为这两个因素提供了多方面的实证研究依据。

首先,在横断面调研中,自我效能和愉悦感都是体力活动的显著相关因素,这说明对这两个因素施加影响是有可能且有必要的。

其次,无论是短期的自我效能干预部分(第七章)还是长期的行为干预(第八章),研究结果都显示,自我效能干预都与愉悦感的变化存在联系。这一关联在单次访问的实验室情境和长期的学习生活情境都得到了体现,充分说明社会认知理论中对于自我效能影响个体心理和认知活动的论断是正确的,而且这一论断在我国儿童青少年群体中得到了验证。

因此,基于本研究证据,可以认为当前的儿童青少年体力活动促进工作需要将更多的关注点集中于如何帮助他们更为自信(提高自我效能),以及如何从体力活动中获得更多乐趣(提高体力活动愉悦感),而这两点恰恰是目前我国儿童青少年体力活动干预研究中相对缺乏的部分。一些学者认为,当前的体育课程过于结构化,注重目的性,使得儿童青少年从体力活动中获得的愉悦感降低(Dishman et al.,2005),对于体力活动缺乏自信(Ramirez,Kulinna,Cothran,2012),这都是阻碍其体力活动参与的原因,也是在体力活动促进工作中需要重点关注和解决的问题。

同样,家庭、社区的影响本身也可以被视为社会认知理论中环境因素的一部分,尤其是社会环境的一部分。来自家庭的社会支持(Beets,Cardinal,Alderman,2010;Kahn et al.,2008)和体力活动环境(Ding et al.,2011;Sallis et al.,2009;

何晓龙等,2017;贺刚,王香生,黄雅君,2018)都被证实是青少年体力活动的重要影响因素,这也体现了社会生态模型和社会认知理论中对于行为促进工作中环境因素的重视。本研究的结果提供了有力的研究证据证实,如果从自我效能的4个来源入手,有效提高自我效能水平,并且增加儿童青少年的体力活动愉悦感,提供更多社会支持,改变其对社区步行环境的认知,是可以有效提高他们的体力活动参与水平的。后续的研究应当关注,应用哪些策略和方法来提高我国儿童青少年在这些指标上的水平,从而有效对其体力活动行为进行促进。

三、对社会认知理论和社会生态模型的应用和检验

(一)社会认知理论行为干预策略与社会生态模型多层次理论框架的结合

理论探索方面,本研究的核心是检验是否可以将社会生态模型与社会认知理论相结合。具体而言,社会认知理论提供了系统、明确、具体、有高度可操作性的行为干预策略和方法,基于个体、环境和行为的三元互动决定论,该理论系统阐述了行为影响因素的来源,以及这些因素与具体行为的互动关系,尤其是详细论述了自我效能与行为、情感反应、社会与自然环境的主动认知与改造之间的关系,这些论断被大量健康行为干预研究所采纳和应用(Bandura,2005;Lubans et al.,2011;Lubans,Foster,Biddle,2008;Ramirez,Kulinna,Cothran,2012;Short,James,Plotnikoff,2013),并被证明行之有效。然而该理论对于个体内和人际的社会和认知因素关注较多,对于政策和组织结构层面的因素关注相对较少。社会生态模型在近些年得到了体力活动研究领域研究者的重视,无论是国际上(Elder et al.,2006;Langille,Rodgers,2010;Sallis et al.,2006)还是国内(代俊,陈瀚,2018;代俊等,2017;董如豹,2016;韩会君,陈建华,2010;李小英,燕子,2010;李岩松,张春华,2017;钟涛,徐伟,胡亮,2014)的研究,都广泛讨论了该模型在体力活动行为解释和促进领域应用的必要性和可行性,其中不少研究都针对儿童青少年群体开展。该理论模型的优势在于强调体力活动受多个层次因素的共同作用,这无疑使得对行为相关指标的考量更为全面,提高了解释和预测行为的准确性。然而该模型也存在不少挑战,一个主要的争议在于该模型列举了诸多影响体力活动行为的因素,但并未给出这些不同层次内的因素之间存在怎样的交互关系的答案,也难以回答如何基于这些层次的因素对体力活动行为进行干预。因此,在实际的应用领域,该理论模型更多提供了一个对行为影响因素进行分层次梳理的框架,需要辅以合理的行为干预策略的应用,使其更具有可操作性。

基于这样的思考,本研究尝试将社会生态模型和社会认知理论相结合,对我国儿童青少年体力活动行为进行干预。本研究为这样的尝试提供了实证研究支持,并初步论证了在更大范围内将该研究范式进行推广的可行性。

上文提及，个体内层面的因素中，很多指标都是在社会认知理论中被大量应用的核心要素（自我效能、效果期待、愉悦感、自我管理策略等），并在干预前后产生了显著的交互效应，这意味着接受干预的青少年在这些社会认知指标上都有了显著的提升，而未接受干预的青少年在这些指标上或者并没有产生变化，或者提升的幅度并没有干预组那么明显。通过正确的健康教育、目标设定、寻求社会支持、行为自我监督等行为干预策略，这些指标是可以得到有目的性的增强的，而这种心理和认知强化可以转化为具体的体力活动行为的提升。从行为干预的角度来看，这是有着重要意义的，因为这些指标都被大量的研究证实与个体的体力活动行为存在显著相关性，并且可以通过合理的干预策略施加影响。

虽然大量的国际研究讨论了社会认知理论在儿童青少年群体中的应用（Plotnikoff et al.，2013；Ramirez，Kulinna，Cothran，2012；Schwarzer，Renner，2000），并发现自我效能、自我管理策略等指标可以对行为干预的效果起到关键的中介作用（Dishman et al.，2005；Dishman et al.，2004），但这一理论在我国儿童青少年群体中是否可以得到成功应用还有待检验。包括社会认知理论提出者班杜拉本人在内的学者们认为，文化因素是行为理论在特定群体中是否可以有效应用的一个重要影响因素（Bandura，2002）。

在我国，青少年学业压力普遍比西方国家的青少年更大，我国文化对于集体主义的重视也相对高于个人主义因素更被重视的西方国家，因此在体力活动行为影响因素方面，这些差异或许会有所体现。但从本研究的结果来看，这些层面的因素对我国青少年体力活动行为的影响并没有与国际研究的结果存在过大的差异。在第一阶段的调研中，学业压力和同辈压力对于体力活动行为的影响并没有预期的显著，而在第三阶段的长期行为干预研究中，来自朋友的社会支持并未在干预组产生显著变化，该指标也未产生交互效应。而家庭社会支持在干预前后出现了时间主效应和时间×分组交互效应，这与体力活动行为的变化趋势是相匹配的（Beets，Cardinal，Alderman，2010；da Costa et al.，2019；Hashemi et al.，2013；Sallis，Prochaska，Taylor，2000；Trost et al.，2003），这说明与健康行为相关的社会认知指标是可以通过有效的行为干预策略进行改变的。

在本研究中，研究者对社会认知理论关注的行为影响因素进行了梳理拓展，将社区、组织机构层面的因素包括在研究的框架中，这一方式取得了积极的效果。在行为干预的范式中，本研究并不局限于对锻炼意愿等个体内部的因素进行干预，而是引入学校、家庭和社区综合干预的思路，通过访谈、反馈讨论、干预手册的多次发放和回收等方式，在行为干预中纳入了家庭（在个体内、人际、社区层面上都施加影响）以及体育教师的影响（在个体内、人际、社区、政策层面上都施加影响），体现了社会生态模型对于行为干预需要进行多层次、多成分、多因素综合干预的要义。这种干预范式在一些研究中得到了讨论和施行（Elder et al. ,2006;Humbert et al. ,2008;Langille,Rodgers,2010)。

这样的方式在我国也得到了一定的应用,例如,Zhou 等(2014)以社会生态模型为框架,对我国 2 家幼儿园进行了 12 个月的政策驱动(policy-driven)体力活动干预。他们采用准实验设计,时间跨度为 12 个月。干预的核心是在幼儿园的配合下,采取一系列的体力活动政策,例如规定小班每天的户外活动时间为 60 分钟,中班和大班为 90 分钟。在幼儿园的规定之外,研究组也和儿童的家长以及所在的社区制定了关于增加儿童体力活动的规定。例如,给家长发放儿童体质与健康手册,由儿童和家长共同制作可以在儿童居住的社区使用的简易的体育活动设备,重新规划社区的幼儿活动的操场,开展旨在鼓励儿童活动的活动。通过这一系列的干预,在 12 个月之后,得到干预的儿童体脂率和体重都有显著的下降,绝大部分的身体素质测试成绩都有了显著的提高。这项研究说明,政策驱动的体力活动干预在提高儿童身体素质方面具有显著效果。值得一提的是,在这项干预中,各项事先设定的政策得到了较好的执行。研究者对干预的规定执行情况进行了监督,发现在天气允许的情况下,幼儿园的户外体力活动政策在全年都得到了有效的执行。和对照组的儿童相比,干预组在工作日的中高强度体力活动水平和能量消耗都相对更高,而且户外活动的时间有保证。作为干预实施的重要组成部分,幼儿园教师都参加了干预相关的培训课程,并在课程结束之后对其进行访谈,发现他们对体育教育重要性的理解程度、教案熟悉程度、组织能力、体育教学能力都得到了提升;除此之外,家长也积极参与到干预活动中,家长活动日参与率高,在干预结束后,家长掌握了更多的健康知识,锻炼和体质水平都得到了提升。

(二)社会认知理论行为干预策略与社会生态模型多层次理论框架的互补

社会生态模型和社会认知理论的一个重要的共同之处在于都强调环境因素对行为的重要影响。基于对环境因素的前期理论梳理,研究者尝试将两个理论框架进行连接和互补,将之前的青少年体力活动行为干预研究中很少涉及的组织机构、社区、政策指标融入干预。值得注意的是,在这些层面上,研究团队并没有试图直接改变这些指标的属性,而是将重点放在改变个体对这些指标的认知评价方面。

结合研究过程中对教师和家长的访谈来看,青少年在受到干预之后,无论是在学校还是在家庭之中都表现出了相对更为活跃的体力活动行为模式。这一结果的产生可能有着多种原因,从教师和家长的回顾来看,这种现象的产生可能是多方面因素共同作用的结果,例如干预组的被试对参加体力活动更有信心(自我效能)、更为积极地看待体力活动所带来的益处(效果期待)、对体力活动能感受到更多快乐(愉悦感)等,这些都是基于成熟的社会认知理论框架下的行为和认知干预策略进行的。作为社会认知理论的提出者,著名心理学家者班杜拉曾详细阐述了该理论如何应用于健康行为的实践(Anderson et al. ,2010;

Bandura,2004）。这些论断不仅在戒烟、戒酒等健康行为促进研究中得到了成功应用（Glanz,Rimer,Viswanath,1997；Harmon et al.,2014），也在体力活动干预的研究中得到了检验（McAuley et al.,2003）。

值得注意的是,总体上社会生态模型和社会认知理论的结合体现在对客观环境的感知方面（学校体力活动环境、社区步行环境的评价）,在该指标上干预组都有了显著的提高,这种提高并非客观环境产生了真正的实际改变,因为本研究并未要求学校、家庭和社区刻意改变体力活动政策,也并未对学校的操场、体育器材做任何改变,而是青少年学生对这些因素的主观感知发生了显著的变化。究其原因,在干预过程中,研究者与体育教师合作对他们进行了一系列的健康教育,这种教育在认知层面上产生了显著改变,充分验证了社会认知理论可以对社会生态模型中的组织机构和社区层面因素产生认知层面的改变,而对体力活动行为产生影响。这一研究证据证实了将社会认知理论与社会生态模型相结合,进而实施个体的体力活动行为干预是可能的,可以应用于行为干预的实践中。

从大众健康促进的视角来看,这一结果是有着积极意义的。一些生态学视角的研究认为,客观环境的改造是大众体力活动行为促进的重要方面,大量研究发现,客观建成环境对儿童青少年的体力活动行为有着重要的影响（何晓龙等,2017；贺刚,王香生,黄雅君,2018；牛严君,乔玉成,2018）。但也应当看到,社会生态模型的一大争议在于,很多人认为在客观环境改造方面的巨大投入（如兴建网球场、建设行人道和自行车道等）看起来对于促进体力活动有显著的作用,但如果个体主观认知层面的自我效能、愉悦感等问题没有解决,也依然无法调动其主观能动性,使其积极投身健身活动,这样会使得巨大的环境改造投入显得性价比不高,是公共资源的一种浪费。例如,西方很多发达国家建设了大量的篮球场和网球场,社区环境也很适宜锻炼,但周边缺乏参与体力活动的居民,并未有效利用这样优质的锻炼环境。所以体力活动促进的一个核心问题依然是个体与环境的认知问题。如何认识自己的不足,如何利用客观的条件（个体、环境、组织机构层面等）来改造环境,进而更多地参与体力活动是健康行为干预不可忽视的一个重点（Glanz,Rimer,Viswanath,1997）。

当前我国还比较缺乏研究应用一定的实验范式,讨论如果主动改造客观环境,是否可以带来儿童青少年体力活动行为的积极改变。这样的研究存在较大的难度,但后续的研究可以考虑从这个角度开展科学研究的实验设计,来探索这一策略的可行性,并对其投入产出比进行合理的评估,从而帮助公共体育政策的制定者更好地进行决策。

四、研究不足与展望

第一,本研究关注的一大重点是如何将社会生态模型和社会认知理论相结合,建立系统合理的理论框架,开展多要素、多成分的行为干预。这一类研究在国内外曾经被应用于儿童青少年的体力活动干预研究中(Elder et al.,2006;Zhou et al.,2014),并被证明行之有效。然而这些研究也面临着同样的一个挑战:在多种成分中,如何确定其中起关键作用的核心要素的作用,如何对其他成分的作用进行有效的控制。在本研究中也存在同样的挑战,后续研究可以应用更为细化的实验设计方案,引入更多的实验组,对不同组别采取不同侧重的干预方案,从而比较不同成分的行为干预对体力活动行为产生的影响是否存在差异。

第二,由于人力物力所限,体力活动行为干预的工作更多是探索性的,仅仅选取了一所目标学校,开展了几个班级的干预和对照研究。虽然研究结果基本回答了研究所提出的问题,为我国儿童青少年体力活动促进的研究和应用提供了一定的启示,但样本量较少,研究覆盖的地区有限。后续研究需要在不同的地区应用本研究所采取的实验研究范式,从而进一步检验研究结果的可推广性。此外,由于样本量的限制,本研究难以对行为干预研究的结果进行模型检验,只有扩大样本量,才能通过结构方程模型、生长因子模型等方法,将行为干预前后不同的影响因素的变化放在一个模型中进行检验,从而控制这些因素,确定哪些是对行为产生关键影响的因素,并明确其产生影响的路径。

第三,本研究的数据采集方式和范围还有待进一步扩大。以体力活动行为测量为例,当前国内已经有大量针对儿童青少年的研究应用客观测量工具对体力活动行为进行测量,包括加速度传感器、地理信息定位(GIS)等(代俊,陈瀚,2018;何晓龙等,2017;李松骏,2013;孙建翠等,2018)。这些测量手段不仅在客观性和准确性上有优势,还可以提供中高强度体力活动的具体测量。考虑到当前美国、加拿大和世界卫生组织提出的儿童青少年体力活动指南中都强调,儿童青少年每天需要累计完成的60分钟体力活动需要达到中高强度,因此对体力活动的强度等信息进行采集和科学合理的测评是有必要的。由于研究条件的限制,本研究主要采用了自陈式量表和访谈对被试的体力活动水平进行测量,后续的研究可以引入一些客观测量工具对被试的体力活动水平进行更为客观和准确的测评。此外,由于干预的时间和所在学校体质测试的时间并不匹配,为了不增加被试的负担,本研究并未采集客观的体质测试数据,后续可以进一步开展研究弥补这一缺陷。

第四,从心理测量的角度来看,学者们普遍认为,12岁以下的儿童受认知能力的限制,在理解相关认知概念和健康效益方面有一定的局限性,尤其是对目标设定、行为自我监督管理等工作的理解能力有限,因而本研究仅选取了初中阶段的青少年作为干预对象。但后续的研究可以借鉴本研究的思路,针对儿童群体进行访谈,设计符合该年龄群体认知特点的有效的心理和行为干预手段。

五、研究结论

本研究在实证研究阶段,通过三个阶段逐步递进的研究工作,回答了一系列的研究问题。

第一阶段:基于社会生态模型和社会认知理论的共同视角的我国儿童青少年体力活动影响因素研究。该部分的工作主要立足于讨论是否可以将社会生态模型和社会认知理论相结合,为我国儿童青少年体力活动行为提供解释。

第二阶段:应用第一阶段的研究结论,提炼出体力活动行为的关键影响因素(愉悦感、态度、身体自我重要性等),应用急性干预的实验场景,检验基于社会认知理论的自我效能干预对这些体力活动行为影响因素的影响,并为后续长期的自然学习和生活条件下的行为干预打下基础。

第三阶段:应用第一、第二阶段的研究结论,基于社会生态模型和社会认知理论的结合,对中学生的体力活动行为进行学校、家庭和社区三位一体的长期行为干预,在检验干预对于体力活动行为和体力活动影响因素的影响的基础上,总结可应用于我国青少年群体的旨在促进体力活动行为的方法和策略。

这些研究存在层层递进的逻辑关系,通过质性研究和定量分析相结合的方式,完成了预期研究目标,形成了以下研究结论。

第一,社会生态模型和社会认知理论作为近些年在儿童青少年体力活动行为研究领域得到普遍应用的重要理论,都有其重要的理论和实践价值,但也存在一定的局限性。社会认知理论提供了系统、合理的心理和认知指标干预策略和方法,这些方法有着严谨的理论体系支撑,并得到了实证研究的支持,但对组织结构和政策层面的因素关注不足,限制了其对行为的解释度,尤其是在体力活动行为不再具有挑战性的情况下更是如此;而社会生态模型提供了更为丰富的行为影响因素的层次,但缺乏具体的行为干预策略。两个理论框架存在共通、互为补充的关系。

第二,构建学校、社区和家庭三位一体的青少年体力活动促进体系是可行的,也是有必要的。本研究中,在研究设计、健康教育、目标设定、行为监督与反馈等各个阶段都积极纳入来自学校的体育教师及来自家庭和社区的家长的参与,这对青少年的自我效能、愉悦感、家庭社会支持、自我管理策略和体力活动环境感知都有着显著的影响。而通过增加这些变量可以解释体力活动行为水平提升,也就是体力活动干预为何可行的原因。针对儿童青少年的体力活动干预的关键是通过各种心理和行为干预策略,有效提升他们对于自身参与体力活动的自信(自我效能),并使其从中获得足够的快乐(愉悦感),而这两个要点是目前我国儿童青少年体力活动促进的研究和实践工作中相对缺乏关注的部分，多数研究将注意力集中于锻炼采取怎样的形式、强度等。而在本研究中，被试可以对体育课之外的体力活动行为进行自由选择。与此同时，教师和家长的关注点在于帮助其设立目标，改变对环境的认知（社区环境感知），提供行为和心理上的鼓励和帮助（社会支持）。这些都是体力活动行为干预取得成功的关键因素。

第三，在体力活动行为的实验干预过程中，应用以提升自我效能为核心的干预是有效的。说明在行为干预过程中，应当充分认可社会认知理论所提出的个体具有动因作用的论断，也就是个体具有控制自己生活的能力。虽然外界环境对个体行为有着显著的影响，但行为干预的重心应当是通过环境的影响，加强个体对自我行为进行监督、控制和管理的能力。但需要注意的是，自我效能调控的作用效果在短期的和长期的心理行为干预中是存在一定差异的。具体而言，在第一阶段筛选出了一些可调控的体力活动影响因素；在第二阶段，短期的自我效能干预对这些因素的一部分（体力活动愉悦感、锻炼态度）产生了显著影响，但对身体自我重要性没有显著影响，而在长期的行为干预中，以提高自我效能为核心的干预有效地提高了干预组在体力活动愉悦感、锻炼态度、自我管理策略、家庭社会支持、对体力活动环境（包括学校和社区）的主观评估等方面的水平。产生显著干预效果的指标在短期和长期的实验情境下有所不同，这与干预中干预成分的选取、干预持续时间、干预实施者的不同都有关系，值得儿童青少年体力活动行为促进的相关研究者和实践者考虑，对上述因素进行明确并加以控制。

第四，社会生态模型和社会认知理论最为显著的结合体现在对客观环境的感知因素（如对学校体力活动环境、社区步行环境的评价）上。虽然研究团队并没有真正改变被试所处的体力活动环境，但通过有效的行为干预，被试对于体力活动的认知产生了显著改变。充分验证了社会认知理论可以对社会生态模型中的组织机构和社区层面因素产生认知层面的改变，这一研究证据验证了将社会认知理论与社会生态模型相结合，进而实施个体的体力活动行为干预的可能性。在我国城市中，由于人口众多、土地资源和经费投入有限，多数情况下学校和社区的体力活动环境难以在短时间内得到显著提升，但如果可以积极改善青少年主观认知层面的自我效能、愉悦感等，则可能调动其主观能动性，使其积极参与更多体力活动。从大众健康促进角度来看，这一研究具有较强的理论和实践意义。

参 考 文 献

曹佃省,2010.理论导向的青少年健康锻炼行为干预促进[D].长沙:中南大学.

曹佃省,谢光荣,2011.健康行为程式模型阶段非连续性在青少年锻炼行为中的检验[J].武汉体育学院学报(2):38-42.

陈炳煌,2006.大学生体育态度和体育行为现状的调查与分析[J].吉林体育学院学报(1):54.

陈福亮,杨剑,季浏,2015.影响超重和肥胖少年锻炼阶段转变的心理因素研究:基于阶段变化理论[J].武汉体育学院学报(1):96-100.

陈培友,2014.社会生态视域下我国青少年体力活动促进模式研究[D].南京:南京师范大学.

陈作松,周爱光,2007.环境、自我效能感与中学生锻炼态度的关系[J].武汉体育学院学报(4):31-35.

代俊,陈瀚,2018.社会生态学视角下青少年校外身体活动行为的影响因素研究[J].首都体育学院学报(4):89-95.

代俊,陈瀚,李菁,等,2017.社会生态学理论视域下影响青少年运动健康行为的因素[J].上海体育学院学报(3):35-41.

丁维维,毛志雄,王旭,2013.中学生体育锻炼的动机机制及其对锻炼行为的促进作用:基于自我决定理论的研究[C].//心理学与创新能力提升:第十六届全国心理学学术会议论文集:1939-1941.

董如豹,2016.社会生态学模型视角下美国和新西兰青少年身体活动促进研究[D].福州:福建师范大学.

董文博,毛志雄,2014.青少年锻炼阶段量表的编制:以健康行为过程理论HAPA为基础[J].天津体育学院学报(1):42-46.

段文婷,江光荣,2008.计划行为理论述评[J].心理科学进展(2):315-320.

段艳平,Brehm W,Wagner P,2006.试论当代西方锻炼行为阶段理论[J].中国运动医学杂志(4):487-490.

段艳平,Brehm W,Wagner P,2007.考察中国大学生身体锻炼行为:"柏林锻炼阶段"模型的应用[C].第八届全国体育科学大会论文摘要汇编(二).

段艳平,刘立凡,韦晓娜,2010.一项促进大学生体育锻炼意向的干预研究[J].武汉体育学院学报(12):43-46.

段艳平,杨剑,张茹,等,2012.大学生身体活动阶段变化与健康状况关系的研究 [J].中国体育科技(2):119-123,133.

方敏,2011.青少年锻炼行为阶段变化与变化过程的关系[J].西安体育学院学报(3):349-355.

方敏,2012.青少年锻炼意向和锻炼行为的关系:中介式调节作用[J].上海体育学院学报(2):45-49.

方敏,孙影,2010.计划行为理论的概化:青少年锻炼行为的预测模式[J].天津体育学院学报(3):224-227.

方敏,孙影,赵俊红,2006.青少年锻炼行为的阶段变化模化研究[J].中国公共卫生(8):902-903.

冯玉娟,毛志雄,2014.高中生身体活动意向和行为的促进策略:自我决定动机对 TPB 的贡献[J].体育科学(8):64-69.

付强,2012.7—10 岁小学生体力活动现状及相关影响因素研究[D].苏州:苏州大学.

高雯,杨丽珠,李晓溪,2012.健康行动过程取向模型的发展与前景[J].心理科学进展(10):1651-1662.

高艳敏,杨文礼,杨剑,等,2014.跨理论模型对肥胖小学生体育锻炼行为及体重影响的研究[J].沈阳体育学院学报(6):124-128.

戈莎,2012.生态因素对我国城市青少年身体活动行为影响的研究[D].北京:北京体育大学.

韩会君,陈建华,2010.生态系统理论视域下青少年体育参与的影响因素分析 [J].广州体育学院学报(6):16-20.

韩慧,郑家鲲,2016.西方国家青少年体力活动相关研究述评:基于社会生态学视角的分析[J].体育科学(5):62-70.

何晓龙,2015.影响儿童青少年中到大强度体力活动的建成环境因素研究[D].上海:上海体育学院.

何晓龙,庄洁,朱政,等,2017.影响儿童青少年中高强度体力活动的建成环境因素:基于 GIS 客观测量的研究[J].体育与科学(1):101-110.

贺刚,王香生,黄雅君,2018.建成环境影响儿童青少年体力活动研究进展[J].中国运动医学杂志(2):6.

洪俊睿,袁琼嘉,王涛,等,2013.Actigraph 传感器在青少年体力活动能量消耗测试中的应用[J].上海体育学院学报(3):64-65.

洪丝语,李娜,颜春辉,等,2018.影响青少年身体活动参与的微系统因素:基于社会生态学模型[J].辽宁体育科技(4):79-85.

胡亮,2011.身体活动和抑郁:量表效度和相关因素检验[M].北京:北京体育大学出版社.

胡亮,许亚萍,朱文峻,等,2013.家长对儿童锻炼支持行为的相关因素分析[J].
浙江体育科学(5):71-73.

黄珊,2016.我国青少年体育政策研究[D].北京:北京体育大学.

蒋志,陈伶俐,周乐山,2013.跨理论模型应用于肥胖儿童体育锻炼的护理干预
[J].护理学杂志:综合版(28):34-36.

康茜,王丽娟,2016.基于计划行为理论分析青少年休闲性体力活动的影响因素
[J].中国学校卫生(6):851-855.

赖小玉,刘海金,刘尚礼,2007.我国青少年体质持续下降的原因分析及抑制措
施[J].体育学刊(5):125-128.

李东斌,2014.青少年体质健康促进政策研究[J].体育文化导刊(12):4.

李海燕,2010.上海市青少年日常体力活动测量方法的研究与应用[D].上海:上
海体育学院.

李海燕,陈佩杰,庄洁,2010a.运动传感器(SWA)在测量青少年日常体力活动水
平中的应用[J].上海体育学院学报(3):46-48.

李海燕,陈佩杰,庄洁,2010b.11~16岁肥胖青少年体力活动耗氧量推算方法实
验研究[J].中国运动医学杂志(2):217-220.

李海燕,陈佩杰,庄洁,2011.儿童休闲活动调查问卷修订与信效度评价[J].中
国学校卫生(3):268-270.

李建平,2008.对我国《学生体质健康标准》的质疑与建议[J].沈阳体育学院学
报(4):57-58.

李京诚,1999.合理行为、计划行为与社会认知理论预测身体锻炼行为的比较研
究[J].天津体育学院学报(2):35-37.

李榴柏,Joseph Green,李佳琦,等,2005.北京城区小学生体力活动水平的调查
研究[J].营养健康新观察(3):27-32.

李娜娜,2014.计划行为理论和跨理论模型预测锻炼行为的差异研究[D].武汉:
武汉体育学院.

李松骏,2013.用加速度传感器对中学生体力活动及相关因素的分析研究:以南
通市通州区两所中学为例[D].南京:南京体育学院.

李小英,燕子,2010.生态学模型在锻炼心理学中的应用[J].西安体育学院学报
(6):765-768.

李岩松,张春华,2017.社会生态学模型视角下青少年体力活动的研究前景概述
[J].当代体育科技(22):194.

梁崎,王于领,林凤巧,等,2010.七天体力活动回顾问卷中文版信度与效度研究
[J].中国康复医学杂志(11):1078-1081.

林崇德,杨治良,黄希庭,2003.心理学大辞典[M].上海:上海教育出版社.

林丹华,方晓义,李晓铭,2005.健康行为改变理论述评[J].心理发展与教育

(4):122-127.

刘爱玲,马冠生,潘慧,等,2003a.小学生1年体力活动问卷的可靠性和有效性验证[J].中国校医(1):4-7.

刘爱玲,马冠生,张倩,等,2003b.小学生7天体力活动问卷信度和效度的评价[J].中华流行病学杂志(10):901-904.

刘丽虹,张积家,2010.动机的自我决定理论及其应用[J].华南师范大学学报:社会科学版(4):53-59.

刘恋,李军,张峰,等,2017.青少年锻炼行为的形成机制:基于计划行为理论[J].体育科技(6):40-41.

刘秀荣,赵涛,王星火,等,2004.利用学校环境对肥胖儿童进行集体干预效果分析[J].中国儿童保健杂志(6):490-492.

刘正国,李莉,2011.大学生体育锻炼态度对其锻炼行为影响的预测[J].首都体育学院学报(6):563-567.

马勇占,毛志雄,王东升,2012.跨理论模型中自我效能、变化阶段对变化过程和身体活动关系的中介效应[J].天津体育学院学报(1):71-77.

毛荣建,2003.青少年学生锻炼态度—行为九因素模型的建立及检验[D].北京:北京体育大学.

毛荣建,晏宁,毛志雄,2003.国外锻炼行为理论研究综述[J].北京体育大学学报(6):752-755.

牛严君,乔玉成,2018.建成环境对儿童少年体力活动的影响综述[J].四川体育科学(2):12-16.

平萍,2018.《中国儿童青少年身体活动指南》出炉[EB/OL].(2018-02-01)[2019-02-10].http://sports.people.com.cn/n1/2018/0201/c412458-29799820.html.

邱茜,2015.上海市中学生体育锻炼行为生态学模型的研究[D].上海:华东师范大学.

屈宁宁,李可基,2004.国际体力活动问卷中文版的信度和效度研究[J].中华流行病学杂志(3):265-268.

曲鲁平,欧高志,李宗浩,等,2015.我国青少年体质健康促进模型构建的研究[J].武汉体育学院学报(9):69-75.

曲志磊,2014.南京城区中学阳光体育政策执行情况的调查与分析[D].南京:南京师范大学.

冉清泉,付道领,2013.青少年体育锻炼行为机制的结构方程模型分析[J].西南师范大学学报(自然科学版)(10):112-118.

邵洪范,2003.学生体质健康标准(试行方案)剖析[J].成都体育学院学报(2):71-74.

沈梦英,毛志雄,张一民,2010.中国成年人锻炼行为的影响因素:HAPA 与 TPB 两个理论模型的整合[J].体育科学(12):48-53,63.

沈艳梅,陆大江,2008.学龄前儿童肥胖危险因素的研究与干预对策[J].沈阳体育学院学报(1):47-50.

司琦,2007.身体活动的行为科学理论综述[J].体育科学(9):72-80.

司琦,于可红,陈谦,等,2013.阶段变化模型在身体活动领域应用研究的综述:1998 年至 2012 年[J].体育科学(5):74-83.

苏传令,2012.社会生态学模型与青少年体力活动关系的研究综述[J].浙江体育科学,34(2):94-98.

孙建翠,康茜,郭振芳,等,2018.儿童青少年体力活动行为及影响因素分析[J].中华行为医学与脑科学杂志,27(12):1127-1132.

孙科,2013.学校体育,路在何方?:专访教育部体育卫生与艺术教育司司长王登峰[J].体育与科学,34(2):1-4.

孙雯,2004.《学生体质健康标准》测试中现存问题的分析研究[J].南京体育学院学报:自然科学版(2):15-17.

孙延林,刘立军,叶加宝,等,2006.青少年体育活动中的内部动机和目标定向研究[J].天津体育学院学报(2):108-110.

孙紫琪,2014.体育活动愉悦感量表(PACES)中文版修订及应用[D].上海:上海师范大学.

汤强,盛蕾,左弯弯,2011.小学生日常体力活动量与 BMI 关系的研究[C].第九届全国体育科学大会论文摘要汇编(2).

田小琴,2015.健康信念及价值感知对青少年阳光体育运动参与的影响研究[D].重庆:西南大学.

王超,2013.中国儿童青少年日常体力活动推荐量研究[D].上海:上海体育学院.

王超,陈佩杰,庄洁,等,2012.加速度计以不同采样间隔测量儿童青少年日常体力活动时间的一致性研究[J].中国运动医学杂志(9):759-765.

王东敏,陈功,2017.国内外体力活动影响因素的研究进展:基于社会生态学视角的分析[J].河北体育学院学报(1):46-53.

王健,何玉秀,2008.健康体适能[M].北京:人民体育出版社.

王强,2011.运用加速度心率联合传感器对 11—14 岁学生体力活动能量消耗的应用研究[D].上海:上海体育学院.

王思娅,庄洁,朱政,等,2015.加速度计不同佩戴部位测量少儿静态活动的一致性研究[C].2015 全国体育科学大会.

王馨塘,田畑泉,曹振波,等,2011.国际体力活动问卷中文版与三轴加速度计的信效度比较[C].全国体育科学大会.

王芸,肖霞,郑频频,等,2009.保护动机理论在个体行为改变中的应用和发展[J].中国健康教育(11):853-855,870.

韦云秀,2015.学校体育政策执行力影响因素与发展对策研究[D].武汉:武汉体育学院.

向剑锋,李之俊,2015.加速度计和体力活动日记监测日常体力活动的效度研究[J].中国体育科技(6):128-133.

熊明生,2004.锻炼健康信念模型及其研究评述[J].湖北体育科技(3):323-324,329.

熊明生,周宗奎,2009.锻炼行为理论的评价与展望[J].武汉体育学院学报(4):52-57.

徐凯,2009.南京市中学生步行数与日常身体活动量的调查与研究:以计步器和体力活动日记为研究手段[C].2009年全民健身科学大会.

徐霞,姚家新,2001.大学生身体自尊量表的修订与检验[J].体育科学(2):78-81.

杨剑,2016.锻炼心理学[M].上海:华东师范大学出版社.

杨剑,季浏,杨文礼,等,2014.基于体育锻炼的阶段变化模型干预对肥胖小学生自我效能、自尊及体重影响的研究[J].天津体育学院学报(3):185-189.

杨锡让,1994.实用运动生理学[M].北京:北京体育大学出版社.

叶峻,2012.社会生态学与协同发展论[M].北京:人民出版社.

殷恒婵,2014.两种运动干预方案对小学生执行功能影响的追踪研究[J].体育科学(3):24-28.

殷恒婵,陈雁飞,张磊,等,2012.运动干预对小学生身心健康影响的实验研究[J].体育科学(2):14-27.

尤桂杰,王超,顾丽燕,2014.北京市初一学生日常体力活动特征研究[C].2014年中国运动生理生化学术会议论文集.

袁得国,尹明敏,张玲玲,等,2012.上海市一年级小学生体力活动类型与水平分析[J].中国学校卫生(3):290-292.

张晨,2013.12—15岁青少年体力活动水平现状与代谢综合征指标的关联性研究[D].天津:天津体育学院.

张海平,刘兴,吴翊馨,等,2016.12～14岁中学生日常体力活动状况及健身跑对其心肺耐力影响的研究[J].沈阳体育学院学报(1):93-96.

张加林,唐炎,胡月英,2015.加拿大儿童、青少年身体活动评价的经验与启示[J].体育科学(9):90-96.

张杰,许亮文,黄仙红,等,2014.中学生久坐行为及相关因素分析[J].中华行为医学与脑科学杂志(4):348-352.

张文杰,2013.采用心率联合加速度运动传感器测量9—11岁女生常见体力活动的研究[D].上海:上海体育学院.

张文娟,毛志雄,2016.青少年体育活动意向与行为的关系:行动控制与情绪的中介作用[J].北京体育大学学报(3):81-87.

张锡娟,2014.青少年学生体育政策执行过程研究[D].天津:天津体育学院.

张雪燕,周乐山,李琛琛,2013.基于跨理论模型干预对提升肥胖儿童自尊的作用[J].卫生研究(4):585-588.

张玉强,徐晓飞,2010.大学生锻炼态度对身体自我描述的影响[J].体育学刊(3):65-69.

张云婷,马生霞,陈畅,等,2017.中国儿童青少年身体活动指南[J].中国循证儿科杂志(6):401-409.

张征,2018.南京市儿童青少年体力活动水平及影响因素分析[J].中国学校卫生(12):1885-1888.

章建成,张绍礼,罗炯,等,2012.中国青少年课外体育锻炼现状及影响因素研究报告[J].体育科学(11):3-18.

中华人民共和国教育部,国家体育总局,2007.2005年中国学生体质与健康调研报告.北京:高等教育出版社.

中华人民共和国教育部,国家体育总局,2012.2010年中国学生体质与健康调研报告[M].北京:高等教育出版社.

钟涛,徐伟,胡亮,2014.体力活动的社会生态模型研究进展[J].体育科研(2):28-31.

周成林,金鑫虹,2021.从脑科学诠释体育运动提升学习效益的理论与实践[J].上海体育学院学报(1):20-28.

周君华,2014.不同年龄人群锻炼行为改变的调节变量探究:基于对HAPA与TPB整合模型的测评[J].体育科学(10):21-28.

周乐山,张雪燕,李琛琛,2013.跨理论模型在改善肥胖儿童孤独感中的应用[J].广东医学(7):1059-1061.

周热娜,傅华,罗剑锋,等,2011.中国城市社区居民步行环境量表信度及效度评价[J].中国公共卫生(7):841-842.

周志雄,Zenong Y,杨斌胜,等,2015.在职人群久坐少动行为与心血管危险因素关系的研究[C].2015全国体育科学大会.

曾芊,赵大亮,2007.体育锻炼对青少年身体自我观念和生活满意感的影响效应分析[J].武汉体育学院学报(3):59-63.

朱琳,2012.11—14岁青春期少年常见体力活动能耗测量的方法学研究[D].上海:上海体育学院.

朱琳,陈佩杰,2013.应用三轴加速度计(GT3X+)监测广州高中生日常体力活动的研究[J].广州体育学院学报(1):85-88.

朱为模,2009.从进化论、社会—生态学角度谈环境、步行与健康[J].体育科研
(5):12-16.

邹志春,庄洁,陈佩杰,2010.国外青少年体质与健康促进研究动态[J].中国运
动医学杂志,29(4):485-489.

左弯弯,2012.基于加速度传感器技术的小学生体力活动现状的研究[D].苏州:
苏州大学.

Adams J, White M, 2004. Why don't stage-based activity promotion
interventions work? [J]. Health Education Research,20(2):237-243.

Ainsworth B E, Haskell W L, Whitt M C, et al., 2000. Compendium of
physical activities: An update of activity codes and MET intensities[J].
Medicine and Science in Sports and Exercise,32(S9):498-504.

Ajzen I, 1991. The theory of planned behavior[J]. Organizational Behavior
and Human Decision Processes,50(2):179-211.

Allender S, Cowburn G, Foster C, 2006. Understanding participation in sport
and physical activity among children and adults: A review of qualitative
studies[J]. Health Education Research,21(6):826-835.

Andersen L B, Haraldsdóttir J, 1993. Tracking of cardiovascular disease risk
factors including maximal oxygen uptake and physical activity from late
teenage to adulthood: An 8-year follow-up study[J]. Journal of Internal
Medicine,234(3):309-315.

Anderson E S, Winett R A, Wojcik J R, et al., 2010. Social cognitive
mediators of change in a group randomized nutrition and physical activity
intervention social support, self-efficacy, outcome expectations and self-
regulation in the guide-to-health trial[J]. Journal of Health Psychology,
15(1):21-32.

Anderson L M, Quinn T A, Glanz K, et al., 2009. The effectiveness of
worksite nutrition and physical activity interventions for controlling
employee overweight and obesity: A systematic review[J]. American
Journal of Preventive Medicine,37(4):340-357.

Annesi J J, Faigenbaum A D, Westcott W L, 2010. Relations of
transtheoretical model stage, self-efficacy, and voluntary physical activity
in African American preadolescents[J]. Research Quarterly for Exercise
and Sport,81:239-244.

Arteaga S M, Kudeki M, Woodworth A, et al., 2010. Mobile system to
motivate teenagers' physical activity [C]. Proceedings of the 9th
International Conference on Interaction Design and Children.

Ashford A, 2002. Behavioural change in professional practice: Supporting the development of effective implementation strategies[R]. Centre for Health Services Research, University of Newcastle, Report No 88.

Atkin A J, Corder K, Ekelund U, et al., 2013. Determinants of change in children's sedentary time[J]. PLOS ONE,8(6):1-9.

Bandura A, 1977. Self-efficacy: Toward a unifying theory of behavioral change[J]. Psychological Review,84(2):191-215.

Bandura A, 1986. Social Foundations of Thought and Action: A Social Cognitive Theory[M]. Englewood Cliffs, NJ: Prentice Hall.

Bandura A, 1997. Self-Efficacy: The Exercise of Control[M]. New York: W. H. Freeman.

Bandura A, 1998. Health promotion from the perspective of social cognitive theory[J]. Psychology and Health,13(4):623-649.

Bandura A, 1999. Social cognitive theory: An agentic perspective[J]. Asian Journal of Social Psychology,2(1):21-41.

Bandura A, 2002. Social cognitive theory in cultural context[J]. Applied Psychology,51(2):269-290.

Bandura A, 2004. Health promotion by social cognitive means[J]. Health Education & Behavior,31(2):143-164.

Bandura A, 2005. The evolution of social cognitive theory[M]//Smith K G, Hitt M A. Great Minds in Management. Oxford: Oxford University Press.

Bandura A, Walters R H, 1963. Social Learning and Personality Development [M]. New York: Holt Rinehart and Winston.

Baranowski T, Bar-Or O, Blair S, et al., 1997. Guidelines for school and community programs to promote lifelong physical activity among young people[R]. Morbidity and Mortality Weekly Report,50(RR-6).

Bartlett J D, Close G L, MacLaren D P M, et al., 2011. High-intensity interval running is perceived to be more enjoyable than moderate-intensity continuous exercise: Implications for exercise adherence[J]. Journal of Sports Sciences,29(6):547-553.

Bauman A E, Reis R S, Sallis J F, et al., 2012. Correlates of physical activity: Why are some people physically active and others not? [J]. The Lancet,380(9838):258-271.

Becker M H, 1974. The health belief model and sick role behavior[J]. Health Education Monographs,2(4):409-419.

Beets M W, Cardinal B J, Alderman B L, 2010. Parental social support and the physical activity-related behaviors of youth: A review[J]. Health Education & Behavior,37(5):621-644.

Berli C, Loretini P, Radtke T, et al., 2014. Predicting physical activity in adolescents: The role of compensatory health beliefs within the health action process approach[J]. Psychology & Health,29(4):458-474.

Bernstein R J, 1971. Praxis and Action[M]. Philadelphia: University of Pennsylvania Press.

Berry T, Naylor P J, Wharf-Higgins J, 2005. Stages of change in adolescents: An examination of self-efficacy, decisional balance, and reasons for relapse[J]. Journal of Adolescent Health Official Publication of the Society for Adolescent Medicine,37(6):452-459.

Biddle S, Goudas M, 1996. Analysis of children's physical activity and its association with adult encouragement and social cognitive variables[J]. Journal of School Health,66(2):75-78.

Biddle S J H, Atkin A J, Cavill N, et al., 2011. Correlates of physical activity in youth: A review of quantitative systematic reviews[J]. International Review of Sport and Exercise Psychology,4(1):25-49.

Bjørgaas M R, Vik J T, Stølen T, et al., 2008. Regular use of pedometer does not enhance beneficial outcomes in a physical activity intervention study in type 2 diabetes mellitus[J]. Metabolism,57(5):605-611.

Bravata D M, Smith-Spangler C, Sundaram V, et al., 2007. Using pedometers to increase physical activity and improve health: A systematic review[J]. JAMA,298(19):2296-2304.

Brener N, Collins J, Kann L, et al., 1995. Reliability of the Youth Risk Behavior Survey Questionnaire[J]. American Journal of Epidemiology,141:575-580.

Bronfenbrenner U, 1977. Toward an experimental ecology of human development[J]. American Psychologist,32:513-531.

Bronfenbrenner U, 1994. Ecological models of human development[J]. Readings on the Development of Children,2(1):37-43.

Buchan D S, Ollis S, Thomas N E, et al., 2012. Physical activity behaviour: An overview of current and emergent theoretical practices[J]. Journal of Obesity,2012:1-11.

Callaghan P, Khalil E, Morres I, 2010. A prospective evaluation of the transtheoretical model of change applied to exercise in young people[J].

International Journal of Nursing Studies,47(1):3-12.

Campbell D T, Stanley J C, Gage N L, 1963. Experimental and quasi-experimental designs for research[M]//Gage N L. Handbook of Research on Teaching. Chicago: Rand McNally.

Caspersen C J, Powell K E, Christenson G M, 1985. Physical activity, exercise, and physical fitness: Definitions and distinctions for health-related research[J]. Public Health Reports,100(2):126-131.

Cerin E, Saelens B E, Sallis J F, et al. , 2006. Neighborhood environment walkability scale: Validity and development of a short form[J]. Medicine & Science in Sports & Exercise,38(9):1682-1691.

Chan S L, Chan-Yeung M M, Ooi G C, et al. , 2002. Validation of the Hong Kong Chinese version of the St. George Respiratory Questionnaire in patients with bronchiectasis[J]. Chest,122(6):2030-2037.

Chen J L, Weiss S J, Heyman M B, et al. , 2010. The Active Balance Childhood program for improving coping and quality of life in Chinese American children[J]. Nursing Research,59(4):270-279.

Chinapaw M J, Mokkink L B, van Poppel M N, et al. , 2010. Physical activity questionnaires for youth: A systematic review of measurement properties[J]. Sports Med,40(7):539-563.

Chow S,Mullan B, 2010. Predicting food hygiene: An investigation of social factors and past behaviour in an extended model of the Health Action Process Approach[J]. Appetite,54(1):126-133.

Cleland V, Ball K, Hume C, et al. , 2010. Individual, social and environmental correlates of physical activity among women living in socioeconomically disadvantaged neighbourhoods [J]. Social Science & Medicine,70(12):2011-2018.

Cohen J, 1988. Statistical Power Analysis for the Behavioral Sciences[M]. 3rd ed. New York: Academic Press.

Colley R C, Garriguet D, Janssen I, et al. , 2011. Physical activity of Canadian children and youth: Accelerometer results from the 2007 to 2009 Canadian Health Measures Survey[J]. Health Reports,22(1):15.

Corbin C B, 2002. Physical activity for everyone: What every physical educator should know about promoting lifelong physical activity [J]. Journal of Teaching in Physical Education,21(2):128-144.

Corder K, van Sluijs E M, McMinn A M, et al. , 2010. Perception versus reality: Awareness of physical activity levels of British children [J].

American Journal of Preventive Medicine,38(1):1-8.

Craggs C, Corder K, van Sluijs E M F, et al. , 2011. Determinants of change in physical activity in children and adolescents: A systematic review[J]. American Journal of Preventive Medicine,40(6):645-658.

Craig S, Goldberg J, Dietz W H, 1996. Psychosocial correlates of physical activity among fifth and eighth graders[J]. Preventive Medicine,25(5): 506-513.

Crutzen R, de Nooijer J, Brouwer W, et al. , 2011. Strategies to facilitate exposure to internet-delivered health behavior change interventions aimed at adolescents or young adults: A systematic review[J]. Health Education & Behavior,38(1):49-62.

da Costa B G G, da Silva K S, da Silva J A, et al. , 2019. Sociodemographic, biological, and psychosocial correlates of light-and moderate-to-vigorous-intensity physical activity during school time, recesses, and physical education classes[J]. Journal of Sport and Health Science,8(2):177-182.

Deci E L, Ryan R M, 1985. Conceptualizations of intrinsic motivation and self-determination[M]// Intrinsic Motivation and Self-Determination in Human Behavior. Boston, MA: Springer.

Denton S J, Trenell M I, Plötz T, et al. , 2013. Cardiorespiratory fitness is associated with hard and light intensity physical activity but not time spent sedentary in 10-14 year old schoolchildren: The HAPPY study[J]. PLOS ONE,8(10):10.

Dewar D L, Morgan P J, Plotnikoff R C, et al. , 2014. Exploring changes in physical activity, sedentary behaviors and hypothesized mediators in the NEAT girls group randomized controlled trial[J]. Journal of Science and Medicine in Sport,17(1):39-46.

DiLorenzo T M, Stucky-Ropp R C, Vander Wal J S, et al. , 1998. Determinants of exercise among children. Ⅱ. A longitudinal analysis[J]. Preventive Medicine,27(3):470-477.

Ding D, Sallis J F, Kerr J, et al. , 2011. Neighborhood environment and physical activity among youth: A review [J]. American Journal of Preventive Medicine,41(4):442-455.

Dishman R K, 1994. Advances in Exercise Adherence[M]. Champaign, IL: Human Kinetics Publishers.

Dishman R K, Buckworth J, 1996. Increasing physical activity: A quantitative synthesis[J]. Medicine & Science in Sports & Exercise,28

（6）：706-719.

Dishman R K，Motl R W，Sallis J F，et al. ，2005. Self-management strategies mediate self-efficacy and physical activity[J]. American Journal of Preventive Medicine,29(1):10-18.

Dishman R K，Motl R W，Saunders R，et al. ，2004. Self-efficacy partially mediates the effect of a school-based physical-activity intervention among adolescent girls[J]. Preventive Medicine,38(5):628-636.

Dishman R K，Motl R W，Saunders R，et al. ，2005. Enjoyment mediates effects of a school-based physical-activity intervention[J]. Medicine and Science in Sports and Exercise,37(3):478-487.

Dishman R K，Saunders R P，Felton G，et al. ，2006. Goals and intentions mediate efficacy beliefs and declining physical activity in high school girls [J]. American Journal of Preventive Medicine,31(6):475-483.

Donnelly J E，Hillman C H，Castelli D，et al. ，2016. Physical activity, fitness, cognitive function, and academic achievement in children: A systematic review[J]. Med Sci Sports Exerc,48(6):1197-1222.

Duncan S C，Duncan T E，Strycker L A，2005. Sources and types of social support in youth physical activity[J]. Health Psychology,24(1):3-10.

Dwyer J J，Chulak T，Maitland S，et al，2012. Adolescents' self-efficacy to overcome barriers to physical activity scale[J]. Research Quarterly for Exercise and Sport,83(4):513-521.

Eaton D K，Kann L，Kinchen S，et al. ，2012. Youth risk behavior surveillance—United States，2011[J]. Surveillance Summaries,61(4):1-162.

Elder J P，Lytle L，Sallis J F，et al. ，2006. A description of the social-ecological framework used in the trial of activity for adolescent girls (TAAG)[J]. Health Education Research,22(2):155-165.

Epton T，Norman P，Harris P，et al. ，2014. Development of theory-based health messages: Three-phase programme of formative research [J]. Health Promotion International,30(3):756-768.

Fallon E A，Hausenblas H A，Nigg C R. ，2005. The transtheoretical model and exercise adherence: Examining construct associations in later stages of change[J]. Psychology of Sport and Exercise,6(6):629-641.

Fishbein M，1963. An investigation of the relationships between beliefs about an object and the attitude toward that object[J]. Human Relations,16(3):233-239.

Fisher W A，Fisher J D，Harman J，2003. The information-motivation-behavioral skills model: A general social psychological approach to understanding and promoting health behavior[M]//Suls J, Wallston K A. Social Psychological Foundations of Health and Illness. Malden: Blackwell:82-106.

Fox K R, Corbin C B, 1989. The physical self-perception profile: Development and preliminary validation[J]. Journal of Sport and Exercise Psychology,11(4):408-430.

Gauvin L, Rejeski W, 1993. The exercise-induced feeling inventory: Development and initial validation [J]. Journal of Sport and Exercise Psychology,15(4):403-423.

Glanz K, Rimer B K, Viswanath K, 1997. Health Behavior and Health Education: Theory, Research, and Practice[M]. 4th ed. San Francisco: John Wiley & Sons.

Glasgow R E, Harden S M, Gaglio B, et al., 2019. RE-AIM planning and evaluation framework: Adapting to new science and practice with a 20-year review[J]. Front Public Health (7):64.

Godin G, Shephard R J, 1985. A simple method to assess exercise behavior in the community[J]. Canadian Journal of Applied Sport Sciences,10(3): 141-146.

Gonzalez S A, Sarmiento O L, Cohen D D, et al., 2014. Results from Colombia's 2014 report card on physical activity for children and youth [J]. Journal of Physical Activity and Health,11(S1):S33-S44.

Green J, 2000. The role of theory in evidence-based health promotion practice [J]. Health Education Research,15(2):125-129.

Green L W, Kreuter M W, 1999. Health Promotion Planning: An Educational and Ecological Approach [M]. 3rd ed. Mountain View, California: Mayfield Publishing Co.

Greenwald P, Cullen J W, 1985. The new emphasis in cancer control[J]. Journal of the National Cancer Institute,74(3):543-551.

Haas S, Nigg C R, 2009. Construct validation of the stages of change with strenuous, moderate, and mild physical activity and sedentary behaviour among children[J]. Journal of Science and Medicine in Sport,12(5):586-591.

Hagger M, Chatzisarantis N, Biddle S, 2002. A meta-analytic review of the theories of reasoned action and planned behavior in physical activity: Predictive validity and the contribution of additional variables[J]. Journal of Sport and Exercise Psychology,24:3-32.

Hagger M S，Luszczynska A，2014. Implementation intention and action planning interventions in health contexts：State of the research and proposals for the way forward[J]. Applied Psychology：Health and Well-Being,6(1):1-47.

Hallal P C，Andersen L B，Bull F C，et al.，2012. Global physical activity levels：Surveillance progress，pitfalls，and prospects[J]. The Lancet,380(9838):247-257.

Hallal P C，Bauman A E，Heath G W，et al.，2012. Physical activity：More of the same is not enough[J]. The Lancet,380(9838):190-191.

Harmon B E，Nigg C R，Long C，et al.，2014. What matters when children play：Influence of Social Cognitive Theory and perceived environment on levels of physical activity among elementary-aged youth[J]. Psychology of Sport and Exercise,15(3):272-279.

Hashemi M，Hojjati A，Nikravan F，et al.，2013. The comparison of socio-economic status of families and social support of parents for the physical exercises of their children[J]. Procedia-Social and Behavioral Sciences,82(2),375-379.

Health U D O，Services H，2008. 2008 Physical Activity Guidelines for Americans[R]. U. S. Department of Health and Human Services.

Heckhausen H，Gollwitzer P，1987. Thought contents and cognitive functioning in motivational versus volitional states of mind[J]. Motivation and emotion,11(2):101-120.

Heisz J J，Tejada M G M，Paolucci E M，et al.，2016. Enjoyment for High-Intensity Interval Exercise Increases during the First Six Weeks of Training：Implications for Promoting Exercise Adherence in Sedentary Adults[J]. PLOS ONE,11(12):e0168534.

Hidding L M，Chinapaw M J M，van Poppel M N M，et al.，2018. An updated systematic review of childhood physical activity questionnaires [J]. Sports Medicine,48(12):2797-2842.

Hu L，Cheng S，Lu J，et al.，2016. Self-efficacy manipulation influences physical activity enjoyment in Chinese adolescents[J]. Pediatric Exercise Science,28(1):143-151.

Hu L，Morris T，Lyu J Y，2019. Revision and validation of the physical activity and leisure motivation scale among youth in China [J]. International Journal of Sport Psychology,50:38-63.

Hu L，Motl R W，McAuley E，et al.，2007. Effects of self-efficacy on physical activity enjoyment in college-aged women[J]. International Journal of Behavioral Medicine,14(2):92-96.

Huang W Y, Wong S H, Salmon J, 2013. Correlates of physical activity and screen-based behaviors in Chinese children[J]. Journal of Science and Medicine in Sport,16:509-514.

Humbert M L, Chad K E, Bruner M W, et al., 2008. Using a naturalistic ecological approach to examine the factors influencing youth physical activity across grades 7 to 12[J]. Health Education Behavior,35(2):158-173.

Janz K F, Dawson J D, Mahoney L T, 2000. Tracking physical fitness and physical activity from childhood to adolescence: The muscatine study[J]. Medicine and Science in Sports and Exercise,32(7):1250-1257.

Janz N K, Becker M H, 1984. The health belief model: A decade later[J]. Health Education Behavior,11(1):1-47.

Jerome G J, Marquez D X, McAuley E, et al., 2002. Self-efficacy effects on feeling states in women[J]. International Journal of Behavioral Medicine, 9(2):139-154.

Johnson N A, Heller R F, 1998. Prediction of patient nonadherence with home-based exercise for cardiac rehabilitation: The role of perceived barriers and perceived benefits[J]. Preventive Medicine,27(1):56-64.

Kahn J A, Huang B, Gillman M W, et al., 2008. Patterns and determinants of physical activity in U.S. adolescents[J]. Journal of Adolescent Health, 42(4):369-377.

Karvonen M, 1957. The effects of training on heart rate: A longitudinal study [J]. Ann Med Exp Biol Fenn,35:307-315.

Kavanaugh K, Moore J B, Hibbett L J, et al., 2015. Correlates of subjectively and objectively measured physical activity in young adolescents[J]. Journal of Sport and Health Science(3):222-227,209.

Kendzierski D, DeCarlo K, 1991. Physical activity enjoyment scale: Two validation studies[J]. Journal of Sport and Exercise Psychology,13:50-64.

Kerlinger F N, 1986. Foundations of Behavioral Research[M]. 3rd ed. New York: Holt, Rinehart & Winston.

Kim Y, Cardinal B, Lee J, 2006. Understanding exercise behavior among Korean adults: A test of the transtheoretical model[J]. International Journal of Behavioral Medicine,13:295-303.

King A C, Stokols D, Talen E, et al, 2002. Theoretical approaches to the promotion of physical activity: Forging a transdisciplinary paradigm[J]. American Journal of Preventive Medicine,23(S2):15-25.

Kraus M D H, Hirschland R P, 1953. Muscular fitness and health[J]. Journal of the American Association for Health, Physical Education, Recreation, 24(10):17-19.

Kriemler S, Meyer U, Martin E, et al., 2011. Effect of school-based interventions on physical activity and fitness in children and adolescents: A review of reviews and systematic update[J]. British Journal of Sports Medicine,45(11):923.

Laird Y, Fawkner S, Niven A, 2018. A grounded theory of how social support influences physical activity in adolescent girls[J]. International Journal of Qualitative Studies on Health Well-being,13,1435099.

Langille J-L D, Rodgers W M, 2010. Exploring the influence of a social ecological model on school-based physical activity[J]. Health Education & Behavior,37(6):879-894.

Lee K S, Trost S G, 2005. Validity and reliability of the 3-day physical activity recall in Singaporean adolescents[J]. Research Quarterly for Exercise and Sport,76(1):101-106.

Lemmon C R, Ludwig D A, Howe C, et al., 2007. Correlates of adherence to a physical activity program in young African-American girls[J]. Obesity, 15(3):695-703.

Li M, Dibley M J, Sibbritt D W, et al., 2007. Physical activity and sedentary behavior in adolescents in Xi'an City, China[J]. Journal of Adolescent Health,41(1):99-101.

Lloyd J, Wyatt K, 2015. The Healthy Lifestyles Programme(HeLP)—An Overview of and Recommendations Arising from the Conceptualisation and Development of an Innovative Approach to Promoting Healthy Lifestyles for Children and Their Families[J]. International Journal of Environmental Research and Public Health,12(1):1003-1019.

Lubans D, Okely A D, Morgan P, et al., 2011. Description and evaluation of a social cognitive model of physical activity behaviour tailored for adolescent girls[J]. Health Education Research,27(1):115-128.

Lubans D R, Foster C, Biddle S J, 2008. A review of mediators of behavior in interventions to promote physical activity among children and adolescents [J]. Preventive Medicine,47(5):463-470.

Manley D, Cowan P, Graff C, et al., 2014. Self-Efficacy, Physical activity, and aerobic fitness in middle school children: Examination of a pedometer intervention program[J]. Journal of Pediatric Nursing,29(3):228-237.

Marshall S J, Biddle S J, Murdey I, et al. , 2003. But what are you doing now? Ecological momentary assessment of sedentary behavior among youth[J]. Medicine & Science in Sports & Exercise,35(5):S180.

Martin J J, McCaughtry N, Flory S, et al. , 2011. Using social cognitive theory to predict physical activity and fitness in underserved middle school children[J]. Research Quarterly for Exercise Sport,82(2):247-255.

Martin K, Rosenberg M, Miller M, et al. , 2008. Trends in Physical Activity, Nutrition and Body Size in Western Australian Children and Adolescents: The Child and Adolescent Physical Activity and Nutrition Survey(CAPANS)[R]. Perth: Government of Western Australia.

Matevey C, Rogers L Q, Dawson E, et al. , 2006. Lack of reactivity during pedometer self-monitoring in adults [J]. Measurement in Physical Education and Exercise Science,10(1):1-11.

Mattocks C, Leary S, Ness A, et al. , 2007. Calibration of an accelerometer during free-living activities in children [J]. International Journal of Obesity,2(4):218-226.

Mauriello L M, Ciavatta M M H, Paiva A L, et al. , 2010. Results of a multi-media multiple behavior obesity prevention program for adolescents[J]. Preventive Medicine,51(6):451-456.

McAlister A L, Perry C L, Parcel G S, 2008. How individuals, environments, and health behaviors interact[M]//Glanz K, Rimer B K, Viswanath K. Health Behavior and Health Education: Theory, Research, and Practice. 4th ed. San Francisco: John Wiley & Sons:169-188.

McAuley E, 1993. Self-efficacy and the maintenance of exercise participation in older adults[J]. Journal of Behavioral Medicine,16(1):103-113.

McAuley E, Blissmer B, 2000. Self-efficacy determinants and consequences of physical activity[J]. Exercise and Sport Sciences Reviews,28:85-88.

McAuley E, Blissmer B, Katula J, et al. , 2000. Physical activity, self-esteem, and self efficacy relationships in older adults: A randomized controlled trial[J]. Annals of Behavioral Medicine,22(2):131-139.

McAuley E, Courneya K, 1992. Self-efficacy relationships with affective and exertion responses to exercise[J]. Journal of Applied Social Psychology, 22:312-326.

McAuley E, Courneya K S, 1993. Adherence to exercise and physical activity as health-promoting behaviors: Attitudinal and self-efficacy influences [J]. Applied and Preventive Psychology,2(2):65-77.

McAuley E, Elavsky S, Jerome G J, et al. , 2005. Physical activity-related well-being in older adults: Social cognitive influences[J]. Psychology and Aging,20(2):295-302.

McAuley E, Jerome G J, Elavsky S, et al. , 2003. Predicting long-term maintenance of physical activity in older adults[J]. Preventive Medicine, 37(2):110-118.

McAuley E, Jerome G J, Marquez D X, et al. , 2003. Exercise self-efficacy in older adults: Social, affective, and behavioral influences[J]. Annals of Behavioral Medicine,25:1-7.

McAuley E, Mullen S P, Szabo A N, et al. , 2011. Self-regulatory processes and exercise adherence in older adults: Executive function and self-efficacy effects[J]. American Journal of Preventive Medicine,41(3):284-290.

McAuley E, Talbot H M, Martinez S, 1999. Manipulating self-efficacy in the exercise environment in women: Influences on affective responses[J]. Health Psychology,18:288-294.

McKenzie T L, Stone E J, Feldman H A, et al. , 2001. Effects of the CATCH physical education intervention: Teacher type and lesson location [J]. American Journal of Preventive Medicine,21(2):101-109.

McLeroy K R, Bibeau D, Steckler A, et al. , 1988. An ecological perspective on health promotion programs[J]. Health Education Quarterly,15(4): 351-377.

Michie S, Johnston M, Abraham C, et al. , 2005. Making psychological theory useful for implementing evidence based practice: A consensus approach[J]. Quality and Safety in Health Care,14(1):26-33.

Miller N E, Dollard J, 1941. Social Learning and Imitation[M]. New Haven, CT, US: Yale University Press.

Moran M B, Walker M W, Alexander T N, et al. , 2017. Why peer crowds matter: Incorporating youth subcultures and values in health education campaigns[J]. American Journal of Public Health,107(3):389-395.

Morris T, Rogers H, 2004. Measuring motives for physical activity[C]. Seoul: The 2004 International Sport Science Congress.

Motl R, Berger B, Leuschen P, 2000. The role of enjoyment in the exercise-mood relationship[J]. International Journal of Sport Psychology,31(3): 347-363.

Motl R W, Dishman R K, Saunders R, et al. , 2001. Measuring enjoyment of physical activity in adolescent girls[J]. American Journal of Preventive Medicine,21(2):110-117.

Motl R W, Dishman R K, Ward D S, et al. , 2002. Examining social-cognitive determinants of intention and physical activity among black and white adolescent girls using structural equation modeling [J]. Health Psychology,21(5):459-467.

Motl R W, McAuley E, Birnbaum A S, et al. , 2006. Naturally occurring changes in time spent watching television are inversely related to frequency of physical activity during early adolescence[J]. Journal of Adolescence,29(1):19-32.

Neumark-Sztainer D, Flattum C, Story M, et al. , 2009. Dietary approaches to healthy weight management for adolescents: The New Moves model [J]. Adolescent medicine: State of the art reviews,19:421-430,Ⅷ.

Nigg C R, Courneya K S, 1998. Transtheoretical model: Examining adolescent exercise behavior[J]. Journal of Adolescent Health,22(3):214-224.

Norman P, Smith L, 1995. The theory of planned behaviour and exercise: An investigation into the role of prior behaviour, behavioural intentions and attitude variability[J]. European Journal of Social Psychology,25(4):403-415.

Ottevaere C, Huybrechts I, De Bourdeaudhuij I, et al, 2011. Comparison of the IPAQ-A and Actigraph in relation to VO$_2$max among European adolescents: The HELENA study[J]. Journal of Science and Medicine in Sport,14(4):317-324.

Pannekoek L, Piek J P, Hagger M S, 2013. Motivation for physical activity in children: A moving matter in need for study[J]. Human Movement Science,32(5):1097-1115.

Park H, Kim N, 2008. Predicting factors of physical activity in adolescents: A systematic review[J]. Asian Nursing Research,2(2):113-128.

Pate R R, Saunders R P, Ward D S, et al. , 2003. Evaluation of a community-based intervention to promote physical activity in youth: Lessons from active winners[J]. American Journal of Health Promotion,17(3):171-182.

Plotnikoff R C, Costigan S A, Karunamuni N, et al. , 2013. Social cognitive theories used to explain physical activity behavior in adolescents: A systematic review and meta-analysis[J]. Preventive Medicine,56(5):245-253.

Ploughman M, 2008. Exercise is brain food: The effects of physical activity on cognitive function[J]. Developmental Neurorehabilitation,11(3):236-240.

Prestwich A, Sniehotta F F, Whittington C, et al., 2014. Does theory influence the effectiveness of health behavior interventions? Meta-analysis [J]. Health Psychology,33(5):465.

Prochaska J O, DiClemente C C, 1983. Stages and processes of self-change of smoking: Toward an integrative model of change [J]. Journal of Consulting and Clinical Psychology,51(3):390-395.

Prochaska J O, DiClemente C C, Norcross J C, 1993. In search of how people change: Applications to addictive behaviors[J]. Journal of Addictions Nursing,5(1):2-16.

Prochaska J O, Velicer W F, 1997. The transtheoretical model of health behavior change[J]. American Journal of Health Promotion,12(1):38-48.

Puyau M R, Adolph A L, Vohra F A, et al., 2002. Validation and calibration of physical activity monitors in children[J]. Obesity Research,10(3):150-157.

Raedeke T D, 2007. The relationship between enjoyment and affective responses to exercise[J]. Journal of Applied Sport Psychology,19(1): 105-115.

Ramirez E, Kulinna P H, Cothran D, 2012. Constructs of physical activity behaviour in children: The usefulness of social cognitive theory[J]. Psychology of Sport and Exercise,13(3):303-310.

Reddy S, James S, Sewpaul R, et al., 2010. Umthente Uhlaba Usamila: The 2nd South African national youth risk behaviour survey 2008[C]. Cape Town: South African Medical Research Council.

Rejeski W J, Gauvin L, Hobson M L, et al., 1995. Effects of baseline responses, in-task feelings, and duration of activity on exercise-induced feeling states in women[J]. Health Psychology,14(4):350-359.

Resnick B, Zimmerman S I, Orwig D, et al., 2000. Outcome expectations for exercise scale: Utility and psychometrics [J]. Journal of Gerontology, 55B:S352-S356.

Rhodes R, Nasuti G, 2011. Trends and changes in research on the psychology of physical activity across 20 years: A quantitative analysis of 10 journals [J]. Preventive Medicine,53(1-2):17-23.

Rhodes R E, Blanchard C M, Matheson D H, et al., 2006. Disentangling motivation, intention, and planning in the physical activity domain[J]. Psychology of Sport and Exercise,7(1):15-27.

Riemsma R P, Pattenden J, Bridle C, et al., 2003. Systematic review of the effectiveness of stage based interventions to promote smoking cessation [J]. BMJ,326:1175.

Robbins L B, Pis M B, Pender N J, et al., 2004. Exercise self-efficacy, enjoyment, and feeling states among adolescents[J]. Western Journal of Nursing Research,26(7):699-715.

Robertson-Wilson J, Lévesque L, Holden R R, 2007. Development of a questionnaire assessing school physical activity environment [J]. Measurement in Physical Education and Exercise Science,11(2):93-107.

Rodriguez M P, Colley R, Jimenez J A, 2012. The mexican report card on physical activity for children and youth 2012[Z]. Retrieved from Mexico.

Rogers R, 1983. Cognitive and psychological processes in fear appeals and attitude change: A revised theory of protection motivation[M]//Cacioppo J, Petty R. Social Psychology: A Sourcebook. New York: Guilford Press.

Rongkavilit C, Naar-King S, Kaljee L M, et al., 2010. Applying the information-motivation-behavioral skills model in medication adherence among Thai youth living with HIV: A qualitative study[J]. AIDS Patient Care STDS,24(12):787-794.

Ryckman R M, Robbins M A, Thornton B, et al., 1982. Development and validation of a physical self-efficacy scale[J]. Journal of Personality Social Psychology,42(5):891.

Sallis J, Bauman A, Pratt M, 1998. Environmental and policy interventions to promote physical activity[J]. American Journal of Preventive Medicine,15 (4):379-397.

Sallis J F, Bowles H R, Bauman A, et al., 2009. Neighborhood environments and physical activity among adults in 11 countries[J]. American Journal of Preventive Medicine,36(6):484-490.

Sallis J F, Cervero R B, Ascher W, et al., 2006. An ecological approach to creating active living communities[J]. Annual Review of Public Health,27 (1):297-322.

Sallis J F, Grossman R M, Pinski R B, et al., 1987. The development of scales to measure social support for diet and exercise behaviors[J]. Preventive Medicine,16(6):825-836.

Sallis J F, Owen N, 1999. Physical Activity and Behavioral Medicine[M]. Thousand Oaks, CA: Sage Publications.

Sallis J F, Prochaska J J, Taylor W C, 2000. A review of correlates of physical activity of children and adolescents[J]. Medicine & Science in Sports & Exercise,32(5):963-975.

Sallis J F, Simons-Morton B G, Stone E J, et al. , 1992. Determinants of physical activity and interventions in youth[J]. Medicine & Science in Sports & Exercise,24(6):248-257.

Saltó M, 2009. Percentage of physically active children and adolescent[R]. World Health Organization Europe, Spain.

Samson A, 2014. Sources of self-efficacy during marathon training: A qualitative, longitudinal investigation[J]. Sport Psychologist,28:164-175.

Schön D A, 1983. The Reflective Practitioner: How Professionals Think in Action[M]. London: Temple Smith.

Schwarzer R, 1992. Self-Efficacy: Thought Control of Action [M]. Washington D. C. : Hemisphere.

Schwarzer R, Cao D S, Lippke S, 2010. Stage-matched minimal interventions to enhance physical activity in Chinese adolescents [J]. Journal of Adolescent Health,47(6):533-539.

Schwarzer R, Lippke S, Luszczynska A, 2011. Mechanisms of health behavior change in persons with chronic illness or disability: The health action process approach(HAPA)[J]. Rehabilitation Psychology,56(3):161.

Schwarzer R, Renner B, 2000. Social-cognitive predictors of health behavior: Action self-efficacy and coping self-efficacy[J]. Health Psychology, 19 (5):487-495.

Sheeran P, 2002. Intention—behavior relations: A conceptual and empirical review[J]. European Review of Social Psychology,12:1-36.

Shirazipour C H, Latimer-Cheung A E, Arbour-Nicitopoulos K P, 2015. An exploratory qualitative investigation of psychosocial determinants of parental decisions to support sport participation for youth with a mobility impairment[J]. Research in Developmental Disabilities,45-46:400-410.

Short C E, James E L, Plotnikoff R C, 2013. How Social Cognitive Theory can help oncology-based health professionals promote physical activity among breast cancer survivors [J]. European Journal of Oncology Nursing,17(4):482-489.

Slater S J, Nicholson L, Chriqui J, et al. , 2012. The impact of state laws and district policies on physical education and recess practices in a nationally representative sample of US public elementary schools[J]. Archives of

Pediatrics & Adolescent Medicine,166(4):311-316.

Standage M, Duda J L, Ntoumanis N, 2003. A model of contextual motivation in physical education: Using constructs from self-determination and achievement goal theories to predict physical activity intentions[J]. Journal of Educational Psychology,95(1):97.

Standage M, Treasure D C, 2002. Relationship among achievement goal orientations and multidimensional situational motivation in physical education[J]. British Journal of Educational Psychology,72(1):87-103.

Steckler A B, Linnan L, Israel B, 2002. Process Evaluation for Public Health Interventions and Research[M]. San Francisco, CA: Jossey-Bass.

Strong W B, Malina R M, Blimke C J R, et al., 2005. Evidence based physical activity for school-age youth[J]. Journal of Pediatrics,146(6): 732-737.

Sun J, Chen J, Song Y, 2001. Daily dietary behaviors and physical activities of Chinese middle school students in 5 provinces and cities[J]. Chinese Journal of School Health,22:482-485.

Teixeira P J, Carraça E V, Markland D, et al., 2012. Exercise, physical activity, and self-determination theory: A systematic review [J]. International Journal of Behavioral Nutrition Physical Activity,9(1):78.

Telford A, Salmon J, Jolley D, et al., 2004. Reliability and validity of physical activity questionnaires for children: The Children's Leisure Activities Study Survey(CLASS)[J]. Pediatric Exercise Science,16:64-78.

Townsend N, Bhatnagar P, Wickramasinghe K, et al., 2012. Physical activity statistics 2012[R]. London: British Heart Foundation.

Treasure D C, Newbery D M, 1998. Relationship between self-efficacy, exercise intensity, and feeling states in a sedentary population during and following an acute bout of exercise[J]. Journal of Sport and Exercise Psychology,20(1):1-11.

Treiber F A, Baranowski T, Braden D S, et al., 1991. Social support for exercise: Relationship to physical activity in young adults[J]. Preventive Medicine,20(6):737-750.

Treuth M S, Butte N F, Adolph A L, et al., 2004. A longitudinal study of fitness and activity in girls predisposed to obesity [J]. Medicine and Science in Sports and Exercise,36(2):198-204.

Trost S G, Kerr L M, Ward D S, et al., 2001. Physical activity and determinants of physical activity in obese and non-obese children[J].

International Journal of Obesity and Related Metabolic Disorders: Journal of the International Association for the Study of Obesity,25(6):822-829.

Trost S G, Sallis J F, Pate R R, et al. , 2003. Evaluating a model of parental influence on youth physical activity[J]. American Journal of Preventive Medicine,25(4):277-282.

Trost S G, Ward D S, McGraw B, et al. , 1999. Validity of the Previous Day Physical Activity Recall (PDPAR) in fifth-grade children[J]. Pediatric Exercise Science,11(4):341-348.

Tudge J R, Mokrova I, Hatfield B E, et al. , 2009. Uses and misuses of Bronfenbrenner's bioecological theory of human development[J]. Journal of Family Theory Review,1(4):198-210.

Tudor-Locke C, Ainsworth B E, Adair L S, et al. , 2003a. Physical activity and inactivity in Chinese school-aged youth: The China Health and Nutrition Survey[J]. International Journal of Obesity,27(9):1093-1099.

Tudor-Locke C, Ainsworth B E, Adair L S, et al. , 2003b. Objective physical activity of filipino youth stratified for commuting mode to school[J]. Med Sci Sports Exerc,35(3):465-471.

Turner E E, Rejeski W J, Brawley L R, 1997. Psychological benefits of physical activity are influenced by the social environment[J]. Journal of Sport and Exercise Psychology,19:119-130.

Umstattd M R, Motl R, Wilcox S, et al. , 2009. Measuring physical activity self-regulation strategies in older adults[J]. Journal of Physical Activity and Health,6(S1):S105-S112.

USDHHS, 2008. 2008 physical activity guidelines for Americans [R]. Washington D. C.

Vallance J K, Courneya K S, Plotnikoff R C, et al. , 2007. Randomized controlled trial of the effects of print materials and step pedometers on physical activity and quality of life in breast cancer survivors[J]. Journal of Clinical Oncology,25(17):2352-2359.

Van Der Horst K, Paw M J C A, Twist J W R, et al. , 2007. A Brief Review on Correlates of Physical Activity and Sedentariness in Youth [J]. Medicine & Science in Sports & Exercise,39(8):1241-1250.

Van Dyck D, De Greef K, Deforche B, et al. , 2013. The relationship between changes in steps/day and health outcomes after a pedometer-based physical activity intervention with telephone support in type 2 diabetes patients[J]. Health Education Research,28(3):539-545.

Wachira L-J M，Muthuri S K，Tremblay M S，et al.，2014. Results From Kenya's 2014 Report Card on the Physical Activity and Body Weight of Children and Youth[J]. Journal of Physical Activity and Health，11(S1)：S69-S73.

Wang C，Chen P，Zhuang J，2013. A national survey of physical activity and sedentary behavior of Chinese city children and youth using accelerometers[J]. Research Quarterly for Exercise and Sport，84(S2)：S12-S28.

Wankel L M，1993. The importance of enjoyment to adherence and psychological benefits from physical activity[J]. International Journal of Sport Psychology，24：151-169.

Webster M，Chafetz J S，1979. A primer on the construction and testing of theories in sociology[J]. Contemporary Sociology，8(3)：473.

Weinstein N D，Rothman A J，Sutton S R，1998. Stage theories of health behavior[J]. Health Psychology，17(3)：290-299.

Wendel-Vos W，Droomers M，Kremers S，et al.，2007. Potential environmental determinants of physical activity in adults：A systematic review[J]. Obesity Reviews，8(5)：425-440.

Woods C，Mutrie N，Scott M，2002. Physical activity intervention：a Transtheoretical Model-based intervention designed to help sedentary young adults become active[J]. Health Education Research，17(4)：451-460.

Zarani F，Besharat M A，Sadeghian S，et al.，2010. The effectiveness of the information-motivation-behavioral skills model in promoting adherence in CABG patients[J]. Journal of Health Psychology，15：828-837.

Zhang T，Solmon M，2013. Integrating self-determination theory with the social ecological model to understand students' physical activity behaviors [J]. International Review of Sport and Exercise Psychology，6(1)：54-76.

Zhou Z，Ren H，Yin Z，et al.，2014. A policy-driven multifaceted approach for early childhood physical fitness promotion：Impacts on body composition and physical fitness in young Chinese children[J]. BMC Pediatrics，14(1)：118.

Zhu W，2000. Which should it be called：Convergent validity or discriminant validity? [J]. Research Quarterly for Exercise and Sport，71(2)：190-194.

Zimbardo P，Ebbesen E，Maslach C，1977. Techniques of attitude measurement[M]//Influencing Attitudes and Changing Behavior. Menlo Park，CA：Addison-Wesley Publishing.